www.ingramcontent.com/pod-product-compliance
Lightning Source LLC
LaVergne TN
LVHW041326200726
843509LV00009B/623

كتاب

بداية الطالبين

لحفظ حديث سيد المرسلين

جمع وترتيب:

علي بن سعيد الغمري

بطاقة الكتاب

اسم الكتاب: بداية الطالبين لحفظ حديث سيد المرسلين

المؤلف: علي بن سعيد الغمري

التنسيق والإخراج الفني: أحمد إبراهيم عبدالرحمن

تصميم الغلاف: إسلام عادل

الطبعة الأولى: 2024م

رقم الإيداع: 1884 / 2023

الترقيم الدولي(ISBN): 9786059947381

الناشر: دار صيد الخاطر للنشر والتوزيع

المدير العام: أحمد فؤاد

للتواصل: **01090767919**

العنوان: ميدان الساحة – الدقي – الجيزة

بداية الطالبين

(إهداء ودعاء)

إهداء إلى أمي الحبيبة: أُماه لقد عجزت الأيام على أن تُريني مثل قلبك، أو مثل بذلكِ ووفاءكِ، يا خير من جاد الله بها على حياتي، وأسعد الله بها خاطري وفؤادي، أسأل الله تعالى أن يغفر لكِ وأن يعفو عنكِ، وأن يبارك لنا في عُمركِ، وأن يجازيكِ بالإحسان إحسان، وأن يُسكنكِ أعالي الجنان، إنه هو البر الرحمن.

أمَّا أنتَ أبي؛ يا من كنت ومازلت سندي ومُرشدي إلى كل خير في كُل زمان ومكان، وبذلت لذلك ما لا يُقدر بأثمان، جزاك الله بالإحسان إحسان، وغفر الله تعالى لك وأسكنك الفردوس الأعلى من الجنان، إنه هو الرحيم الرحمن.

كما أشمل في إهدائي كل عزيز وحبيب، وكل صاحب وقريب، وذوي الأفضال عليّ جميعاً من مُعلمٍ نجيبٍ أو شيخٍ أريب، وكل من ساهم في نشر كتابي بالخير وكان لي في نصحي كالطبيب. أسأل الله تعالى أن يُثيبكم خير المثوبة على نصحكم فإنه خير مُثيب، وأن يرزقنا جميعاً شفاعة النبي الحبيب صلى الله عليه وسلم، إن ربي قريب مجيب.

المقدمة

إن الحمد لله تعالى، نحمده ونستعينه ونستغفره ونستهديه، ونعوذ بالله من شرور أنفسنا ومن سيئات أعمالنا، من يهده الله فلا مضل له ومن يضلل فلا هادي له، وأشهد أن لا إله إلا الله وحده لا شريك له وأشهد أن محمداً عبده ورسوله.

أما بعد فإن أصدق الحديث كلام الله عز وجل، وخير الهدي هدي محمد صلى الله عليه وسلم، وشر الأمور محدثاتها، وكل محدثة بدعة، وكل بدعة ضلالة، وكل ضلالة في النار، وبعد:

اعلم -رحمني الله وإياك- أنه لمن الشرف العظيم أن يشغلك الله عز وجل بدينه، وأن تكون من الحارسين لشريعة الله ورسوله صلى الله عليه وسلم، فأنت حينئذ تحت لواء الموالين لله عز وجل ولرسوله صلى الله عليه وسلم، فهذا هو سبيل الناجين، ومنارة المهتدين، ودأب المخلصين لله رب العالمين، وحتى تكون من هؤلاء الحارسين الموفقين فهناك أمرين يجب عليك التحلي بهما معاً، فلا ينفك أحدهما عن الآخر، ولا يصلح الأمر إلا بهما معاً، فأما الأمر الأول -أخي في الله- هو الإخلاص لله عز وجل؛ إنه السبيل إلى التوفيق والسداد، والهداية والرشاد، فمن أخلص أفلح، ومن أفلح فهو عن التوفيق لن يتزحزح.

وأما الأمر الثاني أيها الأخ الغالي فهو العلم؛ إنه إرث الأنبياء، وغاية النبلاء، وغذاء الفصحاء والبلغاء، وبه يُدحض الأشقياء التعساء المعرضين عن نهج رب الأرض والسماء، فهو السبيل إلى الحجة القوية، والسعادة الدنيوية، والرفعة الأخروية. فكن عالماً تغلب ذا جهل، ويُرفع قدرك في الدارين فخذه على مهل. وأما عن كتابي المتواضع بين يديك أيها الحبيب فقد جمعت فيه عدداً من أحاديث النبي صلى الله عليه

وسلم، وعمدت فيه إلى جمع الصحيح دون الضعيف، وأعرضت عما ينافي قول وفعل وتقرير النبي الشريف صلى الله عليه وسلم، حتى يكون هذا الكتاب بداية لكل طالب علمٍ يبدأ حفظ حديث رسول الله صلى الله عليه وسلم دون عَيٍّ وإرهاقٍ في البحث عن صحة الحديث، وأسأل الله عز وجل أن ينفعني وجميع المسلمين بهذا الكتاب، وأن يجعل هذا العمل خالصاً لوجهه سبحانه وتعالى.

وأخيراً؛ أخي في الله تذكر قول النبي صلى الله عليه وسلم: «نَضَّرَ اللّهُ امْرَأً سَمِعَ مِنَّا حَدِيثاً، فَحَفِظَهُ حَتَّى يُبَلِّغَهُ، فَرُبَّ حَامِلِ فِقْهٍ إِلَى مَنْ هُوَ أَفْقَهُ مِنْهُ، وَرُبَّ حَامِلِ فِقْهٍ لَيْسَ بِفَقِيهٍ» فليس عليك أن تجمع كل العلم حتى تبلغه لغيرك، وإنما يكفيك أن تحفظ ولو حديثاً واحداً ثم تبلغه، لعلك تنفع من لا يخطر ببالك ألا ينتفع، فينال من الله عزاً ويرتفع.

كتبه/ علي بن سعيد الغمري
*****

(باب فضل التبليغ عن اللّه ورسوله صلى اللّه عليه وسلم)

١- عَنْ عَبْدِ اللّهِ بْنِ عَمْرِو بْنِ الْعَاصِ، قَالَ: قَالَ رَسُولُ اللّهِ صَلَّى اللّهُ عَلَيْهِ وَسَلَّمَ: «بَلِّغُوا عَنِّي وَلَوْ آيَةً، وَحَدِّثُوا عَنْ بَنِي إِسْرَائِيلَ وَلَا حَرَجَ، وَمَنْ كَذَبَ عَلَيَّ مُتَعَمِّدًا فَلْيَتَبَوَّأْ مَقْعَدَهُ مِنَ النَّارِ». [رواه البخاري]

٢- عَنْ زَيْدِ بْنِ ثَابِتٍ، قَالَ: قَالَ رَسُولُ اللّهِ صَلَّى اللّهُ عَلَيْهِ وَسَلَّمَ: «نَضَّرَ اللّهُ امْرَأً سَمِعَ مِنَّا حَدِيثًا، فَحَفِظَهُ حَتَّى يُبَلِّغَهُ، فَرُبَّ حَامِلِ فِقْهٍ إِلَى مَنْ هُوَ أَفْقَهُ مِنْهُ، وَرُبَّ حَامِلِ فِقْهٍ لَيْسَ بِفَقِيهٍ». [رَوَاه أبو داود]

٣- عَنْ سَهْلِ بْنِ سَعْدٍ السَّاعِدِيِّ رَضِيَ اللّهُ عَنْهُ، قَالَ: قَالَ رَسُولُ اللّهِ صَلَّى اللّهُ عَلَيْهِ وَسَلَّمَ: «لَأَنْ يَهْدِيَ اللّهُ بِكَ رَجُلًا وَاحِدًا خَيْرٌ لَكَ مِنْ أَنْ يَكُونَ لَكَ حُمْرُ النَّعَمِ». [متفق عليه]

*****

(باب عقوبة الكذب على رسول اللّه صلى اللّه عليه وسلم)

٤- عَنِ الْمُغِيرَةِ بْنِ شُعْبَةَ رَضِيَ اللّهُ عَنْهُ، قَالَ: قَالَ رَسُولُ اللّهِ صَلَّى اللّهُ عَلَيْهِ وَسَلَّمَ: «إِنَّ كَذِبًا عَلَيَّ لَيْسَ كَكَذِبٍ عَلَى أَحَدٍ، مَنْ كَذَبَ عَلَيَّ مُتَعَمِّدًا فَلْيَتَبَوَّأْ مَقْعَدَهُ مِنَ النَّارِ». [متفق عليه]

٥- عَنْ أُمِّ الْمُؤْمِنِينَ عَائِشَةَ رَضِيَ اللّهُ عَنْهَا، قَالَتْ: «مَنْ حَدَّثَكَ أَنَّ مُحَمَّدًا صَلَّى اللّهُ عَلَيْهِ وَسَلَّمَ كَتَمَ شَيْئًا مِمَّا أَنْزَلَ اللّهُ عَلَيْهِ، فَقَدْ كَذَبَ». [متفق عليه]

٦- عَنْ عَلِيِّ بْنِ أَبِي طَالِبٍ رَضِيَ اللّهُ عَنْهُ، قَالَ: قَالَ رَسُولُ اللّهِ صَلَّى اللّهُ عَلَيْهِ وَسَلَّمَ: «لَا تَكْذِبُوا عَلَيَّ، فَإِنَّهُ مَنْ يَكْذِبْ عَلَيَّ يَلِجِ النَّارَ». [متفق عليه]

٧- عَنْ سَلَمَةَ بْنِ الْأَكْوَعِ رَضِيَ اللهُ عَنْهُ، قَالَ: قَالَ رَسُولُ اللهِ صَلَّى اللهُ عَلَيْهِ وَسَلَّمَ: «مَنْ يَقُلْ عَلَيَّ مَا لَمْ أَقُلْ فَلْيَتَبَوَّأْ مَقْعَدَهُ مِنَ النَّارِ». [رواه البخاري]

٨- عَنْ أَبِي هُرَيْرَةَ [عَبْدِ الرَّحْمَنِ بْنِ صَخْرٍ] رَضِيَ اللهُ عَنْهُ، قَالَ: قَالَ رَسُولُ اللهِ صَلَّى اللهُ عَلَيْهِ وَسَلَّمَ: «سَيَكُونُ فِي آخِرِ أُمَّتِي أُنَاسٌ يُحَدِّثُونَكُمْ مَا لَمْ تَسْمَعُوا أَنْتُمْ وَلَا آبَاؤُكُمْ، فَإِيَّاكُمْ وَإِيَّاهُمْ». [رواه مسلم]

*****

(باب فضائل العلم)

٩- عَنْ مُعَاوِيَةَ بْنِ أَبِي سُفْيَانَ رَضِيَ اللهُ عَنْهُ، قَالَ: قَالَ رَسُولُ اللهِ صَلَّى اللهُ عَلَيْهِ وَسَلَّمَ: «مَنْ يُرِدِ اللهُ بِهِ خَيْرًا يُفَقِّهْهُ فِي الدِّينِ». [متفق عليه]

١٠- عَنْ أَبِي هُرَيْرَةَ رَضِيَ اللهُ عَنْهُ، قَالَ: قَالَ رَسُولُ اللهِ صَلَّى اللهُ عَلَيْهِ وَسَلَّمَ: «إِذَا مَاتَ الْإِنْسَانُ انْقَطَعَ عَنْهُ عَمَلُهُ إِلَّا مِنْ ثَلَاثَةٍ: إِلَّا مِنْ صَدَقَةٍ جَارِيَةٍ، أَوْ عِلْمٍ يُنْتَفَعُ بِهِ، أَوْ وَلَدٍ صَالِحٍ يَدْعُو لَهُ». [رواه مسلم]

١١- عَنْ أَبِي هُرَيْرَةَ رَضِيَ اللهُ عَنْهُ، قَالَ: قَالَ رَسُولُ اللهِ صَلَّى اللهُ عَلَيْهِ وَسَلَّمَ: «مَنْ سَلَكَ طَرِيقًا يَلْتَمِسُ فِيهِ عِلْمًا سَهَّلَ اللهُ لَهُ طَرِيقًا إِلَى الْجَنَّةِ». [رواه مسلم]

*****

(باب إنما الأعمال بالنيات)

١٢- عَنْ أَمِيرِ الْمُؤْمِنِينَ عُمَرَ بْنِ الْخَطَّابِ رَضِيَ اللهُ عَنْهُ، قَالَ: قَالَ رَسُولُ اللهِ صَلَّى اللهُ عَلَيْهِ وَسَلَّمَ: «الْأَعْمَالُ بِالنِّيَّةِ، وَلِكُلِّ امْرِئٍ مَا نَوَى، فَمَنْ كَانَتْ هِجْرَتُهُ إِلَى اللهِ وَرَسُولِهِ فَهِجْرَتُهُ إِلَى اللهِ وَرَسُولِهِ، وَمَنْ كَانَتْ هِجْرَتُهُ لِدُنْيَا يُصِيبُهَا، أَوِ امْرَأَةٍ يَتَزَوَّجُهَا، فَهِجْرَتُهُ إِلَى مَا هَاجَرَ إِلَيْهِ». [متفق عليه]

١٣- عَنْ أَبِي هُرَيْرَةَ رَضِيَ اللهُ عَنْهُ، قَالَ: قَالَ رَسُولُ اللهِ صَلَّى اللهُ عَلَيْهِ وَسَلَّمَ: «إِنَّ اللهَ لَا يَنْظُرُ إِلَى صُوَرِكُمْ وَأَمْوَالِكُمْ،

وَلَكِنْ يَنْظُرُ إِلَى قُلُوبِكُمْ وَأَعْمَالِكُمْ». [رواه مسلم]

14- عَنْ أَبِي هُرَيْرَةَ رَضِيَ اللهُ عَنْهُ، قَالَ: قَالَ رَسُولُ اللهِ صَلَّى اللهُ عَلَيْهِ وَسَلَّمَ: «مَنْ هَمَّ بِحَسَنَةٍ فَلَمْ يَعْمَلْهَا كُتِبَتْ لَهُ حَسَنَةً، وَمَنْ هَمَّ بِحَسَنَةٍ فَعَمِلَهَا كُتِبَتْ لَهُ عَشْراً إِلَى سَبْعِ مِائَةِ ضِعْفٍ، وَمَنْ هَمَّ بِسَيِّئَةٍ فَلَمْ يَعْمَلْهَا لَمْ تُكْتَبْ، وَإِنْ عَمِلَهَا كُتِبَتْ». [رواه مسلم]

15- عَنْ عَبْدِ اللهِ بْنِ عَبَّاسٍ رَضِيَ اللهُ عَنْهُمَا، قَالَ: قَالَ رَسُولُ اللهِ صَلَّى اللهُ عَلَيْهِ وَسَلَّمَ: «لَا هِجْرَةَ بَعْدَ الْفَتْحِ، وَلَكِنْ جِهَادٌ وَنِيَّةٌ، وَإِذَا اسْتُنْفِرْتُمْ فَانْفِرُوا». [متفق عليه]

16- عَنْ جَابِرِ بْنِ عَبْدِ اللهِ رَضِيَ اللهُ عَنْهُمَا، قَالَ: قَالَ رَسُولُ اللهِ صَلَّى اللهُ عَلَيْهِ وَسَلَّمَ: «إِنَّ بِالْمَدِينَةِ لَرِجَالاً مَا سِرْتُمْ مَسِيراً، وَلَا قَطَعْتُمْ وَادِياً، إِلَّا كَانُوا مَعَكُمْ، حَبَسَهُمُ الْمَرَضُ». [رواه مسلم]

17- عَنْ سَهْلِ بْنِ حُنَيْفٍ رَضِيَ اللهُ عَنْهُ، قَالَ: قَالَ رَسُولُ اللهِ صَلَّى اللهُ عَلَيْهِ وَسَلَّمَ: «مَنْ سَأَلَ اللهَ الشَّهَادَةَ بِصِدْقٍ، بَلَّغَهُ اللهُ مَنَازِلَ الشُّهَدَاءِ، وَإِنْ مَاتَ عَلَى فِرَاشِهِ». [رواه مسلم]

*****

(باب أركان الإسلام)

18- عَنْ عَبْدِ اللهِ بْنِ عُمَرَ بْنِ الْخَطَّابِ رَضِيَ اللهُ عَنْهُمَا، قَالَ: قَالَ رَسُولُ اللهِ صَلَّى اللهُ عَلَيْهِ وَسَلَّمَ: «بُنِيَ الإِسْلَامُ عَلَى خَمْسٍ: شَهَادَةِ أَنْ لَا إِلَهَ إِلَّا اللهُ وَأَنَّ مُحَمَّداً رَسُولُ اللهِ، وَإِقَامِ الصَّلَاةِ، وَإِيتَاءِ الزَّكَاةِ، وَالْحَجِّ، وَصَوْمِ رَمَضَانَ». [متفق عليه]

*****

(باب التوحيد وفضل الشهادتين، وبيان عقوبة الإشراك بالله)

19- عَنْ عُبَادَةَ بْنِ الصَّامِتِ رَضِيَ اللهُ عَنْهُ، قَالَ: قَالَ رَسُولُ اللهِ صَلَّى اللهُ عَلَيْهِ وَسَلَّمَ: «مَنْ قَالَ: أَشْهَدُ أَنْ لَا إِلَهَ إِلَّا اللهُ وَحْدَهُ لَا شَرِيكَ لَهُ، وَأَنَّ مُحَمَّداً عَبْدُهُ وَرَسُولُهُ، وَأَنَّ عِيسَى

عَبْدُ اللهِ وَابْنُ أَمَتِهِ، وَكَلِمَتُهُ أَلْقَاهَا إِلَى مَرْيَمَ وَرُوحٌ مِنْهُ، وَأَنَّ الْجَنَّةَ حَقٌّ، وَأَنَّ النَّارَ حَقٌّ، أَدْخَلَهُ اللهُ مِنْ أَيِّ أَبْوَابِ الْجَنَّةِ الثَّمَانِيَةِ شَاءَ». [متفق عليه]

20- عَنْ عُثْمَانَ بْنِ عَفَّانَ ـذِي النُّورَيْنِـ رَضِيَ اللهُ عَنْهُ، قَالَ: قَالَ رَسُولُ اللهِ صَلَّى اللهُ عَلَيْهِ وَسَلَّمَ: «مَنْ مَاتَ وَهُوَ يَعْلَمُ أَنَّهُ لَا إِلَهَ إِلَّا اللهُ، دَخَلَ الْجَنَّةَ». [رواه مسلم]

21- عَنْ مُعَاذِ بْنِ جَبَلٍ رَضِيَ اللهُ عَنْهُ، قَالَ: قَالَ رَسُولُ اللهِ صَلَّى اللهُ عَلَيْهِ وَسَلَّمَ: «مَنْ كَانَ آخِرُ كَلَامِهِ لَا إِلَهَ إِلَّا اللهُ دَخَلَ الْجَنَّةَ». [رواه أبو داود]

22- عَنْ أَبِي ذَرٍّ الْغِفَارِيِّ [جُنْدَب بْن جُنَادَة] رَضِيَ اللهُ عَنْهُ، قَالَ: أَتَيْتُ النَّبِيَّ صَلَّى اللهُ عَلَيْهِ وَسَلَّمَ وَعَلَيْهِ ثَوْبٌ أَبْيَضُ، وَهُوَ نَائِمٌ، ثُمَّ أَتَيْتُهُ وَقَدِ اسْتَيْقَظَ، فَقَالَ: "مَا مِنْ عَبْدٍ قَالَ: لَا إِلَهَ إِلَّا اللهُ، ثُمَّ مَاتَ عَلَى ذَلِكَ إِلَّا دَخَلَ الْجَنَّةَ" قُلْتُ: وَإِنْ زَنَى وَإِنْ سَرَقَ؟ قَالَ: «وَإِنْ زَنَى وَإِنْ سَرَقَ» قُلْتُ: وَإِنْ زَنَى وَإِنْ سَرَقَ؟ قَالَ: «وَإِنْ زَنَى وَإِنْ سَرَقَ» قُلْتُ: وَإِنْ زَنَى وَإِنْ سَرَقَ؟ قَالَ: «وَإِنْ زَنَى وَإِنْ سَرَقَ عَلَى رَغْمِ أَنْفِ أَبِي ذَرٍّ». وَكَانَ أَبُو ذَرٍّ إِذَا حَدَّثَ بِهَذَا قَالَ: وَإِنْ رَغِمَ أَنْفُ أَبِي ذَرٍّ. [متفق عليه]

23- عَنْ عُبَادَةَ بْنِ الصَّامِتِ رَضِيَ اللهُ عَنْهُ، قَالَ: قَالَ رَسُولُ اللهِ صَلَّى اللهُ عَلَيْهِ وَسَلَّمَ: «مَنْ شَهِدَ أَنْ لَا إِلَهَ إِلَّا اللهُ، وَأَنَّ مُحَمَّدًا رَسُولُ اللهِ، حَرَّمَ اللهُ عَلَيْهِ النَّارَ». [رواه مسلم]

24- عَنْ أَبِي هُرَيْرَةَ رَضِيَ اللهُ عَنْهُ، قَالَ: قَالَ رَسُولُ اللهِ صَلَّى اللهُ عَلَيْهِ وَسَلَّمَ: «إِنَّ لِلَّهِ تِسْعَةً وَتِسْعِينَ اسْمًا مِائَةً إِلَّا وَاحِدًا، مَنْ أَحْصَاهَا دَخَلَ الْجَنَّةَ». [متفق عليه]

25- عَنْ مُعَاذِ بْنِ جَبَلٍ رَضِيَ اللهُ عَنْهُ، قَالَ: قَالَ رَسُولُ اللهِ صَلَّى اللهُ عَلَيْهِ وَسَلَّمَ: «يَا مُعَاذُ أَتَدْرِي مَا حَقُّ اللهِ عَلَى الْعِبَادِ؟»، قَالَ: اللهُ وَرَسُولُهُ أَعْلَمُ، قَالَ: «أَنْ يَعْبُدُوهُ وَلَا يُشْرِكُوا بِهِ شَيْئًا، أَتَدْرِي مَا حَقُّهُمْ عَلَيْهِ؟»، قَالَ: اللهُ وَرَسُولُهُ أَعْلَمُ، قَالَ: «أَنْ لَا يُعَذِّبَهُمْ». [متفق عليه]

26- عَنْ أَبِي سَعِيدٍ الْخُدْرِيِّ [سَعْد بْن سِنَان] رَضِيَ اللهُ عَنْهُ، قَالَ: قَالَ رَسُولُ اللهِ صَلَّى اللهُ عَلَيْهِ وَسَلَّمَ: «يَا أَبَا سَعِيدٍ، مَنْ رَضِيَ بِاللهِ رَبًّا، وَبِالْإِسْلَامِ دِينًا، وَبِمُحَمَّدٍ نَبِيًّا، وَجَبَتْ لَهُ

الْجَنَّةُ». [رواه مسلم]

27- عَنْ جَابِرِ بْنِ عَبْدِ اللهِ رَضِيَ اللهُ عَنْهُمَا، قَالَ: قَالَ رَسُولُ اللهِ صَلَّى اللهُ عَلَيْهِ وَسَلَّمَ: «مَنْ لَقِيَ اللهَ لَا يُشْرِكُ بِهِ شَيْئًا دَخَلَ الْجَنَّةَ، وَمَنْ لَقِيَهُ يُشْرِكُ بِهِ دَخَلَ النَّارَ». [رواه مسلم]

28- عَنْ أَبِي هُرَيْرَةَ رَضِيَ اللهُ عَنْهُ، قَالَ: قَالَ رَسُولُ اللهِ صَلَّى اللهُ عَلَيْهِ وَسَلَّمَ: «وَالَّذِي نَفْسُ مُحَمَّدٍ بِيَدِهِ، لَا يَسْمَعُ بِي أَحَدٌ مِنْ هَذِهِ الْأُمَّةِ يَهُودِيٌّ وَلَا نَصْرَانِيٌّ، ثُمَّ يَمُوتُ وَلَمْ يُؤْمِنْ بِالَّذِي أُرْسِلْتُ بِهِ، إِلَّا كَانَ مِنْ أَصْحَابِ النَّارِ». [رواه مسلم]

29- عَنْ أَمِيرِ الْمُؤْمِنِينَ عُمَرَ بْنِ الْخَطَّابِ رَضِيَ اللهُ عَنْهُ، قَالَ: قَالَ رَسُولُ اللهِ صَلَّى اللهُ عَلَيْهِ وَسَلَّمَ: «لَأُخْرِجَنَّ الْيَهُودَ وَالنَّصَارَى مِنْ جَزِيرَةِ الْعَرَبِ حَتَّى لَا أَدَعَ إِلَّا مُسْلِمًا». [رواه مسلم]

30- عَنْ أَبِي هُرَيْرَةَ رَضِيَ اللهُ عَنْهُ، قَالَ: قَالَ رَسُولُ اللهِ صَلَّى اللهُ عَلَيْهِ وَسَلَّمَ: «اسْتَأْذَنْتُ رَبِّي أَنْ أَسْتَغْفِرَ لِأُمِّي فَلَمْ يَأْذَنْ لِي، وَاسْتَأْذَنْتُهُ أَنْ أَزُورَ قَبْرَهَا فَأَذِنَ لِي». [رواه مسلم]

31- عَنْ أَنَسِ بْنِ مَالِكٍ رَضِيَ اللهُ عَنْهُ، أَنَّ رَجُلًا قَالَ: يَا رَسُولَ اللهِ، أَيْنَ أَبِي؟ قَالَ: «فِي النَّارِ»، فَلَمَّا قَفَّى دَعَاهُ، فَقَالَ: «إِنَّ أَبِي وَأَبَاكَ فِي النَّارِ». [رواه مسلم]

32- عَنْ أَبِي هُرَيْرَةَ رَضِيَ اللهُ عَنْهُ، قَالَ: قَالَ رَسُولُ اللهِ صَلَّى اللهُ عَلَيْهِ وَسَلَّمَ: «قَالَ اللهُ تَبَارَكَ وَتَعَالَى: أَنَا أَغْنَى الشُّرَكَاءِ عَنِ الشِّرْكِ، مَنْ عَمِلَ عَمَلًا أَشْرَكَ فِيهِ مَعِي غَيْرِي، تَرَكْتُهُ وَشِرْكَهُ». [رواه مسلم]

*****

(باب فضائل الوضوء وآدابه، وبيان عقوبة عدم إسباغ الوضوء)

33- عَنْ عَلِيِّ بْنِ أَبِي طَالِبٍ رَضِيَ اللهُ عَنْهُ، قَالَ: قَالَ رَسُولُ اللهِ صَلَّى اللهُ عَلَيْهِ وَسَلَّمَ: «مِفْتَاحُ الصَّلَاةِ الطُّهُورُ، وَتَحْرِيمُهَا التَّكْبِيرُ، وَتَحْلِيلُهَا التَّسْلِيمُ». [رواه الترمذي]

34- عَنْ عُثْمَانَ بْنِ عَفَّانَ رَضِيَ اللهُ عَنْهُ، قَالَ: قَالَ رَسُولُ اللهِ صَلَّى اللهُ عَلَيْهِ وَسَلَّمَ: «مَنْ أَتَمَّ الْوُضُوءَ كَمَا أَمَرَهُ اللهُ تَعَالَى، فَالصَّلَوَاتُ الْمَكْتُوبَاتُ كَفَّارَاتٌ لِمَا بَيْنَهُنَّ». [رواه مسلم]

35- عَنْ عُثْمَانَ بْنِ عَفَّانَ رَضِيَ اللهُ عَنْهُ، قَالَ: قَالَ رَسُولُ اللهِ صَلَّى اللهُ عَلَيْهِ وَسَلَّمَ: «مَنْ تَوَضَّأَ فَأَحْسَنَ الْوُضُوءَ خَرَجَتْ خَطَايَاهُ مِنْ جَسَدِهِ، حَتَّى تَخْرُجَ مِنْ تَحْتِ أَظْفَارِهِ». [رواه مسلم]

36- عَنْ عُقْبَةَ بْنِ عَامِرٍ رَضِيَ اللهُ عَنْهُ، قَالَ: قَالَ رَسُولُ اللهِ صَلَّى اللهُ عَلَيْهِ وَسَلَّمَ: «مَا مِنْ مُسْلِمٍ يَتَوَضَّأُ فَيُحْسِنُ وُضُوءَهُ، ثُمَّ يَقُومُ فَيُصَلِّي رَكْعَتَيْنِ، مُقْبِلٌ عَلَيْهِمَا بِقَلْبِهِ وَوَجْهِهِ، إِلَّا وَجَبَتْ لَهُ الْجَنَّةُ». [رواه مسلم]

37- عَنْ أَمِيرِ الْمُؤْمِنِينَ عُمَرَ بْنِ الْخَطَّابِ رَضِيَ اللهُ عَنْهُ، قَالَ: قَالَ رَسُولُ اللهِ صَلَّى اللهُ عَلَيْهِ وَسَلَّمَ: «مَنْ تَوَضَّأَ فَأَحْسَنَ الْوُضُوءَ، ثُمَّ قَالَ أَشْهَدُ أَنْ لَا إِلَهَ إِلَّا اللهُ وَأَشْهَدُ أَنَّ مُحَمَّدًا عَبْدُهُ وَرَسُولُهُ، فُتِحَتْ لَهُ ثَمَانِيَةُ أَبْوَابِ الْجَنَّةِ يَدْخُلُ مِنْ أَيِّهَا شَاءَ». [رواه النسائي]

38- عَنْ أَبِي هُرَيْرَةَ رَضِيَ اللهُ عَنْهُ، قَالَ: قَالَ رَسُولُ اللهِ صَلَّى اللهُ عَلَيْهِ وَسَلَّمَ: «وَيْلٌ لِلْأَعْقَابِ مِنَ النَّارِ». [متفق عليه]

*****

(باب فضل الأذان، وبيان عظم جزاء المؤذنين)

39- عَنْ أَبِي سَعِيدٍ الْخُدْرِيِّ رَضِيَ اللهُ عَنْهُ، قَالَ: قَالَ رَسُولُ اللهِ صَلَّى اللهُ عَلَيْهِ وَسَلَّمَ: «إِذَا سَمِعْتُمُ النِّدَاءَ، فَقُولُوا مِثْلَ مَا يَقُولُ الْمُؤَذِّنُ». [متفق عليه]

40- عَنْ أَبِي هُرَيْرَةَ رَضِيَ اللهُ عَنْهُ، قَالَ: قَالَ رَسُولُ اللهِ صَلَّى اللهُ عَلَيْهِ وَسَلَّمَ: «لَوْ يَعْلَمُ النَّاسُ مَا فِي النِّدَاءِ وَالصَّفِّ الْأَوَّلِ، ثُمَّ لَمْ يَجِدُوا إِلَّا أَنْ يَسْتَهِمُوا عَلَيْهِ لَاسْتَهَمُوا». [متفق عليه]

41- عَنْ أَبِي هُرَيْرَةَ رَضِيَ اللهُ عَنْهُ، قَالَ: قَالَ رَسُولُ اللهِ صَلَّى اللهُ عَلَيْهِ وَسَلَّمَ: «الْمُؤَذِّنُ يُغْفَرُ لَهُ مَدَى صَوْتِهِ، وَيَشْهَدُ لَهُ كُلُّ رَطْبٍ وَيَابِسٍ». [رواه أبو داود]

42- عَنْ مُعَاوِيَةَ بْنِ أَبِي سُفْيَانَ رَضِيَ اللهُ عَنْهُ، قَالَ: قَالَ رَسُولُ اللهِ صَلَّى اللهُ عَلَيْهِ وَسَلَّمَ: «الْمُؤَذِّنُونَ أَطْوَلُ النَّاسِ أَعْنَاقًا يَوْمَ الْقِيَامَةِ». [رواه مسلم]

43- عَنْ سَعْدِ بْنِ أَبِي وَقَّاصٍ رَضِيَ اللهُ عَنْهُ، قَالَ: قَالَ رَسُولُ اللهِ صَلَّى اللهُ عَلَيْهِ وَسَلَّمَ: «مَنْ قَالَ حِينَ يَسْمَعُ الْمُؤَذِّنَ أَشْهَدُ أَنْ لَا إِلَهَ إِلَّا اللهُ وَحْدَهُ لَا شَرِيكَ لَهُ، وَأَنَّ مُحَمَّدًا عَبْدُهُ وَرَسُولُهُ، رَضِيتُ بِاللهِ رَبًّا وَبِمُحَمَّدٍ رَسُولًا، وَبِالْإِسْلَامِ دِينًا، غُفِرَ لَهُ ذَنْبُهُ». [رواه مسلم]

*****

(باب فضائل الصلاة وآدابها، وبيان عقوبة تاركها)

44- عَنْ أَبِي هُرَيْرَةَ رَضِيَ اللهُ عَنْهُ، قَالَ: قَالَ رَسُولُ اللهِ صَلَّى اللهُ عَلَيْهِ وَسَلَّمَ: «مَنْ آمَنَ بِاللهِ وَرَسُولِهِ، وَأَقَامَ الصَّلَاةَ، وَصَامَ رَمَضَانَ، كَانَ حَقًّا عَلَى اللهِ أَنْ يُدْخِلَهُ الْجَنَّةَ، هَاجَرَ فِي سَبِيلِ اللهِ، أَوْ جَلَسَ فِي أَرْضِهِ الَّتِي وُلِدَ فِيهَا». [رواه البخاري]

45- عَنْ أَبِي مَالِكٍ الْأَشْعَرِيِّ [الْحَارِثِ بْنِ الْحَارِثِ] رَضِيَ اللهُ عَنْهُ، قَالَ: قَالَ رَسُولُ اللهِ صَلَّى اللهُ عَلَيْهِ وَسَلَّمَ: «الصَّلَاةُ نُورٌ، وَالصَّدَقَةُ بُرْهَانٌ وَالصَّبْرُ ضِيَاءٌ، وَالْقُرْآنُ حُجَّةٌ لَكَ أَوْ عَلَيْكَ». [رواه مسلم]

46- عَنْ أَبِي هُرَيْرَةَ رَضِيَ اللهُ عَنْهُ، قَالَ: قَالَ رَسُولُ اللهِ صَلَّى اللهُ عَلَيْهِ وَسَلَّمَ: «مَنْ غَدَا إِلَى الْمَسْجِدِ أَوْ رَاحَ، أَعَدَّ اللهُ لَهُ فِي الْجَنَّةِ نُزُلًا كُلَّمَا غَدَا أَوْ رَاحَ». [متفق عليه]

47- عَنْ أَنَسِ بْنِ مَالِكٍ رَضِيَ اللهُ عَنْهُ، قَالَ: قَالَ رَسُولُ اللهِ صَلَّى اللهُ عَلَيْهِ وَسَلَّمَ: «مَنْ صَلَّى صَلَاتَنَا وَاسْتَقْبَلَ قِبْلَتَنَا، وَأَكَلَ ذَبِيحَتَنَا فَذَلِكَ الْمُسْلِمُ الَّذِي لَهُ ذِمَّةُ اللهِ وَذِمَّةُ رَسُولِهِ، فَلَا تُخْفِرُوا اللهَ فِي ذِمَّتِهِ». [رواه البخاري]

48- عَنْ أَبِي مُوسَى الْأَشْعَرِيِّ [عَبْدِ اللهِ بْنِ قَيْسٍ] رَضِيَ اللهُ عَنْهُ، قَالَ: قَالَ رَسُولُ اللهِ صَلَّى اللهُ عَلَيْهِ وَسَلَّمَ: «مَنْ صَلَّى الْبَرْدَيْنِ دَخَلَ الْجَنَّةَ». [متفق عليه]

49- عَنْ عُثْمَانَ بْنِ عَفَّانَ رَضِيَ اللهُ عَنْهُ، قَالَ: قَالَ رَسُولُ اللهِ صَلَّى اللهُ عَلَيْهِ وَسَلَّمَ: «مَنْ صَلَّى الْعِشَاءَ فِي جَمَاعَةٍ فَكَأَنَّمَا

قَامَ نِصْفَ اللَّيْلِ، وَمَنْ صَلَّى الصُّبْحَ فِي جَمَاعَةٍ فَكَأَنَّمَا صَلَّى اللَّيْلَ كُلَّهُ». [رَوَاهُ مسلم]

٥٠- عَنْ جُنْدُبِ بْنِ عَبْدِ اللهِ رَضِيَ اللهُ عَنْهُ، قَالَ: قَالَ رَسُولُ اللهِ صَلَّى اللهُ عَلَيْهِ وَسَلَّمَ: «مَنْ صَلَّى الصُّبْحَ فَهُوَ فِي ذِمَّةِ اللهِ». [رواه مسلم]

٥١- عَنْ عُمَارَةَ بْنِ رُوَيْبَةَ رَضِيَ اللهُ عَنْهُ، قَالَ: قَالَ رَسُولُ اللهِ صَلَّى اللهُ عَلَيْهِ وَسَلَّمَ: «لَنْ يَلِجَ النَّارَ أَحَدٌ صَلَّى قَبْلَ طُلُوعِ الشَّمْسِ، وَقَبْلَ غُرُوبِهَا» يَعْنِي الْفَجْرَ وَالْعَصْرَ. [رواه مسلم]

٥٢- عَنْ أَبِي هُرَيْرَةَ رَضِيَ اللهُ عَنْهُ، قَالَ: قَالَ رَسُولُ اللهِ صَلَّى اللهُ عَلَيْهِ وَسَلَّمَ: «صَلَاةُ الْجَمَاعَةِ أَفْضَلُ مِنْ صَلَاةِ الْفَذِّ بِسَبْعٍ وَعِشْرِينَ دَرَجَةً». [متفق عليه]

٥٣- عَنْ أَبِي هُرَيْرَةَ رَضِيَ اللهُ عَنْهُ، قَالَ: قَالَ رَسُولُ اللهِ صَلَّى اللهُ عَلَيْهِ وَسَلَّمَ: «الْمَلَائِكَةُ تُصَلِّي عَلَى أَحَدِكُمْ مَا دَامَ فِي مُصَلَّاهُ الَّذِي صَلَّى فِيهِ، مَا لَمْ يُحْدِثْ، تَقُولُ: اللَّهُمَّ اغْفِرْ لَهُ، اللَّهُمَّ ارْحَمْهُ». [متفق عليه]

٥٤- عَنْ أُمِّ الْمُؤْمِنِينَ أُمِّ حَبِيبَةَ [رَمْلَةَ بِنْتِ أَبِي سُفْيَانَ] رَضِيَ اللهُ عَنْهَا، قَالَتْ: قَالَ رَسُولُ اللهِ صَلَّى اللهُ عَلَيْهِ وَسَلَّمَ: «مَا مِنْ عَبْدٍ مُسْلِمٍ يُصَلِّي لِلَّهِ كُلَّ يَوْمٍ ثِنْتَيْ عَشْرَةَ رَكْعَةً تَطَوُّعًا غَيْرَ فَرِيضَةٍ، إِلَّا بَنَى اللهُ لَهُ بَيْتًا فِي الْجَنَّةِ». [رواه مسلم]

٥٥- عَنْ أُمِّ الْمُؤْمِنِينَ عَائِشَةَ رَضِيَ اللهُ عَنْهَا، قَالَتْ: قَالَ رَسُولُ اللهِ صَلَّى اللهُ عَلَيْهِ وَسَلَّمَ: «رَكْعَتَا الْفَجْرِ خَيْرٌ مِنَ الدُّنْيَا وَمَا فِيهَا». [رواه مسلم]

٥٦- عَنْ نُعَيْمِ بْنِ هَمَّارٍ رَضِيَ اللهُ عَنْهُ، قَالَ: قَالَ رَسُولُ اللهِ صَلَّى اللهُ عَلَيْهِ وَسَلَّمَ: قَالَ رَبُّكُمْ تَبَارَكَ وَتَعَالَى: «ابْنَ آدَمَ صَلِّ لِي أَرْبَعَ رَكَعَاتٍ أَوَّلَ النَّهَارِ أَكْفِكَ آخِرَهُ». [رواه أحمد]

٥٧- عَنْ عَبْدِ اللهِ بْنِ عُمَرَ بْنِ الْخَطَّابِ رَضِيَ اللهُ عَنْهُمَا، قَالَ: قَالَ رَسُولُ اللهِ صَلَّى اللهُ عَلَيْهِ وَسَلَّمَ: «اجْعَلُوا مِنْ صَلَاتِكُمْ فِي بُيُوتِكُمْ، وَلَا تَتَّخِذُوهَا قُبُورًا». [متفق عليه]

٥٨- عَنْ جَابِرِ بْنِ عَبْدِ اللهِ رَضِيَ اللهُ عَنْهُمَا، قَالَ: قَالَ رَسُولُ اللهِ صَلَّى اللهُ عَلَيْهِ وَسَلَّمَ: «بَيْنَ الرَّجُلِ وَبَيْنَ الشِّرْكِ

وَالْكُفْرَ تَرْكُ الصَّلَاةِ». [رواه مسلم]

٥٩- عَنْ بُرَيْدَةَ بْنِ الْحُصَيْبِ رَضِيَ اللهُ عَنْهُ، قَالَ: قَالَ رَسُولُ اللهِ صَلَّى اللهُ عَلَيْهِ وَسَلَّمَ: «الْعَهْدُ الَّذِي بَيْنَنَا وَبَيْنَهُمُ الصَّلَاةُ، فَمَنْ تَرَكَهَا فَقَدْ كَفَرَ». [رواه الترمذي]

٦٠- عَنْ أَبِي هُرَيْرَةَ رَضِيَ اللهُ عَنْهُ، قَالَ: قَالَ رَسُولُ اللهِ صَلَّى اللهُ عَلَيْهِ وَسَلَّمَ: «إِنَّ أَثْقَلَ صَلَاةٍ عَلَى الْمُنَافِقِينَ صَلَاةُ الْعِشَاءِ وَصَلَاةُ الْفَجْرِ، وَلَوْ يَعْلَمُونَ مَا فِيهِمَا لَأَتَوْهُمَا وَلَوْ حَبْوًا». [متفق عليه]

٦١- عَنْ بُرَيْدَةَ بْنِ الْحُصَيْبِ رَضِيَ اللهُ عَنْهُ، قَالَ: قَالَ رَسُولُ اللهِ صَلَّى اللهُ عَلَيْهِ وَسَلَّمَ: «مَنْ تَرَكَ صَلَاةَ الْعَصْرِ فَقَدْ حَبِطَ عَمَلُهُ». [رواه البخاري]

٦٢- عَنْ عَبْدِ اللهِ بْنِ عُمَرَ بْنِ الْخَطَّابِ رَضِيَ اللهُ عَنْهُمَا، قَالَ: قَالَ رَسُولُ اللهِ صَلَّى اللهُ عَلَيْهِ وَسَلَّمَ: «الَّذِي تَفُوتُهُ صَلَاةُ الْعَصْرِ، كَأَنَّمَا وُتِرَ أَهْلَهُ وَمَالَهُ». [متفق عليه]

٦٣- عَنْ عَبْدِ اللهِ بْنِ عُمَرَ بْنِ الْخَطَّابِ رَضِيَ اللهُ عَنْهُمَا، قَالَ: قَالَ رَسُولُ اللهِ صَلَّى اللهُ عَلَيْهِ وَسَلَّمَ: «لَيَنْتَهِيَنَّ أَقْوَامٌ عَنْ وَدْعِهِمُ الْجُمُعَاتِ، أَوْ لَيَخْتِمَنَّ اللهُ عَلَى قُلُوبِهِمْ، ثُمَّ لَيَكُونُنَّ مِنَ الْغَافِلِينَ». [رواه مسلم]

٦٤- عَنْ أَبِي هُرَيْرَةَ رَضِيَ اللهُ عَنْهُ، قَالَ: قَالَ رَسُولُ اللهِ صَلَّى اللهُ عَلَيْهِ وَسَلَّمَ: «مَنْ شَهِدَ الْجَنَازَةَ حَتَّى يُصَلَّى عَلَيْهَا فَلَهُ قِيرَاطٌ، وَمَنْ شَهِدَهَا حَتَّى تُدْفَنَ فَلَهُ قِيرَاطَانِ»، قِيلَ: وَمَا الْقِيرَاطَانِ؟ قَالَ: «مِثْلُ الْجَبَلَيْنِ الْعَظِيمَيْنِ». [متفق عليه]

٦٥- عَنْ أَبِي هُرَيْرَةَ رَضِيَ اللهُ عَنْهُ، قَالَ: قَالَ رَسُولُ اللهِ صَلَّى اللهُ عَلَيْهِ وَسَلَّمَ: «إِذَا أَمَّنَ الْإِمَامُ فَأَمِّنُوا، فَإِنَّهُ مَنْ وَافَقَ تَأْمِينُهُ تَأْمِينَ الْمَلَائِكَةِ غُفِرَ لَهُ مَا تَقَدَّمَ مِنْ ذَنْبِهِ». [متفق عليه]

٦٦- عَنْ أَبِي هُرَيْرَةَ رَضِيَ اللهُ عَنْهُ، قَالَ: قَالَ رَسُولُ اللهِ صَلَّى اللهُ عَلَيْهِ وَسَلَّمَ: «إِذَا سَمِعْتُمُ الْإِقَامَةَ، فَامْشُوا إِلَى الصَّلَاةِ وَعَلَيْكُمْ بِالسَّكِينَةِ وَالْوَقَارِ، وَلَا تُسْرِعُوا، فَمَا أَدْرَكْتُمْ فَصَلُّوا، وَمَا فَاتَكُمْ فَأَتِمُّوا». [متفق عليه]

٦٧- عَنْ أَبِي هُرَيْرَةَ رَضِيَ اللهُ عَنْهُ، قَالَ: قَالَ رَسُولُ اللهِ

صَلَّى اللهُ عَلَيْهِ وَسَلَّمَ: «لَوْلَا أَنْ أَشُقَّ عَلَى أُمَّتِي لَأَمَرْتُهُمْ بِالسِّوَاكِ مَعَ كُلِّ صَلَاةٍ». [متفق عليه]

(باب فضائل يوم الجمعة)

68- عَنْ أَبِي هُرَيْرَةَ رَضِيَ اللهُ عَنْهُ، قَالَ: قَالَ رَسُولُ اللهِ صَلَّى اللهُ عَلَيْهِ وَسَلَّمَ: «خَيْرُ يَوْمٍ طَلَعَتْ عَلَيْهِ الشَّمْسُ يَوْمُ الْجُمُعَةِ، فِيهِ خُلِقَ آدَمُ، وَفِيهِ أُدْخِلَ الْجَنَّةَ، وَفِيهِ أُخْرِجَ مِنْهَا». [رواه مسلم]

69- عَنْ أَبِي هُرَيْرَةَ رَضِيَ اللهُ عَنْهُ، قَالَ: قَالَ رَسُولُ اللهِ صَلَّى اللهُ عَلَيْهِ وَسَلَّمَ: «إِنَّ فِي الْجُمُعَةِ لَسَاعَةً لَا يُوَافِقُهَا مُسْلِمٌ يَسْأَلُ اللهَ فِيهَا خَيْرًا إِلَّا أَعْطَاهُ إِيَّاهُ». [متفق عليه]

*****

(باب فضائل المساجد وآدابها)

70- عَنْ أَبِي هُرَيْرَةَ رَضِيَ اللهُ عَنْهُ، قَالَ: قَالَ رَسُولُ اللهِ صَلَّى اللهُ عَلَيْهِ وَسَلَّمَ: «أَحَبُّ الْبِلَادِ إِلَى اللهِ مَسَاجِدُهَا، وَأَبْغَضُ الْبِلَادِ إِلَى اللهِ أَسْوَاقُهَا». [رواه مسلم]

71- عَنْ أَبِي هُرَيْرَةَ رَضِيَ اللهُ عَنْهُ، قَالَ: قَالَ رَسُولُ اللهِ صَلَّى اللهُ عَلَيْهِ وَسَلَّمَ: «صَلَاةٌ فِي مَسْجِدِي هَذَا خَيْرٌ مِنْ أَلْفِ صَلَاةٍ فِيمَا سِوَاهُ، إِلَّا الْمَسْجِدَ الْحَرَامَ». [متفق عليه]

72- عَنْ أَبِي هُرَيْرَةَ رَضِيَ اللهُ عَنْهُ، قَالَ: قَالَ رَسُولُ اللهِ صَلَّى اللهُ عَلَيْهِ وَسَلَّمَ: «لَا تُشَدُّ الرِّحَالُ إِلَّا إِلَى ثَلَاثَةِ مَسَاجِدَ: مَسْجِدِي هَذَا، وَمَسْجِدِ الْحَرَامِ، وَمَسْجِدِ الْأَقْصَى». [متفق عليه]

73- عَنْ أَبِي هُرَيْرَةَ رَضِيَ اللهُ عَنْهُ، قَالَ: قَالَ رَسُولُ اللهِ صَلَّى اللهُ عَلَيْهِ وَسَلَّمَ: «مَا بَيْنَ بَيْتِي وَمِنْبَرِي رَوْضَةٌ مِنْ رِيَاضِ الْجَنَّةِ، وَمِنْبَرِي عَلَى حَوْضِي». [متفق عليه]

74- عَنْ أَبِي قَتَادَةَ [الْحَارِثِ بْنِ رِبْعِيٍّ الْأَنْصَارِيِّ] رَضِيَ اللهُ عَنْهُ، قَالَ: قَالَ رَسُولُ اللهِ صَلَّى اللهُ عَلَيْهِ وَسَلَّمَ: «إِذَا دَخَلَ أَحَدُكُمُ الْمَسْجِدَ فَلْيَرْكَعْ رَكْعَتَيْنِ قَبْلَ أَنْ يَجْلِسَ». [متفق عليه]

75- عَنْ أَبِي أُسَيْدٍ [مَالِكِ بْنِ رَبِيعَةَ الْأَنْصَارِيِّ] رَضِيَ اللهُ

عَنْهُ، قَالَ: قَالَ رَسُولُ اللهِ صَلَّى اللهُ عَلَيْهِ وَسَلَّمَ: «إِذَا دَخَلَ أَحَدُكُمُ الْمَسْجِدَ، فَلْيَقُلِ: اللهُمَّ افْتَحْ لِي أَبْوَابَ رَحْمَتِكَ، وَإِذَا خَرَجَ، فَلْيَقُلِ: اللهُمَّ إِنِّي أَسْأَلُكَ مِنْ فَضْلِكَ». [رواه مسلم]

76- عَنْ عَبْدِ اللهِ بْنِ عَمْرِو بْنِ الْعَاصِ رَضِيَ اللهُ عَنْهُمَا، قَالَ: كَانَ رَسُولُ اللهِ صَلَّى اللهُ عَلَيْهِ وَسَلَّمَ إِذَا دَخَلَ الْمَسْجِدَ قَالَ: «أَعُوذُ بِاللهِ الْعَظِيمِ، وَبِوَجْهِهِ الْكَرِيمِ، وَسُلْطَانِهِ الْقَدِيمِ، مِنَ الشَّيْطَانِ الرَّجِيمِ». [رواه أبو داود]

77- عَنْ أَبِي هُرَيْرَةَ رَضِيَ اللهُ عَنْهُ، قَالَ: قَالَ رَسُولُ اللهِ صَلَّى اللهُ عَلَيْهِ وَسَلَّمَ: «لَا يَزَالُ الْعَبْدُ فِي صَلَاةٍ مَا كَانَ فِي الْمَسْجِدِ يَنْتَظِرُ الصَّلَاةَ مَا لَمْ يُحْدِثْ». [متفق عليه]

78- عَنْ أَنَسِ بْنِ مَالِكٍ رَضِيَ اللهُ عَنْهُ، قَالَ: قَالَ رَسُولُ اللهِ صَلَّى اللهُ عَلَيْهِ وَسَلَّمَ: «الْبُزَاقُ فِي الْمَسْجِدِ خَطِيئَةٌ وَكَفَّارَتُهَا دَفْنُهَا». [متفق عليه]

(باب فضل من بنى مسجداً لله)

79- عَنْ عُثْمَانَ بْنِ عَفَّانَ رَضِيَ اللهُ عَنْهُ، قَالَ: قَالَ رَسُولُ اللهِ صَلَّى اللهُ عَلَيْهِ وَسَلَّمَ: «مَنْ بَنَى مَسْجِداً لِلَّهِ، بَنَى اللهُ لَهُ فِي الْجَنَّةِ مِثْلَهُ». [متفق عليه]

*****

(باب فضل الزكاة)

80- عَنْ أَبِي هُرَيْرَةَ رَضِيَ اللهُ عَنْهُ: أَنَّ أَعْرَابِيًّا أَتَى النَّبِيَّ صَلَّى اللهُ عَلَيْهِ وَسَلَّمَ، فَقَالَ: دُلَّنِي عَلَى عَمَلٍ إِذَا عَمِلْتُهُ دَخَلْتُ الْجَنَّةَ، قَالَ: «تَعْبُدُ اللهَ لَا تُشْرِكُ بِهِ شَيْئاً، وَتُقِيمُ الصَّلَاةَ الْمَكْتُوبَةَ، وَتُؤَدِّي الزَّكَاةَ الْمَفْرُوضَةَ، وَتَصُومُ رَمَضَانَ» قَالَ: وَالَّذِي نَفْسِي بِيَدِه لَا أَزِيدُ عَلَى هَذَا، فَلَمَّا وَلَّى، قَالَ النَّبِيُّ صَلَّى اللهُ عَلَيْهِ وَسَلَّمَ: «مَنْ سَرَّهُ أَنْ يَنْظُرَ إِلَى رَجُلٍ مِنْ أَهْلِ الْجَنَّةِ، فَلْيَنْظُرْ إِلَى هَذَا». [متفق عليه]

*****

(باب فضائل الصدقة)

81- عَنْ أَبِي هُرَيْرَةَ رَضِيَ اللهُ عَنْهُ، قَالَ: قَالَ رَسُولُ اللهِ صَلَّى اللهُ عَلَيْهِ وَسَلَّمَ: «قَالَ اللَّهُ: أَنْفِقْ يَا ابْنَ آدَمَ أَنْفِقْ عَلَيْكَ». [متفق عليه]

82- عَنْ عَدِيِّ بْنِ حَاتِمٍ رَضِيَ اللهُ عَنْهُ، قَالَ: قَالَ رَسُولُ اللهِ صَلَّى اللهُ عَلَيْهِ وَسَلَّمَ: «اتَّقُوا النَّارَ وَلَوْ بِشِقِّ تَمْرَةٍ، فَمَنْ لَمْ يَجِدْ فَبِكَلِمَةٍ طَيِّبَةٍ». [متفق عليه]

83- عَنْ أَبِي هُرَيْرَةَ رَضِيَ اللهُ عَنْهُ، قَالَ: قَالَ رَسُولُ اللهِ صَلَّى اللهُ عَلَيْهِ وَسَلَّمَ: «مَا نَقَصَتْ صَدَقَةٌ مِنْ مَالٍ، وَمَا زَادَ اللهُ عَبْدًا بِعَفْوٍ، إِلَّا عِزًّا، وَمَا تَوَاضَعَ أَحَدٌ لِلهِ إِلَّا رَفَعَهُ اللهُ». [رواه مسلم]

84- عَنْ حَكِيمِ بْنِ حِزَامٍ رَضِيَ اللهُ عَنْهُ، قَالَ: قَالَ رَسُولُ اللهِ صَلَّى اللهُ عَلَيْهِ وَسَلَّمَ: «أَفْضَلُ الصَّدَقَةِ، مَا كَانَ عَنْ ظَهْرِ غِنًى، وَالْيَدُ الْعُلْيَا خَيْرٌ مِنَ الْيَدِ السُّفْلَى، وَابْدَأْ بِمَنْ تَعُولُ». [رواه النسائي]

85- عَنْ مُعَاذِ بْنِ جَبَلٍ رَضِيَ اللهُ عَنْهُ، قَالَ: قَالَ رَسُولُ اللهِ صَلَّى اللهُ عَلَيْهِ وَسَلَّمَ: «الصَّدَقَةُ تُطْفِئُ الْخَطِيئَةَ كَمَا يُطْفِئُ النَّارَ الْمَاءُ». [رواه ابن ماجة]

86- عَنْ جَابِرِ بْنِ عَبْدِ اللهِ رَضِيَ اللهُ عَنْهُمَا، قَالَ: قَالَ رَسُولُ اللهِ صَلَّى اللهُ عَلَيْهِ وَسَلَّمَ: «كُلُّ مَعْرُوفٍ صَدَقَةٌ». [رواه البخاري]

87- عَنْ أَبِي إِسْحَاقَ سَعْدِ بْنِ أَبِي وَقَّاصٍ رَضِيَ اللهُ عَنْهُ، قَالَ: قَالَ رَسُولُ اللهِ صَلَّى اللهُ عَلَيْهِ وَسَلَّمَ: «إِنَّكَ لَنْ تُنْفِقَ نَفَقَةً تَبْتَغِي بِهَا وَجْهَ اللهِ إِلَّا أُجِرْتَ عَلَيْهَا، حَتَّى مَا تَجْعَلُ فِي فَمِ امْرَأَتِكَ». [متفق عليه]

88- عَنْ أَنَسِ بْنِ مَالِكٍ رَضِيَ اللهُ عَنْهُ، قَالَ: قَالَ رَسُولُ اللهِ صَلَّى اللهُ عَلَيْهِ وَسَلَّمَ: «مَا مِنْ مُسْلِمٍ غَرَسَ غَرْسًا، فَأَكَلَ مِنْهُ إِنْسَانٌ أَوْ دَابَّةٌ، إِلَّا كَانَ لَهُ بِهِ صَدَقَةٌ». [متفق عليه]

(باب فضائل الصيام وآدابه)

89- عَنْ سَهْلِ بْنِ سَعْدٍ السَّاعِدِيِّ رَضِيَ اللهُ عَنْهُ، قَالَ: قَالَ رَسُولُ اللهِ صَلَّى اللهُ عَلَيْهِ وَسَلَّمَ: «فِي الْجَنَّةِ ثَمَانِيَةُ أَبْوَابٍ، فِيهَا بَابٌ يُسَمَّى الرَّيَّانَ، لَا يَدْخُلُهُ إِلَّا الصَّائِمُونَ». [متفق عليه]

90- عَنْ أَبِي هُرَيْرَةَ رَضِيَ اللهُ عَنْهُ، قَالَ: قَالَ رَسُولُ اللهِ صَلَّى اللهُ عَلَيْهِ وَسَلَّمَ: «مَنْ صَامَ رَمَضَانَ إِيمَانًا وَاحْتِسَابًا، غُفِرَ لَهُ مَا تَقَدَّمَ مِنْ ذَنْبِهِ». [متفق عليه]

91- عَنْ أَبِي أَيُّوبَ الْأَنْصَارِيِّ [خَالِدِ بْنِ زَيْدٍ] رَضِيَ اللهُ عَنْهُ، قَالَ: قَالَ رَسُولُ اللهِ صَلَّى اللهُ عَلَيْهِ وَسَلَّمَ: «مَنْ صَامَ رَمَضَانَ ثُمَّ أَتْبَعَهُ سِتًّا مِنْ شَوَّالٍ، كَانَ كَصِيَامِ الدَّهْرِ». [رواه مسلم]

92- عَنْ أَبِي سَعِيدٍ الْخُدْرِيِّ رَضِيَ اللهُ عَنْهُ، قَالَ: قَالَ رَسُولُ اللهِ صَلَّى اللهُ عَلَيْهِ وَسَلَّمَ: «مَنْ صَامَ يَوْمًا فِي سَبِيلِ اللهِ، بَاعَدَ اللهُ وَجْهَهُ عَنِ النَّارِ سَبْعِينَ خَرِيفًا». [متفق عليه]

93- عَنْ أَبِي هُرَيْرَةَ رَضِيَ اللهُ عَنْهُ، قَالَ: قَالَ رَسُولُ اللهِ صَلَّى اللهُ عَلَيْهِ وَسَلَّمَ: «قَالَ اللهُ: كُلُّ عَمَلِ ابْنِ آدَمَ لَهُ إِلَّا الصِّيَامَ، فَإِنَّهُ لِي وَأَنَا أَجْزِي بِهِ، وَالصِّيَامُ جُنَّةٌ». [متفق عليه]

94- عَنْ أَبِي هُرَيْرَةَ رَضِيَ اللهُ عَنْهُ، قَالَ: أَوْصَانِي خَلِيلِي بِثَلَاثٍ لَا أَدَعُهُنَّ حَتَّى أَمُوتَ: «صَوْمِ ثَلَاثَةِ أَيَّامٍ مِنْ كُلِّ شَهْرٍ، وَصَلَاةِ الضُّحَى، وَنَوْمٍ عَلَى وِتْرٍ». [متفق عليه]

95- عَنْ أَبِي قَتَادَةَ رَضِيَ اللهُ عَنْهُ، قَالَ: قَالَ رَسُولُ اللهِ صَلَّى اللهُ عَلَيْهِ وَسَلَّمَ: «صِيَامُ يَوْمِ عَاشُورَاءَ، إِنِّي أَحْتَسِبُ عَلَى اللهِ أَنْ يُكَفِّرَ السَّنَةَ الَّتِي قَبْلَهُ». [رواه ابن ماجة]

96- عَنْ عَبْدِ اللهِ بْنِ عَبَّاسٍ رَضِيَ اللهُ عَنْهُمَا، قَالَ: قَالَ رَسُولُ اللهِ صَلَّى اللهُ عَلَيْهِ وَسَلَّمَ: «لَئِنْ بَقِيتُ إِلَى قَابِلٍ لَأَصُومَنَّ التَّاسِعَ». [رواه مسلم]

97- عَنْ أَبِي هُرَيْرَةَ رَضِيَ اللهُ عَنْهُ، قَالَ: قَالَ رَسُولُ اللهِ صَلَّى اللهُ عَلَيْهِ وَسَلَّمَ: «أَفْضَلُ الصِّيَامِ بَعْدَ رَمَضَانَ، شَهْرُ اللهِ الْمُحَرَّمُ، وَأَفْضَلُ الصَّلَاةِ بَعْدَ الْفَرِيضَةِ، صَلَاةُ اللَّيْلِ». [رواه

مسلم]

٩٨- عَنْ عَبْدِ اللهِ بْنِ عَمْرِو بْنِ الْعَاصِ رَضِيَ اللهُ عَنْهُمَا، قَالَ: قَالَ رَسُولُ اللهِ صَلَّى اللهُ عَلَيْهِ وَسَلَّمَ: «أَحَبُّ الصِّيَامِ إِلَى اللهِ صِيَامُ دَاوُدَ، كَانَ يَصُومُ يَوْمًا وَيُفْطِرُ يَوْمًا». [متفق عليه]

٩٩- عَنْ أَنَسِ بْنِ مَالِكٍ رَضِيَ اللهُ عَنْهُ، قَالَ: قَالَ رَسُولُ اللهِ صَلَّى اللهُ عَلَيْهِ وَسَلَّمَ: «تَسَحَّرُوا، فَإِنَّ فِي السُّحُورِ بَرَكَةً». [متفق عليه]

١٠٠- عَنْ عَمْرِو بْنِ الْعَاصِ رَضِيَ اللهُ عَنْهُ، قَالَ: قَالَ رَسُولُ اللهِ صَلَّى اللهُ عَلَيْهِ وَسَلَّمَ: «فَصْلُ مَا بَيْنَ صِيَامِنَا وَصِيَامِ أَهْلِ الْكِتَابِ، أَكْلَةُ السَّحَرِ». [رواه مسلم]

١٠١- عَنْ أَبِي هُرَيْرَةَ رَضِيَ اللهُ عَنْهُ، قَالَ: قَالَ رَسُولُ اللهِ صَلَّى اللهُ عَلَيْهِ وَسَلَّمَ: «لِلصَّائِمِ فَرْحَتَانِ: فَرْحَةٌ عِنْدَ فِطْرِهِ، وَفَرْحَةٌ عِنْدَ لِقَاءِ رَبِّهِ». [متفق عليه]

١٠٢- عَنْ سَهْلِ بْنِ سَعْدٍ السَّاعِدِيِّ رَضِيَ اللهُ عَنْهُ، قَالَ: قَالَ رَسُولُ اللهِ صَلَّى اللهُ عَلَيْهِ وَسَلَّمَ: «لَا يَزَالُ النَّاسُ بِخَيْرٍ مَا عَجَّلُوا الْفِطْرَ». [متفق عليه]

*****

(باب فضائل شهر رمضان والعشر الأواخر)

١٠٣- عَنْ أَبِي هُرَيْرَةَ رَضِيَ اللهُ عَنْهُ، قَالَ: قَالَ رَسُولُ اللهِ صَلَّى اللهُ عَلَيْهِ وَسَلَّمَ: «إِذَا جَاءَ رَمَضَانُ فُتِّحَتْ أَبْوَابُ الْجَنَّةِ، وَغُلِّقَتْ أَبْوَابُ النَّارِ، وَصُفِّدَتِ الشَّيَاطِينُ». [متفق عليه]

١٠٤- عَنْ أَبِي هُرَيْرَةَ رَضِيَ اللهُ عَنْهُ، قَالَ: قَالَ رَسُولُ اللهِ صَلَّى اللهُ عَلَيْهِ وَسَلَّمَ: «الصَّلَوَاتُ الْخَمْسُ، وَالْجُمُعَةُ إِلَى الْجُمُعَةِ، وَرَمَضَانُ إِلَى رَمَضَانَ، مُكَفِّرَاتٌ مَا بَيْنَهُنَّ إِذَا اجْتُنِبَ الْكَبَائِرُ». [رواه مسلم]

١٠٥- عَنْ أَبِي هُرَيْرَةَ رَضِيَ اللهُ عَنْهُ، قَالَ: قَالَ رَسُولُ اللهِ صَلَّى اللهُ عَلَيْهِ وَسَلَّمَ: «مَنْ قَامَ رَمَضَانَ إِيمَانًا وَاحْتِسَابًا، غُفِرَ لَهُ مَا تَقَدَّمَ مِنْ ذَنْبِهِ». [متفق عليه]

106- عَنْ أُمِّ المُؤْمِنِينَ عَائِشَةَ بِنْتِ أَبِي بَكْرٍ الصِّدِّيقِ رَضِيَ اللَّهُ عَنْهَا، قَالَتْ: «كَانَ النَّبِيُّ صَلَّى اللَّهُ عَلَيْهِ وَسَلَّمَ إِذَا دَخَلَ العَشْرُ شَدَّ مِئْزَرَهُ، وَأَحْيَا لَيْلَهُ، وَأَيْقَظَ أَهْلَهُ». [متفق عليه]

107- عَنْ أَبِي هُرَيْرَةَ رَضِيَ اللَّهُ عَنْهُ، قَالَ: قَالَ رَسُولُ اللَّهِ صَلَّى اللَّهُ عَلَيْهِ وَسَلَّمَ: «مَنْ قَامَ لَيْلَةَ القَدْرِ إِيمَانًا وَاحْتِسَابًا، غُفِرَ لَهُ مَا تَقَدَّمَ مِنْ ذَنْبِهِ». [متفق عليه]

108- عَنْ أُمِّ المُؤْمِنِينَ عَائِشَةَ رَضِيَ اللَّهُ عَنْهَا، قَالَتْ: قَالَ رَسُولُ اللَّهِ صَلَّى اللَّهُ عَلَيْهِ وَسَلَّمَ: «تَحَرَّوْا لَيْلَةَ القَدْرِ فِي العَشْرِ الأَوَاخِرِ مِنْ رَمَضَانَ». [متفق عليه]

*****

(باب فضائل الحج والعمرة)

109- عَنْ أَبِي هُرَيْرَةَ رَضِيَ اللَّهُ عَنْهُ، قَالَ: قَالَ رَسُولُ اللَّهِ صَلَّى اللَّهُ عَلَيْهِ وَسَلَّمَ: «مَنْ حَجَّ لِلَّهِ فَلَمْ يَرْفُثْ وَلَمْ يَفْسُقْ، رَجَعَ كَيَوْمِ وَلَدَتْهُ أُمُّهُ». [متفق عليه]

110- عَنْ أَبِي هُرَيْرَةَ رَضِيَ اللَّهُ عَنْهُ، قَالَ: سُئِلَ النَّبِيُّ صَلَّى اللَّهُ عَلَيْهِ وَسَلَّمَ أَيُّ الأَعْمَالِ أَفْضَلُ؟ قَالَ: «إِيمَانٌ بِاللَّهِ وَرَسُولِهِ» قِيلَ: ثُمَّ مَاذَا؟ قَالَ: «جِهَادٌ فِي سَبِيلِ اللَّهِ» قِيلَ: ثُمَّ مَاذَا؟ قَالَ: «حَجٌّ مَبْرُورٌ». [متفق عليه]

111- عَنْ عَبْدِ اللَّهِ بْنِ عَبَّاسٍ رَضِيَ اللَّهُ عَنْهُمَا، قَالَ: قَالَ رَسُولُ اللَّهِ صَلَّى اللَّهُ عَلَيْهِ وَسَلَّمَ: «تَابِعُوا بَيْنَ الحَجِّ وَالعُمْرَةِ، فَإِنَّهُمَا: يَنْفِيَانِ الفَقْرَ وَالذُّنُوبَ، كَمَا يَنْفِي الكِيرُ خَبَثَ الحَدِيدِ». [رواه النسائي]

112- عَنْ أُمِّ المُؤْمِنِينَ عَائِشَةَ رَضِيَ اللَّهُ عَنْهَا، أَنَّهَا قَالَتْ: يَا رَسُولَ اللَّهِ، نَرَى الجِهَادَ أَفْضَلَ العَمَلِ، أَفَلاَ نُجَاهِدُ؟ قَالَ: «لاَ، لَكِنِ أَفْضَلُ الجِهَادِ حَجٌّ مَبْرُورٌ». [رواه البخاري]

113- عَنْ عَبْدِ اللَّهِ بْنِ عَبَّاسٍ رَضِيَ اللَّهُ عَنْهُمَا، قَالَ: قَالَ رَسُولُ اللَّهِ صَلَّى اللَّهُ عَلَيْهِ وَسَلَّمَ: «إِنَّ عُمْرَةً فِي رَمَضَانَ تَقْضِي حَجَّةً». [متفق عليه]

114- عَنْ أَبِي هُرَيْرَةَ رَضِيَ اللَّهُ عَنْهُ، قَالَ: قَالَ رَسُولُ اللَّهِ صَلَّى اللَّهُ عَلَيْهِ وَسَلَّمَ: «العُمْرَةُ إِلَى العُمْرَةِ كَفَّارَةٌ لِمَا بَيْنَهُمَا،

وَالْحَجُّ الْمَبْرُورُ لَيْسَ لَهُ جَزَاءٌ إِلَّا الْجَنَّةُ». [متفق عليه]

*****

(فضائل العشر الأوائل من ذي الحجة)

115- عَنْ عَبْدِ اللهِ بْنِ عَبَّاسٍ رَضِيَ اللهُ عَنْهُمَا، قَالَ: قَالَ رَسُولُ اللهِ صَلَّى اللهُ عَلَيْهِ وَسَلَّمَ: «مَا مِنْ أَيَّامٍ الْعَمَلُ الصَّالِحُ فِيهَا أَحَبُّ إِلَى اللهِ مِنْ هَذِهِ الْأَيَّامِ» يَعْنِي أَيَّامَ الْعَشْرِ، قَالُوا: يَا رَسُولَ اللهِ، وَلَا الْجِهَادُ فِي سَبِيلِ اللهِ؟ قَالَ: «وَلَا الْجِهَادُ فِي سَبِيلِ اللهِ، إِلَّا رَجُلٌ خَرَجَ بِنَفْسِهِ وَمَالِهِ، فَلَمْ يَرْجِعْ مِنْ ذَلِكَ بِشَيْءٍ». [رواه أبو داود]

116- عَنْ أَبِي قَتَادَةَ رَضِيَ اللهُ عَنْهُ، قَالَ: قَالَ رَسُولُ اللهِ صَلَّى اللهُ عَلَيْهِ وَسَلَّمَ: «صِيَامُ يَوْمِ عَرَفَةَ، إِنِّي أَحْتَسِبُ عَلَى اللهِ أَنْ يُكَفِّرَ السَّنَةَ الَّتِي قَبْلَهُ وَالَّتِي بَعْدَهُ». [رواه مسلم]

117- عَنْ أُمِّ الْمُؤْمِنِينَ عَائِشَةَ رَضِيَ اللهُ عَنْهَا، قَالَتْ: قَالَ رَسُولُ اللهِ صَلَّى اللهُ عَلَيْهِ وَسَلَّمَ: «مَا مِنْ يَوْمٍ أَكْثَرَ مِنْ أَنْ يُعْتِقَ اللهُ فِيهِ عَبْدًا مِنَ النَّارِ مِنْ يَوْمِ عَرَفَةَ». [رواه مسلم]

*****

(باب الاستقامة والثبات على دين الله، والاقتصاد في الطاعة)

118- عَنْ سُفْيَانَ بْنِ عَبْدِ اللهِ الثَّقَفِيِّ رَضِيَ اللهُ عَنْهُ، قَالَ: قُلْتُ: يَا رَسُولَ اللهِ، قُلْ لِي فِي الْإِسْلَامِ قَوْلًا لَا أَسْأَلُ عَنْهُ أَحَدًا بَعْدَكَ، قَالَ: قُلْ: «آمَنْتُ بِاللهِ، فَاسْتَقِمْ». [رواه مسلم]

119- عَنْ ثَوْبَانَ -مَوْلَى النَّبِيِّ صَلَّى اللهُ عَلَيْهِ وَسَلَّمَ- قَالَ: قَالَ رَسُولُ اللهِ صَلَّى اللهُ عَلَيْهِ وَسَلَّمَ: «اسْتَقِيمُوا وَلَنْ تُحْصُوا، وَاعْلَمُوا أَنَّ خَيْرَ أَعْمَالِكُمُ الصَّلَاةُ، وَلَا يُحَافِظُ عَلَى الْوُضُوءِ إِلَّا مُؤْمِنٌ». [رواه أحمد]

120- عَنْ مُعَاوِيَةَ بْنِ أَبِي سُفْيَانَ، قَالَ: قَالَ رَسُولُ اللهِ صَلَّى اللهُ عَلَيْهِ وَسَلَّمَ: «لَا يَزَالُ مِنْ أُمَّتِي أُمَّةٌ قَائِمَةٌ بِأَمْرِ اللهِ، لَا

يَضُرُّهُمْ مَنْ خَذَلَهُمْ وَلاَ مَنْ خَالَفَهُمْ، حَتَّى يَأْتِيَهُمْ أَمْرُ اللهِ وَهُمْ عَلَى ذَلِكَ». [متفق عليه]

121- عَنْ أَنَسِ بْنِ مَالِكٍ رَضِيَ اللهُ عَنْهُ، قَالَ: قَالَ رَسُولُ اللهِ صَلَّى اللهُ عَلَيْهِ وَسَلَّمَ: «حُفَّتِ الْجَنَّةُ بِالْمَكَارِهِ، وَحُفَّتِ النَّارُ بِالشَّهَوَاتِ». [رواه مسلم]

122- عَنْ أُمِّ الْمُؤْمِنِينَ عَائِشَةَ رَضِيَ اللهُ عَنْهَا، قَالَتْ: قَالَ رَسُولُ اللهِ صَلَّى اللهُ عَلَيْهِ وَسَلَّمَ: «يَا أَيُّهَا النَّاسُ عَلَيْكُمْ مِنَ الْأَعْمَالِ مَا تُطِيقُونَ، فَإِنَّ اللهَ لاَ يَمَلُّ حَتَّى تَمَلُّوا، وَإِنَّ أَحَبَّ الْأَعْمَالِ إِلَى اللهِ مَا دُووِمَ عَلَيْهِ، وَإِنْ قَلَّ». [متفق عليه]

123- عَنْ عَبْدِ اللهِ بْنِ بُسْرٍ رَضِيَ اللهُ عَنْهُ، أَنَّ أَعْرَابِيًّا قَالَ: يَا رَسُولَ اللهِ مَنْ خَيْرُ النَّاسِ؟ قَالَ: «مَنْ طَالَ عُمُرُهُ، وَحَسُنَ عَمَلُهُ». [رواه الترمذي]

124- عَنْ جَابِرِ بْنِ سَمُرَةَ رَضِيَ اللهُ عَنْهُ، قَالَ: «كُنْتُ أُصَلِّي مَعَ النَّبِيِّ صَلَّى اللهُ عَلَيْهِ وَسَلَّمَ الصَّلَوَاتِ فَكَانَتْ صَلاَتُهُ قَصْداً، وَخُطْبَتُهُ قَصْداً». [رواه مسلم]

125- عَنْ أُمِّ الْمُؤْمِنِينَ عَائِشَةَ رَضِيَ اللهُ عَنْهَا، قَالَتْ: قَالَ رَسُولُ اللهِ صَلَّى اللهُ عَلَيْهِ وَسَلَّمَ: «إِذَا نَعَسَ أَحَدُكُمْ فِي الصَّلَاةِ فَلْيَرْقُدْ حَتَّى يَذْهَبَ عَنْهُ النَّوْمُ، فَإِنَّ أَحَدَكُمْ إِذَا صَلَّى وَهُوَ نَاعِسٌ لَعَلَّهُ يَذْهَبُ يَسْتَغْفِرُ، فَيَسُبُّ نَفْسَهُ». [متفق عليه]

126- عَنْ أُمِّ الْمُؤْمِنِينَ عَائِشَةَ رَضِيَ اللهُ عَنْهَا، قَالَتْ: إِنَّ رَسُولَ اللهِ صَلَّى اللهُ عَلَيْهِ وَسَلَّمَ «كَانَ إِذَا فَاتَتْهُ الصَّلَاةُ مِنَ اللَّيْلِ مِنْ وَجَعٍ أَوْ غَيْرِهِ، صَلَّى مِنَ النَّهَارِ ثِنْتَيْ عَشْرَةَ رَكْعَةً». [رواه مسلم]

*****

(باب النهي عن الابتداع في الدين ووجوب الالتزام بأمر الله ورسوله)

127- عَنْ أُمِّ الْمُؤْمِنِينَ عَائِشَةَ رَضِيَ اللهُ عَنْهَا، قَالَتْ: قَالَ رَسُولُ اللهِ صَلَّى اللهُ عَلَيْهِ وَسَلَّمَ: «مَنْ أَحْدَثَ فِي أَمْرِنَا هَذَا مَا لَيْسَ مِنْهُ فَهُوَ رَدٌّ». [متفق عليه]

128- عَنْ أَبِي هُرَيْرَةَ رَضِيَ اللهُ عَنْهُ، قَالَ: قَالَ رَسُولُ اللهِ صَلَّى اللهُ عَلَيْهِ وَسَلَّمَ: «مَا نَهَيْتُكُمْ عَنْهُ فَاجْتَنِبُوهُ، وَمَا أَمَرْتُكُمْ بِهِ فَافْعَلُوا مِنْهُ مَا اسْتَطَعْتُمْ، فَإِنَّمَا أَهْلَكَ الَّذِينَ مِنْ قَبْلِكُمْ كَثْرَةُ مَسَائِلِهِمْ، وَاخْتِلَافُهُمْ عَلَى أَنْبِيَائِهِمْ». [متفق عليه]

129- عَنْ أَبِي هُرَيْرَةَ رَضِيَ اللهُ عَنْهُ، قَالَ: قَالَ رَسُولُ اللهِ صَلَّى اللهُ عَلَيْهِ وَسَلَّمَ: «مَنْ أَطَاعَنِي فَقَدْ أَطَاعَ اللهَ، وَمَنْ عَصَانِي فَقَدْ عَصَى اللهَ». [متفق عليه]

130- عَنْ أَبِي هُرَيْرَةَ رَضِيَ اللهُ عَنْهُ، قَالَ: قَالَ رَسُولُ اللهِ صَلَّى اللهُ عَلَيْهِ وَسَلَّمَ: «كُلُّ أُمَّتِي يَدْخُلُونَ الْجَنَّةَ إِلَّا مَنْ أَبَى»، قَالُوا: يَا رَسُولَ اللهِ، وَمَنْ يَأْبَى؟ قَالَ: «مَنْ أَطَاعَنِي دَخَلَ الْجَنَّةَ، وَمَنْ عَصَانِي فَقَدْ أَبَى». [رواه البخاري]

131- عَنْ أَنَسِ بْنِ مَالِكٍ رَضِيَ اللهُ عَنْهُ، قَالَ: قَالَ رَسُولُ اللهِ صَلَّى اللهُ عَلَيْهِ وَسَلَّمَ: «مَنْ رَغِبَ عَنْ سُنَّتِي فَلَيْسَ مِنِّي». [متفق عليه]

132- عَنِ الْعَبَّاسِ بْنِ عَبْدِ الْمُطَّلِبِ رَضِيَ اللهُ عَنْهُ، قَالَ: قَالَ رَسُولُ اللهِ صَلَّى اللهُ عَلَيْهِ وَسَلَّمَ: «ذَاقَ طَعْمَ الْإِيمَانِ مَنْ رَضِيَ بِاللهِ رَبًّا، وَبِالْإِسْلَامِ دِينًا، وَبِمُحَمَّدٍ رَسُولًا». [رواه مسلم]

133- عَنْ أَبِي هُرَيْرَةَ رَضِيَ اللهُ عَنْهُ، قَالَ: قَالَ رَسُولُ اللهِ صَلَّى اللهُ عَلَيْهِ وَسَلَّمَ: «إِنَّ اللهَ يَغَارُ، وَغَيْرَةُ اللهِ أَنْ يَأْتِيَ الْمُؤْمِنُ مَا حَرَّمَ اللهُ». [متفق عليه]

134- عَنْ أَمِيرِ الْمُؤْمِنِينَ عُمَرَ بْنِ الْخَطَّابِ، أَنَّهُ جَاءَ إِلَى الْحَجَرِ الْأَسْوَدِ فَقَبَّلَهُ، فَقَالَ: «إِنِّي أَعْلَمُ أَنَّكَ حَجَرٌ لَا تَضُرُّ وَلَا تَنْفَعُ، وَلَوْلَا أَنِّي رَأَيْتُ النَّبِيَّ صَلَّى اللهُ عَلَيْهِ وَسَلَّمَ يُقَبِّلُكَ مَا قَبَّلْتُكَ». [متفق عليه]

135- عَنِ الْعِرْبَاضِ بْنِ سَارِيَةَ رَضِيَ اللهُ عَنْهُ، قَالَ: قَالَ رَسُولُ اللهِ صَلَّى اللهُ عَلَيْهِ وَسَلَّمَ: «عَلَيْكُمْ بِسُنَّتِي وَسُنَّةِ الْخُلَفَاءِ الْمَهْدِيِّينَ الرَّاشِدِينَ، تَمَسَّكُوا بِهَا وَعَضُّوا عَلَيْهَا بِالنَّوَاجِذِ، وَإِيَّاكُمْ وَمُحْدَثَاتِ الْأُمُورِ، فَإِنَّ كُلَّ مُحْدَثَةٍ بِدْعَةٌ، وَكُلَّ بِدْعَةٍ ضَلَالَةٌ». [رواه أبو داود]

*****

﴿باب النهي عن التشدد في الدين﴾

136- عَنْ عَبْدِ اللهِ بْنِ عَبَّاسٍ رَضِيَ اللهُ عَنْهُمَا، قَالَ رَسُولُ اللهِ صَلَّى اللهُ عَلَيْهِ وَسَلَّمَ: «يَا أَيُّهَا النَّاسُ إِيَّاكُمْ وَالْغُلُوَّ فِي الدِّينِ، فَإِنَّهُ أَهْلَكَ مَنْ كَانَ قَبْلَكُمُ الْغُلُوُّ فِي الدِّينِ». [رواه ابن ماجة]

137- عَنْ أَبِي هُرَيْرَةَ رَضِيَ اللهُ عَنْهُ، قَالَ: قَالَ رَسُولُ اللهِ صَلَّى اللهُ عَلَيْهِ وَسَلَّمَ: «إِنَّ الدِّينَ يُسْرٌ، وَلَنْ يُشَادَّ الدِّينَ أَحَدٌ إِلَّا غَلَبَهُ». [رواه البخاري]

138- عَنْ أَبِي مُوسَى الْأَشْعَرِيِّ رَضِيَ اللهُ عَنْهُ، قَالَ: كَانَ رَسُولُ اللهِ صَلَّى اللهُ عَلَيْهِ وَسَلَّمَ إِذَا بَعَثَ أَحَدًا مِنْ أَصْحَابِهِ فِي بَعْضِ أَمْرِهِ، قَالَ: «بَشِّرُوا وَلَا تُنَفِّرُوا، وَيَسِّرُوا وَلَا تُعَسِّرُوا». [رواه مسلم]

139- عَنْ عَبْدِ اللهِ بْنِ مَسْعُودٍ رَضِيَ اللهُ عَنْهُ، قَالَ: قَالَ رَسُولُ اللهِ صَلَّى اللهُ عَلَيْهِ وَسَلَّمَ: «هَلَكَ الْمُتَنَطِّعُونَ» قَالَهَا ثَلَاثًا. [رواه مسلم]

140- عَنْ أُمِّ الْمُؤْمِنِينَ عَائِشَةَ رَضِيَ اللهُ عَنْهَا، قَالَتْ: قَالَ رَسُولُ اللهِ صَلَّى اللهُ عَلَيْهِ وَسَلَّمَ: «لِتَعْلَمَ يَهُودُ أَنَّ فِي دِينِنَا فُسْحَةً، إِنِّي أُرْسِلْتُ بِحَنِيفِيَّةٍ سَمْحَةٍ». [رواه أحمد]

141- عَنْ أُمِّ الْمُؤْمِنِينَ عَائِشَةَ رَضِيَ اللهُ عَنْهَا، قَالَتْ: «مَا خُيِّرَ رَسُولُ اللهِ صَلَّى اللهُ عَلَيْهِ وَسَلَّمَ بَيْنَ أَمْرَيْنِ إِلَّا أَخَذَ أَيْسَرَهُمَا، مَا لَمْ يَكُنْ إِثْمًا، فَإِنْ كَانَ إِثْمًا كَانَ أَبْعَدَ النَّاسِ مِنْهُ». [متفق عليه]

*****

﴿باب فضائل القرآن، وآداب تلاوته﴾

142- عَنْ عُثْمَانَ بْنِ عَفَّانَ رَضِيَ اللهُ عَنْهُ، قَالَ: قَالَ رَسُولُ اللهِ صَلَّى اللهُ عَلَيْهِ وَسَلَّمَ: «خَيْرُكُمْ مَنْ تَعَلَّمَ الْقُرْآنَ وَعَلَّمَهُ». [رواه البخاري]

143- عَنْ أَنَسِ بْنِ مَالِكٍ رَضِيَ اللهُ عَنْهُ، قَالَ: قَالَ رَسُولُ

اللهِ صَلَّى اللهُ عَلَيْهِ وَسَلَّمَ: «أَهْلُ الْقُرْآنِ هُمْ أَهْلُ اللهِ وَخَاصَّتُهُ». [رواه أحمد]

144- عَنْ أَبِي أُمَامَةَ الْبَاهِلِيِّ [صُدَيِّ بْنِ عَجْلَانَ] رَضِيَ اللهُ عَنْهُ، قَالَ: قَالَ رَسُولُ اللهِ صَلَّى اللهُ عَلَيْهِ وَسَلَّمَ: «اقْرَءُوا الْقُرْآنَ فَإِنَّهُ يَأْتِي يَوْمَ الْقِيَامَةِ شَفِيعًا لِأَصْحَابِهِ». [رواه مسلم]

145- عَنْ عَبْدِ اللهِ بْنِ عُمَرَ بْنِ الْخَطَّابِ رَضِيَ اللهُ عَنْهُما، قَالَ: قَالَ رَسُولُ اللهِ صَلَّى اللهُ عَلَيْهِ وَسَلَّمَ: «لَا حَسَدَ إِلَّا فِي اثْنَتَيْنِ: رَجُلٌ آتَاهُ اللهُ الْقُرْآنَ فَهُوَ يَتْلُوهُ آنَاءَ اللَّيْلِ وَآنَاءَ النَّهَارِ، وَرَجُلٌ آتَاهُ اللهُ مَالًا فَهُوَ يُنْفِقُهُ آنَاءَ اللَّيْلِ وَآنَاءَ النَّهَارِ». [متفق عليه]

146- عَنْ أَمِيرِ الْمُؤْمِنِينَ عُمَرَ بْنِ الْخَطَّابِ رَضِيَ اللهُ عَنْهُ، قَالَ: قَالَ رَسُولُ اللهِ صَلَّى اللهُ عَلَيْهِ وَسَلَّمَ: «إِنَّ اللهَ يَرْفَعُ بِهَذَا الْكِتَابِ أَقْوَامًا، وَيَضَعُ بِهِ آخَرِينَ». [رواه مسلم]

147- عَنْ عَبْدِ اللهِ بْنِ عَمْرِو بْنِ الْعَاصِ، قَالَ: قَالَ رَسُولُ اللهِ صَلَّى اللهُ عَلَيْهِ وَسَلَّمَ: «يُقَالُ لِصَاحِبِ الْقُرْآنِ: اقْرَأْ، وَارْتَقِ، وَرَتِّلْ كَمَا كُنْتَ تُرَتِّلُ فِي الدُّنْيَا، فَإِنَّ مَنْزِلَكَ عِنْدَ آخِرِ آيَةٍ تَقْرَؤُهَا». [رواه أبو داود]

148- عَنْ أُمِّ الْمُؤْمِنِينَ عَائِشَةَ رَضِيَ اللهُ عَنْهَا، قَالَتْ: قَالَ رَسُولُ اللهِ صَلَّى اللهُ عَلَيْهِ وَسَلَّمَ: «الَّذِي يَقْرَأُ الْقُرْآنَ وَهُوَ مَاهِرٌ بِهِ مَعَ السَّفَرَةِ الْكِرَامِ الْبَرَرَةِ، وَالَّذِي يَقْرَؤُهُ وَهُوَ عَلَيْهِ شَاقٌّ لَهُ أَجْرَانِ». [رواه أحمد]

149- عَنْ عَبْدِ اللهِ بْنِ عُمَرَ بْنِ الْخَطَّابِ رَضِيَ اللهُ عَنْهُما، قَالَ: قَالَ رَسُولُ اللهِ صَلَّى اللهُ عَلَيْهِ وَسَلَّمَ: «إِنَّمَا مَثَلُ صَاحِبِ الْقُرْآنِ، كَمَثَلِ صَاحِبِ الْإِبِلِ الْمُعَقَّلَةِ، إِنْ عَاهَدَ عَلَيْهَا أَمْسَكَهَا، وَإِنْ أَطْلَقَهَا ذَهَبَتْ». [متفق عليه]

150- عَنْ أَبِي مُوسَى الْأَشْعَرِيِّ، قَالَ: قَالَ رَسُولُ اللهِ صَلَّى اللهُ عَلَيْهِ وَسَلَّمَ: «إِنَّ مِنْ إِجْلَالِ اللهِ إِكْرَامَ ذِي الشَّيْبَةِ الْمُسْلِمِ، وَحَامِلِ الْقُرْآنِ غَيْرِ الْغَالِي فِيهِ وَالْجَافِي عَنْهُ، وَإِكْرَامَ ذِي السُّلْطَانِ الْمُقْسِطِ». [رواه أبو داود]

151- عَنْ أَبِي هُرَيْرَةَ رَضِيَ اللهُ عَنْهُ، قَالَ: قَالَ رَسُولُ اللهِ صَلَّى اللهُ عَلَيْهِ وَسَلَّمَ: «الْحَمْدُ لِلَّهِ رَبِّ الْعَالَمِينَ أُمُّ الْقُرْآنِ، وَأُمُّ

الْكِتَابِ، وَالسَّبْعُ الْمَثَانِي». [رواه أبو داود]

152- عَنْ أَبِي مَسْعُودٍ [عُقْبَةَ بْنِ عَمْرٍو الْأَنْصَارِيّ] رَضِيَ اللهُ عَنْهُ، قَالَ: قَالَ رَسُولُ اللهِ صَلَّى اللهُ عَلَيْهِ وَسَلَّمَ: «مَنْ قَرَأَ بِالْآيَتَيْنِ مِنْ آخِرِ سُورَةِ الْبَقَرَةِ فِي لَيْلَةٍ كَفَتَاهُ». [متفق عليه]

153- عَنْ أَبِي أُمَامَةَ الْبَاهِلِيّ رَضِيَ اللهُ عَنْهُ، قَالَ: قَالَ رَسُولُ اللهِ صَلَّى اللهُ عَلَيْهِ وَسَلَّمَ: «اقْرَؤُوا سُورَةَ الْبَقَرَةِ، فَإِنَّ أَخْذَهَا بَرَكَةٌ، وَتَرْكَهَا حَسْرَةٌ، وَلَا تَسْتَطِيعُهَا الْبَطَلَةُ». [رواه مسلم]

154- عَنْ أَبِي هُرَيْرَةَ رَضِيَ اللهُ عَنْهُ، قَالَ: قَالَ رَسُولُ اللهِ صَلَّى اللهُ عَلَيْهِ وَسَلَّمَ: «لَا تَجْعَلُوا بُيُوتَكُمْ مَقَابِرَ، إِنَّ الشَّيْطَانَ يَنْفِرُ مِنَ الْبَيْتِ الَّذِي تُقْرَأُ فِيهِ سُورَةُ الْبَقَرَةِ». [رواه مسلم]

155- عَنْ أَبِي مَسْعُودٍ رَضِيَ اللهُ عَنْهُ، قَالَ: قَالَ رَسُولُ اللهِ صَلَّى اللهُ عَلَيْهِ وَسَلَّمَ: «قُلْ هُوَ اللَّهُ أَحَدٌ تَعْدِلُ ثُلُثَ الْقُرْآنِ». [رواه أحمد]

156- عَنْ أَبِي الدَّرْدَاءِ [عُوَيْمِرِ بْنِ مَالِكٍ] رَضِيَ اللهُ عَنْهُ، قَالَ: قَالَ رَسُولُ اللهِ صَلَّى اللهُ عَلَيْهِ وَسَلَّمَ: «مَنْ حَفِظَ عَشْرَ آيَاتٍ مِنْ أَوَّلِ سُورَةِ الْكَهْفِ عُصِمَ مِنَ الدَّجَّالِ». [رواه مسلم]

157- عَنِ الْبَرَاءِ بْنِ عَازِبٍ رَضِيَ اللهُ عَنْهُ، قَالَ: قَالَ رَسُولُ اللهِ صَلَّى اللهُ عَلَيْهِ وَسَلَّمَ: «زَيِّنُوا الْقُرْآنَ بِأَصْوَاتِكُمْ». [رواه أبو داود]

158- عَنْ جُنْدَبِ بْنِ عَبْدِ اللهِ رَضِيَ اللهُ عَنْهُ، قَالَ: قَالَ رَسُولُ اللهِ صَلَّى اللهُ عَلَيْهِ وَسَلَّمَ: «اقْرَؤُوا الْقُرْآنَ مَا ائْتَلَفَتْ عَلَيْهِ قُلُوبُكُمْ، فَإِذَا اخْتَلَفْتُمْ فَقُومُوا عَنْهُ». [متفق عليه]

159- عَنْ عَبْدِ اللهِ بْنِ عُمَرَ بْنِ الْخَطَّابِ رَضِيَ اللهُ عَنْهُمَا، قَالَ: قَالَ رَسُولُ اللهِ صَلَّى اللهُ عَلَيْهِ وَسَلَّمَ: «اقْرَأِ الْقُرْآنَ فِي كُلِّ شَهْرٍ» قُلْتُ: إِنِّي أَجِدُ قُوَّةً، قَالَ: «فَاقْرَأْهُ فِي عِشْرِينَ لَيْلَةً». قُلْتُ: إِنِّي أَجِدُ قُوَّةً، قَالَ: «فَاقْرَأْهُ فِي سَبْعٍ وَلَا تَزِدْ عَلَى ذَلِكَ». [متفق عليه]

*****

(باب فضائل الذكر)

160- عَنْ أَبِي هُرَيْرَةَ رَضِيَ اللهُ عَنْهُ، قَالَ: قَالَ رَسُولُ اللهِ صَلَّى اللهُ عَلَيْهِ وَسَلَّمَ: «سَبَقَ الْمُفَرِّدُونَ» قَالُوا: وَمَا الْمُفَرِّدُونَ؟ يَا رَسُولَ اللهِ قَالَ: «الذَّاكِرُونَ اللهَ كَثِيرًا، وَالذَّاكِرَاتُ». [رواه مسلم]

161- عَنْ أَبِي هُرَيْرَةَ رَضِيَ اللهُ عَنْهُ، قَالَ: قَالَ رَسُولُ اللهِ صَلَّى اللهُ عَلَيْهِ وَسَلَّمَ: «لَا يَقْعُدُ قَوْمٌ يَذْكُرُونَ اللهَ عَزَّ وَجَلَّ إِلَّا حَفَّتْهُمُ الْمَلَائِكَةُ، وَغَشِيَتْهُمُ الرَّحْمَةُ، وَنَزَلَتْ عَلَيْهِمُ السَّكِينَةُ، وَذَكَرَهُمُ اللهُ فِيمَنْ عِنْدَهُ». [رواه مسلم]

162- عَنْ عَبْدِ اللهِ بْنِ بُسْرٍ، أَنَّ رَجُلاً قَالَ: يَا رَسُولَ اللهِ إِنَّ شَرَائِعَ الْإِسْلَامِ قَدْ كَثُرَتْ عَلَيَّ، فَأَخْبِرْنِي بِشَيْءٍ أَتَشَبَّثُ بِهِ، قَالَ: «لَا يَزَالُ لِسَانُكَ رَطْبًا مِنْ ذِكْرِ اللهِ». [رواه الترمذي]

163- عَنْ أُمِّ الْمُؤْمِنِينَ عَائِشَةَ رَضِيَ اللهُ عَنْهَا، قَالَتْ: «كَانَ النَّبِيُّ صَلَّى اللهُ عَلَيْهِ وَسَلَّمَ يَذْكُرُ اللهَ عَلَى كُلِّ أَحْيَانِهِ». [متفق عليه]

164- عَنْ سَمُرَةَ بْنِ جُنْدَبٍ رَضِيَ اللهُ عَنْهُ، قَالَ: قَالَ رَسُولُ اللهِ صَلَّى اللهُ عَلَيْهِ وَسَلَّمَ: «أَحَبُّ الْكَلَامِ إِلَى اللهِ أَرْبَعٌ: سُبْحَانَ اللهِ، وَالْحَمْدُ لِلَّهِ، وَلَا إِلَهَ إِلَّا اللهُ، وَاللهُ أَكْبَرُ. لَا يَضُرُّكَ بِأَيِّهِنَّ بَدَأْتَ». [رواه مسلم]

165- عَنْ أَبِي هُرَيْرَةَ رَضِيَ اللهُ عَنْهُ، قَالَ: قَالَ رَسُولُ اللهِ صَلَّى اللهُ عَلَيْهِ وَسَلَّمَ: «لَأَنْ أَقُولَ سُبْحَانَ اللهِ، وَالْحَمْدُ لِلَّهِ، وَلَا إِلَهَ إِلَّا اللهُ، وَاللهُ أَكْبَرُ، أَحَبُّ إِلَيَّ مِمَّا طَلَعَتْ عَلَيْهِ الشَّمْسُ». [رواه مسلم]

166- عَنْ أَبِي ذَرٍّ الْغِفَارِيِّ رَضِيَ اللهُ عَنْهُ، قَالَ: قَالَ رَسُولُ اللهِ صَلَّى اللهُ عَلَيْهِ وَسَلَّمَ: «إِنَّ أَحَبَّ الْكَلَامِ إِلَى اللهِ: سُبْحَانَ اللهِ وَبِحَمْدِهِ». [رواه مسلم]

167- عَنْ أَبِي هُرَيْرَةَ رَضِيَ اللهُ عَنْهُ، قَالَ: قَالَ رَسُولُ اللهِ صَلَّى اللهُ عَلَيْهِ وَسَلَّمَ: «مَنْ قَالَ: سُبْحَانَ اللهِ وَبِحَمْدِهِ فِي يَوْمٍ مِائَةَ مَرَّةٍ، حُطَّتْ خَطَايَاهُ وَإِنْ كَانَتْ مِثْلَ زَبَدِ الْبَحْرِ». [متفق عليه]

168- عَنْ أَبِي هُرَيْرَةَ رَضِيَ اللهُ عَنْهُ، قَالَ: قَالَ رَسُولُ اللهِ صَلَّى اللهُ عَلَيْهِ وَسَلَّمَ: «كَلِمَتَانِ خَفِيفَتَانِ عَلَى اللِّسَانِ، ثَقِيلَتَانِ فِي الْمِيزَانِ، حَبِيبَتَانِ إِلَى الرَّحْمَنِ، سُبْحَانَ اللهِ وَبِحَمْدِهِ، سُبْحَانَ اللهِ الْعَظِيمِ». [متفق عليه]

169- عَنْ كَعْبِ بْنِ عُجْرَةَ رَضِيَ اللهُ عَنْهُ، قَالَ: قَالَ رَسُولُ اللهِ صَلَّى اللهُ عَلَيْهِ وَسَلَّمَ: «مُعَقِّبَاتٌ لَا يَخِيبُ قَائِلُهُنَّ دُبُرَ كُلِّ صَلَاةٍ مَكْتُوبَةٍ، ثَلَاثٌ وَثَلَاثُونَ تَسْبِيحَةً، وَثَلَاثٌ وَثَلَاثُونَ تَحْمِيدَةً، وَأَرْبَعٌ وَثَلَاثُونَ تَكْبِيرَةً». [رواه مسلم]

170- عَنْ أَبِي سَعِيدٍ الْخُدْرِيِّ رَضِيَ اللهُ عَنْهُ، قَالَ: قَالَ رَسُولُ اللهِ صَلَّى اللهُ عَلَيْهِ وَسَلَّمَ: «مَنْ قَالَ: رَضِيتُ بِاللهِ رَبًّا، وَبِالْإِسْلَامِ دِينًا، وَبِمُحَمَّدٍ رَسُولًا، وَجَبَتْ لَهُ الْجَنَّةُ». [رواه أبو داود]

171- عَنْ أَبِي هُرَيْرَةَ رَضِيَ اللهُ عَنْهُ، قَالَ: قَالَ رَسُولُ اللهِ صَلَّى اللهُ عَلَيْهِ وَسَلَّمَ: «مَنْ قَالَ: حِينَ يُصْبِحُ وَحِينَ يُمْسِي: سُبْحَانَ اللهِ وَبِحَمْدِهِ مِائَةَ مَرَّةٍ، لَمْ يَأْتِ أَحَدٌ يَوْمَ الْقِيَامَةِ بِأَفْضَلَ مِمَّا جَاءَ بِهِ، إِلَّا أَحَدٌ قَالَ مِثْلَ مَا قَالَ أَوْ زَادَ عَلَيْهِ». [رواه مسلم]

172- عَنْ أَبِي مُوسَى الْأَشْعَرِيِّ رَضِيَ اللهُ عَنْهُ، قَالَ لِي رَسُولُ اللهِ صَلَّى اللهُ عَلَيْهِ وَسَلَّمَ: «يَا عَبْدَ اللهِ بْنَ قَيْسٍ: أَلَا أَدُلُّكَ عَلَى كَنْزٍ مِنْ كُنُوزِ الْجَنَّةِ». فَقُلْتُ: بَلَى، يَا رَسُولَ اللهِ قَالَ: «قُلْ: لَا حَوْلَ وَلَا قُوَّةَ إِلَّا بِاللهِ». [متفق عليه]

173- عَنْ أَبِي هُرَيْرَةَ رَضِيَ اللهُ عَنْهُ، قَالَ: قَالَ رَسُولُ اللهِ صَلَّى اللهُ عَلَيْهِ وَسَلَّمَ: «وَاللهِ إِنِّي لَأَسْتَغْفِرُ اللهَ وَأَتُوبُ إِلَيْهِ فِي الْيَوْمِ أَكْثَرَ مِنْ سَبْعِينَ مَرَّةً». [رواه البخاري]

*****

(باب فضائل الصلاة على النبي)

174- عَنْ أَبِي هُرَيْرَةَ رَضِيَ اللهُ عَنْهُ، قَالَ: قَالَ رَسُولُ اللهِ صَلَّى اللهُ عَلَيْهِ وَسَلَّمَ: «مَنْ صَلَّى عَلَيَّ وَاحِدَةً صَلَّى اللهُ عَلَيْهِ عَشْرًا». [رواه مسلم]

175- عَنْ أَبِي هُرَيْرَةَ رَضِيَ اللهُ عَنْهُ، قَالَ: قَالَ رَسُولُ اللهِ

صَلَّى اللهُ عَلَيْهِ وَسَلَّمَ: «مَا مِنْ أَحَدٍ يُسَلِّمُ عَلَيَّ إِلَّا رَدَّ اللهُ عَلَيَّ رُوحِي حَتَّى أَرُدَّ عَلَيْهِ السَّلَامَ». [رَوَاهُ أَبُو دَاوُد]

١٧٦- عَنْ أَبِي هُرَيْرَةَ رَضِيَ اللهُ عَنْهُ، قَالَ: قَالَ رَسُولُ اللهِ صَلَّى اللهُ عَلَيْهِ وَسَلَّمَ: «لَا تَجْعَلُوا بُيُوتَكُمْ قُبُورًا، وَلَا تَجْعَلُوا قَبْرِي عِيدًا، وَصَلُّوا عَلَيَّ فَإِنَّ صَلَاتَكُمْ تَبْلُغُنِي حَيْثُ كُنْتُمْ». [رَوَاهُ أَبُو دَاوُد]

١٧٧- عَنْ أُبَيِّ بْنِ كَعْبٍ رَضِيَ اللهُ عَنْهُ، قَالَ: قَالَ رَجُلٌ: يَا رَسُولَ اللهِ أَرَأَيْتَ إِنْ جَعَلْتُ صَلَاتِي كُلَّهَا عَلَيْكَ؟ قَالَ: «إِذَنْ يَكْفِيكَ اللهُ مَا أَهَمَّكَ مِنْ دُنْيَاكَ وَآخِرَتِكَ». [رَوَاهُ أَحْمَد]

١٧٨- عَنْ أَبِي هُرَيْرَةَ رَضِيَ اللهُ عَنْهُ، قَالَ: قَالَ رَسُولُ اللهِ صَلَّى اللهُ عَلَيْهِ وَسَلَّمَ: «رَغِمَ أَنْفُ رَجُلٍ ذُكِرْتُ عِنْدَهُ فَلَمْ يُصَلِّ عَلَيَّ». [رَوَاهُ أَحْمَد]

*****

(باب الدعاء وآدابه)

١٧٩- عَنْ أَبِي هُرَيْرَةَ رَضِيَ اللهُ عَنْهُ، قَالَ: قَالَ رَسُولُ اللهِ صَلَّى اللهُ عَلَيْهِ وَسَلَّمَ: «إِنَّ اللهَ يَقُولُ: أَنَا عِنْدَ ظَنِّ عَبْدِي بِي وَأَنَا مَعَهُ إِذَا دَعَانِي». [رَوَاهُ مُسْلِم]

١٨٠- عَنِ النُّعْمَانِ بْنِ بَشِيرٍ رَضِيَ اللهُ عَنْهُ، قَالَ: قَالَ رَسُولُ اللهِ صَلَّى اللهُ عَلَيْهِ وَسَلَّمَ: «الدُّعَاءُ هُوَ الْعِبَادَةُ». [رَوَاهُ التِّرْمِذِي]

١٨١- عَنْ أَبِي هُرَيْرَةَ رَضِيَ اللهُ عَنْهُ، قَالَ: قَالَ رَسُولُ اللهِ صَلَّى اللهُ عَلَيْهِ وَسَلَّمَ: «أَقْرَبُ مَا يَكُونُ الْعَبْدُ مِنْ رَبِّهِ وَهُوَ سَاجِدٌ، فَأَكْثِرُوا الدُّعَاءَ». [رَوَاهُ مُسْلِم]

١٨٢- عَنْ أَنَسِ بْنِ مَالِكٍ رَضِيَ اللهُ عَنْهُ، قَالَ: قَالَ رَسُولُ اللهِ صَلَّى اللهُ عَلَيْهِ وَسَلَّمَ: «الدُّعَاءُ لَا يُرَدُّ بَيْنَ الْأَذَانِ وَالْإِقَامَةِ». [رَوَاهُ التِّرْمِذِي]

١٨٣- عَنْ جَابِرِ بْنِ عَبْدِ اللهِ رَضِيَ اللهُ عَنْهُمَا، قَالَ: قَالَ رَسُولُ اللهِ صَلَّى اللهُ عَلَيْهِ وَسَلَّمَ: «إِنَّ مِنَ اللَّيْلِ سَاعَةً لَا يُوَافِقُهَا عَبْدٌ مُسْلِمٌ يَسْأَلُ اللهَ خَيْرًا إِلَّا أَعْطَاهُ إِيَّاهُ». [رَوَاهُ مُسْلِم]

١٨٤- عَنْ مُعَاذِ بْنِ جَبَلٍ رَضِيَ اللهُ عَنْهُ، قَالَ: قَالَ رَسُولُ اللهِ صَلَّى اللهُ عَلَيْهِ وَسَلَّمَ: «مَا مِنْ مُسْلِمٍ يَبِيتُ عَلَى ذِكْرٍ طَاهِرًا فَيَتَعَارُّ مِنَ اللَّيْلِ فَيَسْأَلُ اللهَ خَيْرًا مِنَ الدُّنْيَا وَالْآخِرَةِ إِلَّا أَعْطَاهُ إِيَّاهُ». [رواه أبو داود]

١٨٥- عَنْ أَبِي الدَّرْدَاءِ رَضِيَ اللهُ عَنْهُ، قَالَ: قَالَ رَسُولُ اللهِ صَلَّى اللهُ عَلَيْهِ وَسَلَّمَ: «مَا مِنْ عَبْدٍ مُسْلِمٍ يَدْعُو لِأَخِيهِ بِظَهْرِ الْغَيْبِ، إِلَّا قَالَ الْمَلَكُ: وَلَكَ بِمِثْلٍ». [رواه مسلم]

١٨٦- عَنْ أَبِي هُرَيْرَةَ رَضِيَ اللهُ عَنْهُ، قَالَ: قَالَ رَسُولُ اللهِ صَلَّى اللهُ عَلَيْهِ وَسَلَّمَ: «تَعَوَّذُوا بِاللهِ مِنْ جَهْدِ الْبَلَاءِ، وَدَرَكِ الشَّقَاءِ، وَسُوءِ الْقَضَاءِ، وَشَمَاتَةِ الْأَعْدَاءِ». [متفق عليه]

١٨٧- عَنْ أَنَسِ بْنِ مَالِكٍ رَضِيَ اللهُ عَنْهُ، قَالَ: كَانَ أَكْثَرُ دُعَاءِ النَّبِيِّ صَلَّى اللهُ عَلَيْهِ وَسَلَّمَ: «اللَّهُمَّ رَبَّنَا آتِنَا فِي الدُّنْيَا حَسَنَةً، وَفِي الْآخِرَةِ حَسَنَةً، وَقِنَا عَذَابَ النَّارِ». [متفق عليه]

١٨٨- عَنْ عَبْدِ اللهِ بْنِ مَسْعُودٍ رَضِيَ اللهُ عَنْهُ، قَالَ: قَالَ رَسُولُ اللهِ صَلَّى اللهُ عَلَيْهِ وَسَلَّمَ: «اللَّهُمَّ إِنِّي أَسْأَلُكَ الْهُدَى وَالتُّقَى وَالْعَفَافَ وَالْغِنَى». [رواه مسلم]

١٨٩- عَنْ عَبْدِ اللهِ بْنِ عُمَرَ بْنِ الْخَطَّابِ، قَالَ: كَانَ مِنْ دُعَاءِ رَسُولِ اللهِ صَلَّى اللهُ عَلَيْهِ وَسَلَّمَ: «اللَّهُمَّ إِنِّي أَعُوذُ بِكَ مِنْ زَوَالِ نِعْمَتِكَ، وَتَحَوُّلِ عَافِيَتِكَ، وَفُجَاءَةِ نِقْمَتِكَ، وَجَمِيعِ سَخَطِكَ». [رواه مسلم] ١٩٠- عَنْ أُمِّ الْمُؤْمِنِينَ عَائِشَةَ رَضِيَ اللهُ عَنْهَا، أَنَّ النَّبِيَّ صَلَّى اللهُ عَلَيْهِ وَسَلَّمَ كَانَ يَقُولُ فِي دُعَائِهِ: «اللَّهُمَّ إِنِّي أَعُوذُ بِكَ مِنْ شَرِّ مَا عَمِلْتُ، وَشَرِّ مَا لَمْ أَعْمَلْ». [رواه مسلم]

*****

(باب البر والصلة)

١٩١- عَنْ عَبْدِ اللهِ بْنِ مَسْعُودٍ رَضِيَ اللهُ عَنْهُ، أَنَّ رَجُلًا سَأَلَ النَّبِيَّ صَلَّى اللهُ عَلَيْهِ وَسَلَّمَ أَيُّ الْأَعْمَالِ أَفْضَلُ؟ قَالَ: «الصَّلَاةُ لِوَقْتِهَا، وَبِرُّ الْوَالِدَيْنِ، ثُمَّ الْجِهَادُ فِي سَبِيلِ اللهِ». [متفق عليه]

192- عَنْ أَنَسِ بْنِ مَالِكٍ رَضِيَ اللهُ عَنْهُ، قَالَ: قَالَ رَسُولُ اللهِ صَلَّى اللهُ عَلَيْهِ وَسَلَّمَ: «مَنْ أَحَبَّ أَنْ يُمَدَّ لَهُ فِي عُمْرِهِ، وَأَنْ يُزَادَ لَهُ فِي رِزْقِهِ، فَلْيَبَرَّ وَالِدَيْهِ، وَلْيَصِلْ رَحِمَهُ». [رواه أحمد]

193- عَنْ أَبِي هُرَيْرَةَ رَضِيَ اللهُ عَنْهُ، قَالَ: قَالَ رَجُلٌ: يَا رَسُولَ اللهِ مَنْ أَحَقُّ النَّاسِ بِحُسْنِ الصُّحْبَةِ؟ قَالَ: «أُمُّكَ، ثُمَّ أُمُّكَ، ثُمَّ أُمُّكَ، ثُمَّ أَبُوكَ، ثُمَّ أَدْنَاكَ أَدْنَاكَ». [متفق عليه]

194- عَنْ عَبْدِ اللهِ بْنِ عَمْرِو بْنِ الْعَاصِ رَضِيَ اللهُ عَنْهُمَا، قَالَ: جَاءَ رَجُلٌ إِلَى النَّبِيِّ صَلَّى اللهُ عَلَيْهِ وَسَلَّمَ، يَسْتَأْذِنُهُ فِي الْجِهَادِ فَقَالَ: «أَحَيٌّ وَالِدَاكَ؟» قَالَ: نَعَمْ، قَالَ: «فَفِيهِمَا فَجَاهِدْ». [متفق عليه]

195- عَنْ أَبِي هُرَيْرَةَ رَضِيَ اللهُ عَنْهُ، قَالَ: قَالَ رَسُولُ اللهِ صَلَّى اللهُ عَلَيْهِ وَسَلَّمَ: «رَغِمَ أَنْفٌ، ثُمَّ رَغِمَ أَنْفٌ، ثُمَّ رَغِمَ أَنْفٌ»، قِيلَ: مَنْ يَا رَسُولَ اللهِ؟ قَالَ: «مَنْ أَدْرَكَ أَبَوَيْهِ عِنْدَ الْكِبَرِ، أَحَدَهُمَا أَوْ كِلَيْهِمَا فَلَمْ يَدْخُلِ الْجَنَّةَ». [رواه مسلم]

196- عَنْ عَبْدِ اللهِ بْنِ عُمَرَ بْنِ الْخَطَّابِ رَضِيَ اللهُ عَنْهُمَا، قَالَ: قَالَ رَسُولُ اللهِ صَلَّى اللهُ عَلَيْهِ وَسَلَّمَ: «أَبَرُّ الْبِرِّ أَنْ يَصِلَ الرَّجُلُ وُدَّ أَبِيهِ». [رواه مسلم]

197- عَنْ أُمِّ الْمُؤْمِنِينَ عَائِشَةَ رَضِيَ اللهُ عَنْهَا، قَالَتْ: قَالَ رَسُولُ اللهِ صَلَّى اللهُ عَلَيْهِ وَسَلَّمَ: «الرَّحِمُ مُعَلَّقَةٌ بِالْعَرْشِ تَقُولُ مَنْ وَصَلَنِي وَصَلَهُ اللهُ، وَمَنْ قَطَعَنِي قَطَعَهُ اللهُ». [متفق عليه]

198- عَنْ عَبْدِ اللهِ بْنِ عَمْرِو بْنِ الْعَاصِ رَضِيَ اللهُ عَنْهُمَا، قَالَ: قَالَ رَسُولُ اللهِ صَلَّى اللهُ عَلَيْهِ وَسَلَّمَ: «لَيْسَ الْوَاصِلُ بِالْمُكَافِئِ، وَلَكِنِ الْوَاصِلُ الَّذِي إِذَا قُطِعَتْ رَحِمُهُ وَصَلَهَا». [رواه البخاري]

199- عَنِ الْبَرَاءِ بْنِ عَازِبٍ رَضِيَ اللهُ عَنْهُ، قَالَ: قَالَ رَسُولُ اللهِ صَلَّى اللهُ عَلَيْهِ وَسَلَّمَ: «الْخَالَةُ بِمَنْزِلَةِ الْأُمِّ». [رواه الترمذي]

200- عَنِ الْمُغِيرَةِ بْنِ شُعْبَةَ رَضِيَ اللهُ عَنْهُ، قَالَ: قَالَ رَسُولُ اللهِ صَلَّى اللهُ عَلَيْهِ وَسَلَّمَ: «إِنَّ اللهَ حَرَّمَ عَلَيْكُمْ عُقُوقَ الْأُمَّهَاتِ». [متفق عليه]

201- عَنْ جُبَيْرِ بْنِ مُطْعِمٍ رَضِيَ اللهُ عَنْهُ، قَالَ: قَالَ رَسُولُ اللهِ صَلَّى اللهُ عَلَيْهِ وَسَلَّمَ: «لَا يَدْخُلُ الْجَنَّةَ قَاطِعُ رَحِمٍ». [متفق عليه]

*****

(باب استجابة دعاء الوالدين)

202- عَنْ أَبِي هُرَيْرَةَ رَضِيَ اللهُ عَنْهُ، قَالَ: قَالَ رَسُولُ اللهِ صَلَّى اللهُ عَلَيْهِ وَسَلَّمَ: «ثَلَاثُ دَعَوَاتٍ مُسْتَجَابَاتٌ لَا شَكَّ فِيهِنَّ: دَعْوَةُ الْوَالِدِ، وَدَعْوَةُ الْمُسَافِرِ، وَدَعْوَةُ الْمَظْلُومِ». [رواه أبو داود]

203- عَنْ جَابِرِ بْنِ عَبْدِ اللهِ رَضِيَ اللهُ عَنْهُمَا، قَالَ: قَالَ رَسُولُ اللهِ صَلَّى اللهُ عَلَيْهِ وَسَلَّمَ: «لَا تَدْعُوا عَلَى أَنْفُسِكُمْ، وَلَا تَدْعُوا عَلَى أَوْلَادِكُمْ، وَلَا تَدْعُوا عَلَى أَمْوَالِكُمْ، لَا تُوَافِقُوا مِنَ اللهِ سَاعَةً يُسْأَلُ فِيهَا عَطَاءً، فَيَسْتَجِيبُ لَكُمْ». [رواه مسلم]

*****

(باب حُسن الخُلق، وصفات المؤمنين)

204- عَنْ عَبْدِ اللهِ بْنِ عَمْرِو بْنِ الْعَاصِ رَضِيَ اللهُ عَنْهُمَا، قَالَ: قَالَ رَسُولُ اللهِ صَلَّى اللهُ عَلَيْهِ وَسَلَّمَ: «إِنَّ خِيَارَكُمْ أَحَاسِنُكُمْ أَخْلَاقًا». [متفق عليه]

205- عَنْ أَبِي هُرَيْرَةَ رَضِيَ اللهُ عَنْهُ، قَالَ: قَالَ رَسُولُ اللهِ صَلَّى اللهُ عَلَيْهِ وَسَلَّمَ: «إِنَّمَا بُعِثْتُ لِأُتَمِّمَ صَالِحَ الْأَخْلَاقِ». [رواه أحمد]

206- عَنْ أُمِّ الْمُؤْمِنِينَ عَائِشَةَ رَضِيَ اللهُ عَنْهَا، قَالَتْ: قَالَ رَسُولُ اللهِ صَلَّى اللهُ عَلَيْهِ وَسَلَّمَ: «إِنَّ الْمُؤْمِنَ لَيُدْرِكُ بِحُسْنِ خُلُقِهِ دَرَجَةَ الصَّائِمِ الْقَائِمِ». [رواه أبو داود]

207- عَنْ أَبِي الدَّرْدَاءِ رَضِيَ اللهُ عَنْهُ، قَالَ: قَالَ رَسُولُ اللهِ صَلَّى اللهُ عَلَيْهِ وَسَلَّمَ: «مَا مِنْ شَيْءٍ أَثْقَلُ فِي الْمِيزَانِ مِنْ حُسْنِ الْخُلُقِ». [رواه أبو داود]

208- عَنْ جَابِرِ بْنِ عَبْدِ اللهِ رَضِيَ اللهُ عَنْهُمَا، قَالَ: قَالَ

رَسُولُ اللهِ صَلَّى اللهُ عَلَيْهِ وَسَلَّمَ: «إِنَّ مِنْ أَحَبِّكُمْ إِلَيَّ وَأَقْرَبِكُمْ مِنِّي مَجْلِسًا يَوْمَ الْقِيَامَةِ أَحَاسِنَكُمْ أَخْلَاقًا». [رَوَاهُ التِّرْمِذِي]

209- عَنْ أَبِي أُمَامَةَ الْبَاهِلِيِّ رَضِيَ اللهُ عَنْهُ، قَالَ: قَالَ رَسُولُ اللهِ صَلَّى اللهُ عَلَيْهِ وَسَلَّمَ: «أَنَا زَعِيمٌ بِبَيْتٍ فِي رَيَضِ الْجَنَّةِ لِمَنْ تَرَكَ الْمِرَاءَ وَإِنْ كَانَ مُحِقًّا، وَبِبَيْتٍ فِي وَسَطِ الْجَنَّةِ لِمَنْ تَرَكَ الْكَذِبَ وَإِنْ كَانَ مَازِحًا، وَبِبَيْتٍ فِي أَعْلَى الْجَنَّةِ لِمَنْ حَسَّنَ خُلُقَهُ». [رَوَاهُ أَبُو دَاوُد]

210- عَنِ النَّوَّاسِ بْنِ سِمْعَانَ الْأَنْصَارِيِّ رَضِيَ اللهُ عَنْهُ، قَالَ: قَالَ رَسُولُ اللهِ صَلَّى اللهُ عَلَيْهِ وَسَلَّمَ: «الْبِرُّ حُسْنُ الْخُلُقِ، وَالْإِثْمُ مَا حَاكَ فِي صَدْرِكَ، وَكَرِهْتَ أَنْ يَطَّلِعَ عَلَيْهِ النَّاسُ». [رَوَاهُ مسلم]

211- عَنْ جَابِرِ بْنِ عَبْدِ اللهِ رَضِيَ اللهُ عَنْهُمَا، قَالَ: قَالَ رَسُولُ اللهِ صَلَّى اللهِ عَلَيْهِ وَسَلَّمَ: «الْمُسْلِمُ مَنْ سَلِمَ الْمُسْلِمُونَ مِنْ لِسَانِهِ وَيَدِهِ». [متفق عليه]

212- عَنْ جَابِرِ بْنِ عَبْدِ اللهِ رَضِيَ اللهُ عَنْهُمَا، قَالَ: قَالَ رَسُولُ اللهِ صَلَّى اللهِ عَلَيْهِ وَسَلَّمَ: «رَحِمَ اللهُ رَجُلًا سَمْحًا إِذَا بَاعَ، وَإِذَا اشْتَرَى، وَإِذَا اقْتَضَى». [رَوَاهُ البخاري]

213- عَنْ عَبْدِ اللهِ بْنِ مَسْعُودٍ رَضِيَ اللهُ عَنْهُ، قَالَ: قَالَ رَسُولُ اللهِ صَلَّى اللهُ عَلَيْهِ وَسَلَّمَ: «لَيْسَ الْمُؤْمِنُ بِالطَّعَّانِ وَلَا اللَّعَّانِ وَلَا الْفَاحِشِ وَلَا الْبَذِيءِ». [رَوَاهُ الترمذي]

214- عَنْ أَبِي هُرَيْرَةَ رَضِيَ اللهُ عَنْهُ، قَالَ: قَالَ رَسُولُ اللهِ صَلَّى اللهُ عَلَيْهِ وَسَلَّمَ: «لَيْسَ الشَّدِيدُ بِالصُّرَعَةِ إِنَّمَا الشَّدِيدُ الَّذِي يَمْلِكُ نَفْسَهُ عِنْدَ الْغَضَبِ». [متفق عليه]

215- عَنْ أَبِي هُرَيْرَةَ رَضِيَ اللهُ عَنْهُ، قَالَ: قَالَ رَسُولُ اللهِ صَلَّى اللهُ عَلَيْهِ وَسَلَّمَ: «الْإِيمَانُ بِضْعٌ وَسِتُّونَ شُعْبَةً، وَالْحَيَاءُ شُعْبَةٌ مِنَ الْإِيمَانِ». [رَوَاهُ البخاري]

216- عَنْ عِمْرَانَ بْنِ حُصَيْنٍ رَضِيَ اللهُ عَنْهُمَا، قَالَ: قَالَ رَسُولُ اللهِ صَلَّى اللهُ عَلَيْهِ وَسَلَّمَ: «الْحَيَاءُ لَا يَأْتِي إِلَّا بِخَيْرٍ». [متفق عليه]

217- عَنْ أُمِّ الْمُؤْمِنِينَ عَائِشَةَ رَضِيَ اللهُ عَنْهَا، قَالَتْ: قَالَ

رَسُولُ اللهِ صَلَّى اللهُ عَلَيْهِ وَسَلَّمَ: «إِنَّ اللهَ رَفِيقٌ يُحِبُّ الرِّفْقَ، وَيُعْطِي عَلَى الرِّفْقِ مَا لَا يُعْطِي عَلَى الْعُنْفِ». [متفق عليه]

218- عَنْ جَرِيرِ بْنِ عَبْدِ اللهِ رَضِيَ اللهُ عَنْهُ، قَالَ: قَالَ رَسُولُ اللهِ صَلَّى اللهُ عَلَيْهِ وَسَلَّمَ: «مَنْ يُحْرَمِ الرِّفْقَ، يُحْرَمِ الْخَيْرَ». [رواه مسلم]

219- عَنْ عَبْدِ اللهِ بْنِ عَبَّاسٍ رَضِيَ اللهُ عَنْهُما، أَنَّ النَّبِيَّ صَلَّى اللهُ عَلَيْهِ وَسَلَّمَ قَالَ لِأَشَجِّ عَبْدِ الْقَيْسِ: «إِنَّ فِيكَ خَصْلَتَيْنِ يُحِبُّهُما اللهُ: الْحِلْمُ، وَالْأَنَاةُ». [رواه مسلم]

220- عَنْ أَبِي هُرَيْرَةَ رَضِيَ اللهُ عَنْهُ، قَالَ: قَالَ رَسُولُ اللهِ صَلَّى اللهُ عَلَيْهِ وَسَلَّمَ: «لَا يُلْدَغُ الْمُؤْمِنُ مِنْ جُحْرٍ وَاحِدٍ مَرَّتَيْنِ». [متفق عليه]

*****

(باب حق المسلم على المسلم)

221- عَنْ أَبِي هُرَيْرَةَ رَضِيَ اللهُ عَنْهُ، قَالَ: قَالَ رَسُولُ اللهِ صَلَّى اللهُ عَلَيْهِ وَسَلَّمَ: «حَقُّ الْمُسْلِمِ عَلَى الْمُسْلِمِ خَمْسٌ: رَدُّ السَّلَامِ، وَعِيَادَةُ الْمَرِيضِ، وَاتِّبَاعُ الْجَنَائِزِ، وَإِجَابَةُ الدَّعْوَةِ، وَتَشْمِيتُ الْعَاطِسِ». [متفق عليه]

222- عَنْ أَنَسِ بْنِ مَالِكٍ رَضِيَ اللهُ عَنْهُ، قَالَ: قَالَ رَسُولُ اللهِ صَلَّى اللهُ عَلَيْهِ وَسَلَّمَ: «لَا يُؤْمِنُ أَحَدُكُمْ، حَتَّى يُحِبَّ لِأَخِيهِ مَا يُحِبُّ لِنَفْسِهِ». [متفق عليه]

223- عَنْ أَبِي هُرَيْرَةَ رَضِيَ اللهُ عَنْهُ، قَالَ: قَالَ رَسُولُ اللهِ صَلَّى اللهُ عَلَيْهِ وَسَلَّمَ: «مَنْ نَفَّسَ عَنْ مُؤْمِنٍ كُرْبَةً مِنْ كُرَبِ الدُّنْيَا، نَفَّسَ اللهُ عَنْهُ كُرْبَةً مِنْ كُرَبِ يَوْمِ الْقِيَامَةِ، وَمَنْ يَسَّرَ عَلَى مُعْسِرٍ يَسَّرَ اللهُ عَلَيْهِ فِي الدُّنْيَا وَالْآخِرَةِ، وَمَنْ سَتَرَ مُسْلِمًا سَتَرَهُ اللهُ فِي الدُّنْيَا وَالْآخِرَةِ، وَاللهُ فِي عَوْنِ الْعَبْدِ مَا كَانَ الْعَبْدُ فِي عَوْنِ أَخِيهِ». [رواه مسلم]

224- عَنْ عَبْدِ اللهِ بْنِ عَمْرِو بْنِ الْعَاصِ رَضِيَ اللهُ عَنْهُما، أَنَّ رَجُلًا سَأَلَ رَسُولَ اللهِ صَلَّى اللهُ عَلَيْهِ وَسَلَّمَ: أَيُّ الْإِسْلَامِ خَيْرٌ؟ قَالَ: «تُطْعِمُ الطَّعَامَ، وَتَقْرَأُ السَّلَامَ عَلَى مَنْ عَرَفْتَ وَمَنْ

لَمْ تَعْرِفْ». [متفق عليه]

٢٢٥- عَنْ أَبِي هُرَيْرَةَ رَضِيَ اللهُ عَنْهُ، قَالَ: قَالَ رَسُولُ اللهِ صَلَّى اللهُ عَلَيْهِ وَسَلَّمَ: «مَنْ لَا يَشْكُرُ النَّاسَ لَا يَشْكُرُ اللهَ». [رواه الترمذي]

٢٢٦- عَنْ أَبِي مُوسَى الْأَشْعَرِيِّ رَضِيَ اللهُ عَنْهُ، قَالَ: قَالَ رَسُولُ اللهِ صَلَّى اللهُ عَلَيْهِ وَسَلَّمَ: «الْمُؤْمِنُ لِلْمُؤْمِنِ كَالْبُنْيَانِ يَشُدُّ بَعْضُهُ بَعْضاً» وَشَبَّكَ بَيْنَ أَصَابِعِهِ. [متفق عليه]

٢٢٧- عَنِ النُّعْمَانِ بْنِ بَشِيرٍ رَضِيَ اللهُ عَنْهُ، قَالَ: قَالَ رَسُولُ اللهِ صَلَّى اللهُ عَلَيْهِ وَسَلَّمَ: «مَثَلُ الْمُؤْمِنِينَ فِي تَوَادِّهِمْ وَتَرَاحُمِهِمْ وَتَعَاطُفِهِمْ مَثَلُ الْجَسَدِ إِذَا اشْتَكَى مِنْهُ عُضْوٌ تَدَاعَى لَهُ سَائِرُ الْجَسَدِ بِالسَّهَرِ وَالْحُمَّى». [متفق عليه]

٢٢٨- عَنْ أَبِي مُوسَى الْأَشْعَرِيِّ رَضِيَ اللهُ عَنْهُ، قَالَ: قَالَ رَسُولُ اللهِ صَلَّى اللهُ عَلَيْهِ وَسَلَّمَ: «فُكُّوا الْعَانِيَ، وَأَجِيبُوا الدَّاعِيَ، وَعُودُوا الْمَرِيضَ». [رواه البخاري]

٢٢٩- عَنْ أَبِي ذَرٍّ الْغِفَارِيِّ رَضِيَ اللهُ عَنْهُ، قَالَ: قَالَ رَسُولُ اللهِ صَلَّى اللهُ عَلَيْهِ وَسَلَّمَ: «لَا تَحْقِرَنَّ مِنَ الْمَعْرُوفِ شَيْئاً وَلَوْ أَنْ تَلْقَى أَخَاكَ بِوَجْهٍ طَلْقٍ». [رواه مسلم]

٢٣٠- عَنْ أَبِي هُرَيْرَةَ رَضِيَ اللهُ عَنْهُ، قَالَ: قَالَ رَسُولُ اللهِ صَلَّى اللهُ عَلَيْهِ وَسَلَّمَ: «السَّاعِي عَلَى الْأَرْمَلَةِ وَالْمِسْكِينِ كَالْمُجَاهِدِ فِي سَبِيلِ اللهِ، أَوِ الْقَائِمِ اللَّيْلَ الصَّائِمِ النَّهَارَ». [متفق عليه]

٢٣١- عَنْ عَبْدِ اللهِ بْنِ عُمَرَ بْنِ الْخَطَّابِ رَضِيَ اللهُ عَنْهُمَا، قَالَ: قَالَ رَسُولُ اللهِ صَلَّى اللهُ عَلَيْهِ وَسَلَّمَ: «مَا زَالَ جِبْرِيلُ يُوصِينِي بِالْجَارِ، حَتَّى ظَنَنْتُ أَنَّهُ سَيُوَرِّثُهُ». [متفق عليه]

٢٣٢- عَنْ أَبِي ذَرٍّ الْغِفَارِيِّ رَضِيَ اللهُ عَنْهُ، قَالَ: قَالَ رَسُولُ اللهِ صَلَّى اللهُ عَلَيْهِ وَسَلَّمَ: «يَا أَبَا ذَرٍّ إِذَا طَبَخْتَ مَرَقَةً فَأَكْثِرْ مَاءَهَا، وَتَعَاهَدْ جِيرَانَكَ». [رواه مسلم]

*****

(باب فضل الأخوة والمحبة في الله)

233- عَنْ أَبِي هُرَيْرَةَ رَضِيَ اللهُ عَنْهُ، قَالَ: قَالَ رَسُولُ اللهِ صَلَّى اللهُ عَلَيْهِ وَسَلَّمَ: إِنَّ اللهَ يَقُولُ يَوْمَ الْقِيَامَةِ: «أَيْنَ الْمُتَحَابُّونَ بِجَلَالِي، الْيَوْمَ أُظِلُّهُمْ فِي ظِلِّي يَوْمَ لَا ظِلَّ إِلَّا ظِلِّي». [رواه مسلم]

234- عَنْ أَبِي هُرَيْرَةَ رَضِيَ اللهُ عَنْهُ، قَالَ: قَالَ رَسُولُ اللهِ صَلَّى اللهُ عَلَيْهِ وَسَلَّمَ: «لَا تَدْخُلُونَ الْجَنَّةَ حَتَّى تُؤْمِنُوا، وَلَا تُؤْمِنُوا حَتَّى تَحَابُّوا، أَوَلَا أَدُلُّكُمْ عَلَى شَيْءٍ إِذَا فَعَلْتُمُوهُ تَحَابَبْتُمْ؟ أَفْشُوا السَّلَامَ بَيْنَكُمْ». [رواه مسلم]

235- عَنْ أَنَسِ بْنِ مَالِكٍ رَضِيَ اللهُ عَنْهُ، قَالَ: قَالَ رَسُولُ اللهِ صَلَّى اللهُ عَلَيْهِ وَسَلَّمَ: «ثَلَاثٌ مَنْ كُنَّ فِيهِ وَجَدَ حَلَاوَةَ الْإِيمَانِ: أَنْ يَكُونَ اللهُ وَرَسُولُهُ أَحَبَّ إِلَيْهِ مِمَّا سِوَاهُمَا، وَأَنْ يُحِبَّ الْمَرْءَ لَا يُحِبُّهُ إِلَّا لِلَّهِ، وَأَنْ يَكْرَهَ أَنْ يَعُودَ فِي الْكُفْرِ كَمَا يَكْرَهُ أَنْ يُقْذَفَ فِي النَّارِ». [متفق عليه]

236- عَنْ أَبِي أُمَامَةَ الْبَاهِلِيِّ رَضِيَ اللهُ عَنْهُ، قَالَ: قَالَ رَسُولُ اللهِ صَلَّى اللهُ عَلَيْهِ وَسَلَّمَ: «مَنْ أَحَبَّ لِلَّهِ، وَأَبْغَضَ لِلَّهِ، وَأَعْطَى لِلَّهِ، وَمَنَعَ لِلَّهِ فَقَدِ اسْتَكْمَلَ الْإِيمَانَ». [رواه أبو داود]

237- عَنِ الْمِقْدَامِ بْنِ مَعْدِي كَرِبَ رَضِيَ اللهُ عَنْهُ، قَالَ: قَالَ رَسُولُ اللهِ صَلَّى اللهُ عَلَيْهِ وَسَلَّمَ: «إِذَا أَحَبَّ الرَّجُلُ أَخَاهُ فَلْيُخْبِرْهُ أَنَّهُ يُحِبُّهُ». [رواه أبو داود]

*****

(باب تحريم أذية الناس والدواب، والحث على التراحم)

238- عَنْ عَبْدِ اللهِ بْنِ عَبَّاسٍ رَضِيَ اللهُ عَنْهُمَا، قَالَ: قَالَ رَسُولُ اللهِ صَلَّى اللهُ عَلَيْهِ وَسَلَّمَ: «لَا ضَرَرَ وَلَا ضِرَارَ». [رواه ابن ماجة]

239- عَنْ عَبْدِ اللهِ بْنِ عَمْرِو بْنِ الْعَاصِ رَضِيَ اللهُ عَنْهُمَا،

قَالَ: قَالَ رَسُولُ اللهِ صَلَّى اللهُ عَلَيْهِ وَسَلَّمَ: «لَيْسَ مِنَّا مَنْ لَمْ يَرْحَمْ صَغِيرَنَا، وَيَعْرِفْ حَقَّ كَبِيرِنَا». [رَوَاهُ أحمد]

٢٤٠- عَنْ أَبِي هُرَيْرَةَ رَضِيَ اللهُ عَنْهُ، قَالَ: قَالَ رَسُولُ اللهِ صَلَّى اللهُ عَلَيْهِ وَسَلَّمَ: «لَا يَدْخُلُ الْجَنَّةَ مَنْ لَا يَأْمَنُ جَارُهُ بَوَائِقَهُ». [رَوَاهُ مسلم]

٢٤١- عَنْ هِشَامِ بْنِ حَكِيمِ بْنِ حِزَامٍ رَضِيَ اللهُ عَنْهُمَا، قَالَ: قَالَ رَسُولُ اللهِ صَلَّى اللهُ عَلَيْهِ وَسَلَّمَ: «إِنَّ اللهَ يُعَذِّبُ الَّذِينَ يُعَذِّبُونَ النَّاسَ فِي الدُّنْيَا». [رَوَاهُ مسلم]

٢٤٢- عَنْ عَبْدِ اللهِ بْنِ عَبَّاسٍ رَضِيَ اللهُ عَنْهُمَا، قَالَ: قَالَ رَسُولُ اللهِ صَلَّى اللهُ عَلَيْهِ وَسَلَّمَ: «الْعَيْنُ حَقٌّ، وَلَوْ كَانَ شَيْءٌ سَابَقَ الْقَدَرَ سَبَقَتْهُ الْعَيْنُ، وَإِذَا اسْتُغْسِلْتُمْ فَاغْسِلُوا». [رَوَاهُ مسلم]

٢٤٣- عَنْ أَبِي هُرَيْرَةَ رَضِيَ اللهُ عَنْهُ، قَالَ: قَالَ رَسُولُ اللهِ صَلَّى اللهُ عَلَيْهِ وَسَلَّمَ: «مَنْ أَشَارَ إِلَى أَخِيهِ بِحَدِيدَةٍ فَإِنَّ الْمَلَائِكَةَ تَلْعَنُهُ حَتَّى يَدَعَهُ وَإِنْ كَانَ أَخَاهُ لِأَبِيهِ وَأُمِّهِ». [رَوَاهُ مسلم]

٢٤٤- عَنْ أُمِّ الْمُؤْمِنِينَ عَائِشَةَ رَضِيَ اللهُ عَنْهَا، قَالَتْ: قَالَ رَسُولُ اللهِ صَلَّى اللهُ عَلَيْهِ وَسَلَّمَ: «إِنَّ أَبْغَضَ الرِّجَالِ إِلَى اللهِ الْأَلَدُّ الْخَصِمُ». [مُتَّفَقٌ عَلَيهِ]

٢٤٥- عَنْ أُمِّ الْمُؤْمِنِينَ عَائِشَةَ رَضِيَ اللهُ عَنْهَا، قَالَتْ: قَالَ رَسُولُ اللهِ صَلَّى اللهُ عَلَيْهِ وَسَلَّمَ: «إِنَّ شَرَّ النَّاسِ عِنْدَ اللهِ مَنْزِلَةً يَوْمَ الْقِيَامَةِ مَنْ تَرَكَهُ النَّاسُ اتِّقَاءَ شَرِّهِ». [مُتَّفَقٌ عَلَيهِ]

٢٤٦- عَنْ أَبِي هُرَيْرَةَ رَضِيَ اللهُ عَنْهُ، قَالَ: قَالَ رَسُولُ اللهِ صَلَّى اللهُ عَلَيْهِ وَسَلَّمَ: «لَا تُنْزَعُ الرَّحْمَةُ إِلَّا مِنْ شَقِيٍّ». [رَوَاهُ الترمذي]

٢٤٧- عَنْ أَبِي هُرَيْرَةَ رَضِيَ اللهُ عَنْهُ، قَالَ: قَالَ رَسُولُ اللهِ صَلَّى اللهُ عَلَيْهِ وَسَلَّمَ: «إِيَّاكُمْ وَالظَّنَّ فَإِنَّ الظَّنَّ أَكْذَبُ الْحَدِيثِ، وَلَا تَحَسَّسُوا، وَلَا تَجَسَّسُوا، وَلَا تَحَاسَدُوا، وَلَا تَدَابَرُوا، وَلَا تَبَاغَضُوا، وَكُونُوا عِبَادَ اللهِ إِخْوَانًا». [مُتَّفَقٌ عَلَيهِ]

٢٤٨- عَنْ عَبْدِ اللهِ بْنِ عُمَرَ بْنِ الْخَطَّابِ رَضِيَ اللهُ عَنْهُمَا، قَالَ: قَالَ رَسُولُ اللهِ صَلَّى اللهُ عَلَيْهِ وَسَلَّمَ: «إِنَّ الْغَادِرَ يُنْصَبُ لَهُ لِوَاءٌ يَوْمَ الْقِيَامَةِ، فَيُقَالُ: هَذِهِ غَدْرَةُ فُلَانِ بْنِ فُلَانٍ». [مُتَّفَقٌ عَلَيهِ]

٢٤٩- عَنْ عَبْدِ اللهِ بْنِ عُمَرَ بْنِ الْخَطَّابِ رَضِيَ اللهُ عَنْهُمَا، قَالَ: قَالَ رَسُولُ اللهِ صَلَّى اللهُ عَلَيْهِ وَسَلَّمَ: «أَيُّمَا رَجُلٍ قَالَ لِأَخِيهِ يَا كَافِرُ، فَقَدْ بَاءَ بِهَا أَحَدُهُمَا». [مُتَّفَقٌ عَلَيْهِ]

٢٥٠- عَنْ عَبْدِ اللهِ بْنِ مَسْعُودٍ رَضِيَ اللهُ عَنْهُ، قَالَ: قَالَ رَسُولُ اللهِ صَلَّى اللهُ عَلَيْهِ وَسَلَّمَ: «لَا تُبَاشِرُ الْمَرْأَةُ الْمَرْأَةَ، فَتَنْعَتَهَا لِزَوْجِهَا كَأَنَّهُ يَنْظُرُ إِلَيْهَا». [رَوَاهُ الْبُخَارِيُّ]

٢٥١- عَنْ جَرِيرِ بْنِ عَبْدِ اللهِ رَضِيَ اللهُ عَنْهُ، قَالَ: قَالَ رَسُولُ اللهِ صَلَّى اللهُ عَلَيْهِ وَسَلَّمَ: «مَنْ لَا يَرْحَمِ النَّاسَ، لَا يَرْحَمْهُ اللهُ عَزَّ وَجَلَّ». [مُتَّفَقٌ عَلَيْهِ]

٢٥٢- عَنْ عَبْدِ اللهِ بْنِ مَسْعُودٍ رَضِيَ اللهُ عَنْهُ، قَالَ: قَالَ رَسُولُ اللهِ صَلَّى اللهُ عَلَيْهِ وَسَلَّمَ: «سِبَابُ الْمُسْلِمِ فُسُوقٌ، وَقِتَالُهُ كُفْرٌ». [مُتَّفَقٌ عَلَيْهِ]

٢٥٣- عَنْ أُمِّ الْمُؤْمِنِينَ عَائِشَةَ رَضِيَ اللهُ عَنْهَا، قَالَتْ: قَالَ رَسُولُ اللهِ صَلَّى اللهُ عَلَيْهِ وَسَلَّمَ: «لَا تَسُبُّوا الْأَمْوَاتَ، فَإِنَّهُمْ قَدْ أَفْضَوْا إِلَى مَا قَدَّمُوا». [رَوَاهُ الْبُخَارِيُّ]

٢٥٤- عَنْ عَبْدِ اللهِ بْنِ عُمَرَ بْنِ الْخَطَّابِ رَضِيَ اللهُ عَنْهُمَا، قَالَ: قَالَ رَسُولُ اللهِ صَلَّى اللهُ عَلَيْهِ وَسَلَّمَ: «الْمُسْلِمُ أَخُو الْمُسْلِمِ، لَا يَظْلِمُهُ وَلَا يُسْلِمُهُ، وَمَنْ كَانَ فِي حَاجَةِ أَخِيهِ كَانَ اللهُ فِي حَاجَتِهِ». [مُتَّفَقٌ عَلَيْهِ]

٢٥٥- عَنْ شَدَّادِ بْنِ أَوْسٍ رَضِيَ اللهُ عَنْهُ، قَالَ: قَالَ رَسُولُ اللهِ صَلَّى اللهُ عَلَيْهِ وَسَلَّمَ: «إِنَّ اللهَ كَتَبَ الْإِحْسَانَ عَلَى كُلِّ شَيْءٍ، فَإِذَا قَتَلْتُمْ فَأَحْسِنُوا الْقِتْلَةَ، وَإِذَا ذَبَحْتُمْ فَأَحْسِنُوا الذَّبْحَ، وَلْيُحِدَّ أَحَدُكُمْ شَفْرَتَهُ، فَلْيُرِحْ ذَبِيحَتَهُ». [رَوَاهُ مُسْلِمٌ]

٢٥٦- عَنْ جَابِرِ بْنِ عَبْدِ اللهِ رَضِيَ اللهُ عَنْهُمَا، قَالَ: نَهَى رَسُولُ اللهِ صَلَّى اللهُ عَلَيْهِ وَسَلَّمَ أَنْ يُقْتَلَ شَيْءٌ مِنَ الدَّوَابِّ صَبْرًا». [رَوَاهُ مُسْلِمٌ]

٢٥٧- عَنْ عَبْدِ اللهِ بْنِ عَبَّاسٍ رَضِيَ اللهُ عَنْهُمَا، قَالَ: قَالَ رَسُولُ اللهِ صَلَّى اللهُ عَلَيْهِ وَسَلَّمَ: «لَا تَتَّخِذُوا شَيْئًا فِيهِ الرُّوحُ غَرَضًا». [رَوَاهُ مُسْلِمٌ]

٢٥٨- عَنْ عَبْدِ اللهِ بْنِ عُمَرَ بْنِ الْخَطَّابِ رَضِيَ اللهُ عَنْهُمَا،

قَالَ: قَالَ رَسُولُ اللهِ صَلَّى اللهُ عَلَيْهِ وَسَلَّمَ: «دَخَلَتِ امْرَأَةٌ النَّارَ فِي هِرَّةٍ رَبَطَتْهَا، فَلَمْ تُطْعِمْهَا، وَلَمْ تَدَعْهَا تَأْكُلُ مِنْ خَشَاشِ الْأَرْضِ». [متفق عليه]

259- عَنْ عَبْدِ اللهِ بْنِ عُمَرَ بْنِ الْخَطَّابِ رَضِيَ اللهُ عَنْهُمَا، قَالَ: «لَعَنَ النَّبِيُّ صَلَّى اللهُ عَلَيْهِ وَسَلَّمَ مَنْ مَثَّلَ بِالْحَيَوَانِ». [رواه البخاري]

260- عَنْ أَبِي هُرَيْرَةَ رَضِيَ اللهُ عَنْهُ، قَالَ: قَالَ رَسُولُ اللهِ صَلَّى اللهُ عَلَيْهِ وَسَلَّمَ: «أَنَّ رَجُلًا رَأَى كَلْبًا يَأْكُلُ الثَّرَى مِنَ الْعَطَشِ، فَأَخَذَ الرَّجُلُ خُفَّهُ، فَجَعَلَ يَغْرِفُ لَهُ بِهِ حَتَّى أَرْوَاهُ، فَشَكَرَ اللهُ لَهُ، فَأَدْخَلَهُ الْجَنَّةَ». [متفق عليه]

*****

(باب النهي عن الفُحش وسوء الأخلاق)

261- عَنْ أَبِي الدَّرْدَاءِ رَضِيَ اللهُ عَنْهُ، قَالَ: قَالَ رَسُولُ اللهِ صَلَّى اللهُ عَلَيْهِ وَسَلَّمَ: «إِنَّ اللَّعَّانِينَ لَا يَكُونُونَ شُهَدَاءَ وَلَا شُفَعَاءَ يَوْمَ الْقِيَامَةِ». [رواه مسلم]

262- عَنْ أَبِي الدَّرْدَاءِ رَضِيَ اللهُ عَنْهُ، قَالَ: قَالَ رَسُولُ اللهِ صَلَّى اللهُ عَلَيْهِ وَسَلَّمَ: «إِنَّ اللهَ لَيُبْغِضُ الْفَاحِشَ الْبَذِيءَ». [رواه الترمذي]

263- عَنْ أَبِي هُرَيْرَةَ رَضِيَ اللهُ عَنْهُ، قَالَ: قَالَ رَسُولُ اللهِ صَلَّى اللهُ عَلَيْهِ وَسَلَّمَ: «إِنَّ الرَّجُلَ لَيَتَكَلَّمُ بِالْكَلِمَةِ مِنْ سُخْطِ اللهِ لَا يَرَى بِهَا بَأْسًا، فَيَهْوِي بِهَا فِي نَارِ جَهَنَّمَ سَبْعِينَ خَرِيفًا». [رواه ابن ماجة]

264- عَنْ أَبِي هُرَيْرَةَ رَضِيَ اللهُ عَنْهُ، قَالَ: قَالَ رَسُولُ اللهِ صَلَّى اللهُ عَلَيْهِ وَسَلَّمَ: «مَنْ كَانَ يُؤْمِنُ بِاللهِ وَالْيَوْمِ الْآخِرِ فَلْيَقُلْ خَيْرًا أَوْ لِيَصْمُتْ». [متفق عليه]

265- عَنْ سَهْلِ بْنِ سَعْدٍ السَّاعِدِيِّ رَضِيَ اللهُ عَنْهُ، قَالَ: قَالَ رَسُولُ اللهِ صَلَّى اللهُ عَلَيْهِ وَسَلَّمَ: «مَنْ يَضْمَنْ لِي مَا بَيْنَ لَحْيَيْهِ وَمَا بَيْنَ رِجْلَيْهِ أَضْمَنْ لَهُ الْجَنَّةَ». [رواه البخاري]

266- عَنْ أَبِي هُرَيْرَةَ رَضِيَ اللهُ عَنْهُ، قَالَ: قَالَ رَسُولُ اللهِ

صَلَّى اللهُ عَلَيْهِ وَسَلَّمَ: «إِذَا قَالَ الرَّجُلُ هَلَكَ النَّاسُ فَهُوَ أَهْلَكُهُمْ». [رواه مسلم].

٢٦٧- عَنْ أَبِي مَسْعُودٍ رَضِيَ اللهُ عَنْهُ، قَالَ: قَالَ رَسُولُ اللهِ صَلَّى اللهُ عَلَيْهِ وَسَلَّمَ: «إِنَّ مِمَّا أَدْرَكَ النَّاسُ مِنْ كَلَامِ النُّبُوَّةِ الْأُولَى: إِذَا لَمْ تَسْتَحِ فَاصْنَعْ مَا شِئْتَ». [رواه البخاري]

٢٦٨- عَنْ أَنَسِ بْنِ مَالِكٍ رَضِيَ اللهُ عَنْهُ، قَالَ: قَالَ رَسُولُ اللهِ صَلَّى اللهُ عَلَيْهِ وَسَلَّمَ: «لَا إِيمَانَ لِمَنْ لَا أَمَانَةَ لَهُ، وَلَا دِينَ لِمَنْ لَا عَهْدَ لَهُ». [رواه أحمد]

٢٦٩- عَنْ أَبِي هُرَيْرَةَ رَضِيَ اللهُ عَنْهُ، قَالَ: قَالَ رَسُولُ اللهِ صَلَّى اللهُ عَلَيْهِ وَسَلَّمَ: «تَجِدُ مِنْ شَرِّ النَّاسِ يَوْمَ الْقِيَامَةِ عِنْدَ اللهِ ذَا الْوَجْهَيْنِ، الَّذِي يَأْتِي هَؤُلَاءِ بِوَجْهٍ وَهَؤُلَاءِ بِوَجْهٍ». [متفق عليه]

*****

(باب فضل العدل)

٢٧٠- عَنْ عَبْدِ اللهِ بْنِ عَمْرِو بْنِ الْعَاصِ رَضِيَ اللهُ عَنْهُمَا، قَالَ: قَالَ رَسُولُ اللهِ صَلَّى اللهُ عَلَيْهِ وَسَلَّمَ: «إِنَّ الْمُقْسِطِينَ عِنْدَ اللهِ عَلَى مَنَابِرَ مِنْ نُورٍ، عَنْ يَمِينِ الرَّحْمَنِ عَزَّ وَجَلَّ، وَكِلْتَا يَدَيْهِ يَمِينٌ، الَّذِينَ يَعْدِلُونَ فِي حُكْمِهِمْ وَأَهْلِيهِمْ وَمَا وَلُوا». [رواه مسلم]

٢٧١- عَنْ عَبْدِ اللهِ بْنِ عَمْرٍو بْنِ الْعَاصِ رَضِيَ اللهُ عَنْهُمَا، قَالَ: قَالَ رَسُولُ اللهِ صَلَّى اللهُ عَلَيْهِ وَسَلَّمَ: «إِذَا حَكَمَ الْحَاكِمُ فَاجْتَهَدَ ثُمَّ أَصَابَ فَلَهُ أَجْرَانِ، وَإِذَا حَكَمَ فَاجْتَهَدَ ثُمَّ أَخْطَأَ فَلَهُ أَجْرٌ». [متفق عليه]

٢٧٢- عَنْ أَبِي بَكْرَةَ [نُفَيْعِ بْنِ الْحَارِثِ] رَضِيَ اللهُ عَنْهُ، قَالَ: قَالَ رَسُولُ اللهِ صَلَّى اللهُ عَلَيْهِ وَسَلَّمَ: «لَا يَحْكُمْ أَحَدٌ بَيْنَ اثْنَيْنِ وَهُوَ غَضْبَانُ». [متفق عليه]

*****

(باب تحريم الظلم، وبيان جزاء الظالمين في الدنيا والآخرة)

273- عَنْ عَبْدِ اللهِ بْنِ عُمَرَ بْنِ الْخَطَّابِ رَضِيَ اللهُ عَنْهُما، قَالَ: قَالَ رَسُولُ اللهِ صَلَّى اللهُ عَلَيْهِ وَسَلَّمَ: «الظُّلْمُ ظُلُمَاتٌ يَوْمَ الْقِيَامَةِ». [متفق عليه]

274- عَنْ أَبِي ذَرٍّ الْغِفَارِيّ رَضِيَ اللهُ عَنْهُ، عَنِ النَّبِيّ صَلَّى اللهُ عَلَيْهِ وَسَلَّمَ، فِيمَا رَوَى عَنِ اللهِ تَبَارَكَ وَتَعَالَى أَنَّهُ قَالَ: «يَا عِبَادِي إِنِّي حَرَّمْتُ الظُّلْمَ عَلَى نَفْسِي، وَجَعَلْتُهُ بَيْنَكُمْ مُحَرَّماً، فَلَا تَظَالَمُوا». [رواه مسلم]

275- عَنْ مَعْقِلِ بْنِ يَسَارٍ رَضِيَ اللهُ عَنْهُ، قَالَ: قَالَ رَسُولُ اللهِ صَلَّى اللهُ عَلَيْهِ وَسَلَّمَ: «مَا مِنْ عَبْدٍ يَسْتَرْعِيهِ اللهُ رَعِيَّةً، يَمُوتُ يَوْمَ يَمُوتُ وَهُوَ غَاشٌّ لِرَعِيَّتِهِ، إِلَّا حَرَّمَ اللهُ عَلَيْهِ الْجَنَّةَ». [متفق عليه]

276- عَنْ عَبْدِ اللهِ بْنِ مَسْعُودٍ رَضِيَ اللهُ عَنْهُ، قَالَ: قَالَ رَسُولُ اللهِ صَلَّى اللهُ عَلَيْهِ وَسَلَّمَ: «مَنِ اقْتَطَعَ مَالَ امْرِئٍ مُسْلِمٍ بِيَمِينٍ كَاذِبَةٍ، لَقِيَ اللهَ وَهُوَ عَلَيْهِ غَضْبَانُ». [متفق عليه]

277- عَنْ عَبْدِ اللهِ بْنِ عَبَّاسٍ رَضِيَ اللهُ عَنْهُما، قَالَ: قَالَ رَسُولُ اللهِ صَلَّى اللهُ عَلَيْهِ وَسَلَّمَ: «اتَّقِ دَعْوَةَ الْمَظْلُومِ، فَإِنَّهَا لَيْسَ بَيْنَهَا وَبَيْنَ اللهِ حِجَابٌ». [رواه البخاري]

278- عَنْ أَبِي مُوسَى الْأَشْعَرِيّ رَضِيَ اللهُ عَنْهُ، قَالَ: قَالَ رَسُولُ اللهِ صَلَّى اللهُ عَلَيْهِ وَسَلَّمَ: «إِنَّ اللهَ لَيُمْلِي لِلظَّالِمِ حَتَّى إِذَا أَخَذَهُ لَمْ يُفْلِتْهُ». [متفق عليه]

279- عَنْ سَعِيدِ بْنِ زَيْدٍ رَضِيَ اللهُ عَنْهُ، قَالَ: قَالَ رَسُولُ اللهِ صَلَّى اللهُ عَلَيْهِ وَسَلَّمَ: «مَنْ ظَلَمَ مِنَ الْأَرْضِ شَيْئاً طُوِّقَهُ مِنْ سَبْعِ أَرَضِينَ». [متفق عليه]

280- عَنْ عَبْدِ اللهِ بْنِ مَسْعُودٍ رَضِيَ اللهُ عَنْهُ، قَالَ: قَالَ رَسُولُ اللهِ صَلَّى اللهُ عَلَيْهِ وَسَلَّمَ: «أَوَّلُ مَا يُقْضَى بَيْنَ النَّاسِ يَوْمَ الْقِيَامَةِ فِي الدِّمَاءِ». [متفق عليه]

281- عَنْ عَبْدِ اللهِ بْنِ مَسْعُودٍ رَضِيَ اللَّهُ عَنْهُ، قَالَ: قَالَ رَسُولُ اللهِ صَلَّى اللَّهُ عَلَيْهِ وَسَلَّمَ: «لَا تُقْتَلُ نَفْسٌ ظُلْمًا إِلَّا كَانَ عَلَى ابْنِ آدَمَ الْأَوَّلِ كِفْلٌ مِنْ دَمِهَا، لِأَنَّهُ أَوَّلُ مَنْ سَنَّ الْقَتْلَ». [متفق عليه]

*****

(باب الوصية بالنساء واليتامى وضعفاء الأمة)

282- عَنْ أَبِي هُرَيْرَةَ رَضِيَ اللَّهُ عَنْهُ، قَالَ: قَالَ رَسُولُ اللهِ صَلَّى اللَّهُ عَلَيْهِ وَسَلَّمَ: «اسْتَوْصُوا بِالنِّسَاءِ خَيْرًا». [متفق عليه]

283- عَنْ أَبِي هُرَيْرَةَ رَضِيَ اللَّهُ عَنْهُ، قَالَ: قَالَ رَسُولُ اللهِ صَلَّى اللَّهُ عَلَيْهِ وَسَلَّمَ: «أَكْمَلُ الْمُؤْمِنِينَ إِيمَانًا أَحْسَنُهُمْ خُلُقًا، وَخِيَارُكُمْ خِيَارُكُمْ لِنِسَائِهِمْ». [رواه الترمذي]

284- عَنْ أَبِي هُرَيْرَةَ رَضِيَ اللَّهُ عَنْهُ، قَالَ: قَالَ رَسُولُ اللهِ صَلَّى اللَّهُ عَلَيْهِ وَسَلَّمَ: «لَا يَفْرُكْ مُؤْمِنٌ مُؤْمِنَةً، إِنْ كَرِهَ مِنْهَا خُلُقًا رَضِيَ مِنْهَا آخَرَ». [رواه مسلم]

285- عَنْ أَنَسِ بْنِ مَالِكٍ، قَالَ: كَانَ رَسُولُ اللهِ صَلَّى اللَّهُ عَلَيْهِ وَسَلَّمَ فِي سَفَرٍ، وَكَانَ مَعَهُ غُلَامٌ لَهُ أَسْوَدُ يُقَالُ لَهُ أَنْجَشَةُ، يَحْدُو، فَقَالَ لَهُ رَسُولُ اللهِ صَلَّى اللَّهُ عَلَيْهِ وَسَلَّمَ: «وَيْحَكَ يَا أَنْجَشَةُ رُوَيْدَكَ بِالْقَوَارِيرِ». [متفق عليه]

286- عَنْ أَنَسِ بْنِ مَالِكٍ رَضِيَ اللَّهُ عَنْهُ، قَالَ: قَالَ رَسُولُ اللهِ صَلَّى اللَّهُ عَلَيْهِ وَسَلَّمَ: «مَنْ عَالَ جَارِيَتَيْنِ حَتَّى تَبْلُغَا، جَاءَ يَوْمَ الْقِيَامَةِ أَنَا وَهُوَ» وَضَمَّ أَصَابِعَهُ. [رواه مسلم]

287- عَنْ سَهْلِ بْنِ سَعْدٍ السَّاعِدِيِّ رَضِيَ اللَّهُ عَنْهُ، قَالَ رَسُولُ اللهِ صَلَّى اللَّهُ عَلَيْهِ وَسَلَّمَ: «أَنَا وَكَافِلُ الْيَتِيمِ فِي الْجَنَّةِ هَكَذَا» وَقَالَ بِإِصْبَعَيْهِ السَّبَّابَةِ وَالْوُسْطَى. [رواه البخاري]

288- عَنْ أَبِي الدَّرْدَاءِ رَضِيَ اللَّهُ عَنْهُ، قَالَ: قَالَ رَسُولُ اللهِ صَلَّى اللَّهُ عَلَيْهِ وَسَلَّمَ: «ابْغُونِي الضُّعَفَاءَ، فَإِنَّمَا تُرْزَقُونَ وَتُنْصَرُونَ بِضُعَفَائِكُمْ». [رواه أبو داود]

289- عَنْ أَبِي هُرَيْرَةَ رَضِيَ اللَّهُ عَنْهُ، قَالَ: قَالَ رَسُولُ اللهِ صَلَّى اللَّهُ عَلَيْهِ وَسَلَّمَ: «رُبَّ أَشْعَثَ مَدْفُوعٍ بِالْأَبْوَابِ لَوْ أَقْسَمَ

عَلَى اللهِ لَأَبَرَّهُ». [رواه مسلم]

*****

(باب الدين النصيحة)

290- عَنْ تَمِيمٍ الدَّارِيِّ رَضِيَ اللَّهُ عَنْهُ، قَالَ: قَالَ رَسُولُ اللهِ صَلَّى اللَّهُ عَلَيْهِ وَسَلَّمَ: «الدِّينُ النَّصِيحَةُ» قُلْنَا: لِمَنْ؟ قَالَ: «لِلَّهِ وَلِكِتَابِهِ وَلِرَسُولِهِ وَلِأَئِمَّةِ الْمُسْلِمِينَ وَعَامَّتِهِمْ». [رواه مسلم]

291- عَنْ جَرِيرِ بْنِ عَبْدِ اللهِ رَضِيَ اللَّهُ عَنْهُ، قَالَ: «بَايَعْتُ رَسُولَ اللهِ صَلَّى اللَّهُ عَلَيْهِ وَسَلَّمَ عَلَى إِقَامِ الصَّلَاةِ، وَإِيتَاءِ الزَّكَاةِ، وَالنُّصْحِ لِكُلِّ مُسْلِمٍ». [متفق عليه]

*****

(باب الأمر بالمعروف والنهي عن المنكر)

292- عَنْ أَنَسِ بْنِ مَالِكٍ رَضِيَ اللَّهُ عَنْهُ، قَالَ: قَالَ رَسُولُ اللهِ صَلَّى اللَّهُ عَلَيْهِ وَسَلَّمَ: «إِنَّ الدَّالَّ عَلَى الْخَيْرِ كَفَاعِلِهِ». [رواه الترمذي]

293- عَنْ أَبِي سَعِيدٍ الْخُدْرِيِّ رَضِيَ اللَّهُ عَنْهُ، قَالَ: قَالَ رَسُولُ اللهِ صَلَّى اللَّهُ عَلَيْهِ وَسَلَّمَ: «مَنْ رَأَى مِنْكُمْ مُنْكَرًا فَلْيُغَيِّرْهُ بِيَدِهِ، فَإِنْ لَمْ يَسْتَطِعْ فَبِلِسَانِهِ، فَإِنْ لَمْ يَسْتَطِعْ فَبِقَلْبِهِ، وَذَلِكَ أَضْعَفُ الْإِيمَانِ». [رواه مسلم]

294- عَنْ أَبِي هُرَيْرَةَ رَضِيَ اللَّهُ عَنْهُ، قَالَ: قَالَ رَسُولُ اللهِ صَلَّى اللَّهُ عَلَيْهِ وَسَلَّمَ: «مَنْ دَعَا إِلَى هُدًى، كَانَ لَهُ مِنَ الْأَجْرِ مِثْلُ أُجُورِ مَنْ تَبِعَهُ، لَا يَنْقُصُ ذَلِكَ مِنْ أُجُورِهِمْ شَيْئًا، وَمَنْ دَعَا إِلَى ضَلَالَةٍ، كَانَ عَلَيْهِ مِنَ الْإِثْمِ مِثْلُ آثَامِ مَنْ تَبِعَهُ، لَا يَنْقُصُ ذَلِكَ مِنْ آثَامِهِمْ شَيْئًا». [رواه مسلم]

295- عَنْ أَبِي سَعِيدٍ الْخُدْرِيِّ رَضِيَ اللَّهُ عَنْهُ، قَالَ: قَالَ رَسُولُ اللهِ صَلَّى اللَّهُ عَلَيْهِ وَسَلَّمَ: «أَفْضَلُ الْجِهَادِ كَلِمَةُ عَدْلٍ عِنْدَ سُلْطَانٍ جَائِرٍ». [رواه ابن ماجة]

*****

(باب سُنن الفطرة)

296- عَنْ أَبِي هُرَيْرَةَ رَضِيَ اللهُ عَنْهُ، قَالَ: قَالَ رَسُولُ اللهِ صَلَّى اللهُ عَلَيْهِ وَسَلَّمَ: «خَمْسٌ مِنَ الفِطْرَةِ: الخِتَانُ، وَالاسْتِحْدَادُ، وَنَتْفُ الإِبْطِ، وَتَقْلِيمُ الأَظْفَارِ، وَقَصُّ الشَّارِبِ». [متفق عليه]

*****

(باب اللباس والزينة، وبيان المحظور منهما)

297- عَنْ عَبْدِ اللهِ بْنِ مَسْعُودٍ رَضِيَ اللهُ عَنْهُ، قَالَ: قَالَ رَسُولُ اللهِ صَلَّى اللهُ عَلَيْهِ وَسَلَّمَ: «إِنَّ اللهَ جَمِيلٌ يُحِبُّ الجَمَالَ». [رواه مسلم]

298- عَنْ عَبْدِ اللهِ بْنِ عَمْرِو بْنِ الْعَاصِ رَضِيَ اللهُ عَنْهُمَا، قَالَ: قَالَ رَسُولُ اللهِ صَلَّى اللهُ عَلَيْهِ وَسَلَّمَ: «إِنَّ اللهَ يُحِبُّ أَنْ يَرَى أَثَرَ نِعْمَتِهِ عَلَى عَبْدِهِ». [رواه الترمذي]

299- عَنِ الْبَرَاءِ بْنِ عَازِبٍ رَضِيَ اللهُ عَنْهُ، قَالَ: «مَا رَأَيْتُ أَحَدًا أَحْسَنَ فِي حُلَّةٍ حَمْرَاءَ مِنَ النَّبِيِّ صَلَّى اللهُ عَلَيْهِ وَسَلَّمَ». [متفق عليه]

300- عَنْ عَبْدِ اللهِ بْنِ عَمْرِو بْنِ الْعَاصِ رَضِيَ اللهُ عَنْهُمَا، قَالَ: رَأَى رَسُولُ اللهِ صَلَّى اللهُ عَلَيْهِ وَسَلَّمَ عَلَيَّ ثَوْبَيْنِ مُعَصْفَرَيْنِ، فَقَالَ: «إِنَّ هَذِهِ مِنْ ثِيَابِ الْكُفَّارِ فَلَا تَلْبَسْهَا». [رواه مسلم]

301- عَنْ أَبِي هُرَيْرَةَ رَضِيَ اللهُ عَنْهُ، قَالَ: قَالَ رَسُولُ اللهِ صَلَّى اللهُ عَلَيْهِ وَسَلَّمَ: «مَا أَسْفَلَ مِنَ الكَعْبَيْنِ مِنَ الإِزَارِ فَفِي النَّارِ». [رواه البخاري]

302- عَنْ حُذَيْفَةَ بْنِ الْيَمَانِ رَضِيَ اللهُ عَنْهُمَا، قَالَ: قَالَ رَسُولُ اللهِ صَلَّى اللهُ عَلَيْهِ وَسَلَّمَ: «لَا تَشْرَبُوا فِي آنِيَةِ الذَّهَبِ وَالفِضَّةِ، وَلَا تَلْبَسُوا الحَرِيرَ وَالدِّيبَاجَ، فَإِنَّهَا لَهُمْ فِي الدُّنْيَا وَلَكُمْ فِي الآخِرَةِ». [متفق عليه]

303- عَنْ أَنَسِ بْنِ مَالِكٍ رَضِيَ اللهُ عَنْهُ، كَانَ يَقُولُ: «أَنَّ النَّبِيَّ صَلَّى اللهُ عَلَيْهِ وَسَلَّمَ كَانَ خَاتَمُهُ مِنْ فِضَّةٍ وَكَانَ فَصُّهُ

مِنْهُ». [متفق عليه]

٣٠٤- عَنْ أَبِي مُوسَى الْأَشْعَرِيِّ رَضِيَ اللهُ عَنْهُ، قَالَ: قَالَ رَسُولُ اللهِ صَلَّى اللهُ عَلَيْهِ وَسَلَّمَ: «حُرِّمَ لِبَاسُ الْحَرِيرِ وَالذَّهَبِ عَلَى ذُكُورِ أُمَّتِي وَأُحِلَّ لِإِنَاثِهِمْ». [رواه الترمذي]

٣٠٥- عَنْ أَبِي هُرَيْرَةَ رَضِيَ اللهُ عَنْهُ، قَالَ: قَالَ رَسُولُ اللهِ صَلَّى اللهُ عَلَيْهِ وَسَلَّمَ: «لَا يَمْشِي أَحَدُكُمْ فِي نَعْلٍ وَاحِدَةٍ، لِيُحْفِهِمَا جَمِيعًا، أَوْ لِيُنْعِلْهُمَا جَمِيعًا». [متفق عليه]

٣٠٦- عَنْ أُمِّ الْمُؤْمِنِينَ عَائِشَةَ رَضِيَ اللهُ عَنْهَا، قَالَتْ: «كُنْتُ أُطَيِّبُ النَّبِيَّ صَلَّى اللهُ عَلَيْهِ وَسَلَّمَ بِأَطْيَبِ مَا يَجِدُ، حَتَّى أَجِدَ وَبِيصَ الطِّيبِ فِي رَأْسِهِ وَلِحْيَتِهِ». [متفق عليه]

٣٠٧- عَنْ أَبِي مُوسَى الْأَشْعَرِيِّ رَضِيَ اللهُ عَنْهُ، قَالَ: قَالَ رَسُولُ اللهِ صَلَّى اللهُ عَلَيْهِ وَسَلَّمَ: «أَيُّمَا امْرَأَةٍ اسْتَعْطَرَتْ فَمَرَّتْ عَلَى قَوْمٍ لِيَجِدُوا مِنْ رِيحِهَا فَهِيَ زَانِيَةٌ». [رواه النسائي]

٣٠٨- عَنْ زَيْنَبَ الثَّقَفِيَّةِ -امْرَأَةِ عَبْدِ اللهِ بْنِ مَسْعُودٍ- رَضِيَ اللهُ عَنْهَا وَعَنْ زَوْجِهَا، قَالَتْ: قَالَ رَسُولُ اللهِ صَلَّى اللهُ عَلَيْهِ وَسَلَّمَ: «إِذَا شَهِدَتْ إِحْدَاكُنَّ الْمَسْجِدَ فَلَا تَمَسَّ طِيبًا». [رواه مسلم]

٣٠٩- عَنْ عَبْدِ اللهِ بْنِ عَبَّاسٍ رَضِيَ اللهُ عَنْهُمَا، قَالَ: «لَعَنَ رَسُولُ اللهِ صَلَّى اللهُ عَلَيْهِ وَسَلَّمَ الْمُتَشَبِّهِينَ مِنَ الرِّجَالِ بِالنِّسَاءِ، وَالْمُتَشَبِّهَاتِ مِنَ النِّسَاءِ بِالرِّجَالِ». [رواه البخاري]

٣١٠- عَنْ أَبِي هُرَيْرَةَ رَضِيَ اللهُ عَنْهُ، قَالَ: قَالَ رَسُولُ اللهِ صَلَّى اللهُ عَلَيْهِ وَسَلَّمَ: «لَعَنَ اللهُ الْوَاصِلَةَ وَالْمُسْتَوْصِلَةَ، وَالْوَاشِمَةَ وَالْمُسْتَوْشِمَةَ». [متفق عليه]

٣١١- عَنْ أُمِّ الْمُؤْمِنِينَ عَائِشَةَ رَضِيَ اللهُ عَنْهَا، قَالَتْ: قَالَ رَسُولُ اللهِ صَلَّى اللهُ عَلَيْهِ وَسَلَّمَ: «السِّوَاكُ مَطْهَرَةٌ لِلْفَمِ مَرْضَاةٌ لِلرَّبِّ». [رواه النسائي]

*****

(باب النهي عن التشبه بالكفار)

٣١٢- عَنْ أَبِي سَعِيدٍ الْخُدْرِيِّ رَضِيَ اللهُ عَنْهُ، قَالَ: قَالَ

رَسُولُ اللهِ صَلَّى اللهُ عَلَيْهِ وَسَلَّمَ: «لَتَتَّبِعُنَّ سَنَنَ مَنْ كَانَ قَبْلَكُمْ، شِبْرًا شِبْرًا وَذِرَاعًا بِذِرَاعٍ، حَتَّى لَوْ دَخَلُوا جُحْرَ ضَبٍّ تَبِعْتُمُوهُمْ»، قُلْنَا: يَا رَسُولَ اللهِ، الْيَهُودُ وَالنَّصَارَى؟ قَالَ: «فَمَنْ». [متفق عليه]

313- عَنْ أَبِي هُرَيْرَةَ رَضِيَ اللهُ عَنْهُ، قَالَ: قَالَ رَسُولُ اللهِ صَلَّى اللهُ عَلَيْهِ وَسَلَّمَ: «إِنَّ الْيَهُودَ وَالنَّصَارَى لَا يَصْبُغُونَ، فَخَالِفُوهُمْ». [متفق عليه]

314- عَنْ أَبِي هُرَيْرَةَ رَضِيَ اللهُ عَنْهُ، قَالَ: قَالَ رَسُولُ اللهِ صَلَّى اللهُ عَلَيْهِ وَسَلَّمَ: «جُزُّوا الشَّوَارِبَ، وَأَرْخُوا اللِّحَى خَالِفُوا الْمَجُوسَ». [متفق عليه]

*****

(باب كيف يكون حجاب المرأة)

315- عَنْ أُمِّ الْمُؤْمِنِينَ عَائِشَةَ رَضِيَ اللهُ عَنْهَا، قَالَتْ: «يَرْحَمُ اللهُ نِسَاءَ الْمُهَاجِرَاتِ الْأُوَلَ، لَمَّا أَنْزَلَ اللهُ: ﴿ ... ﴾ [النور: 31] شَقَقْنَ مُرُوطَهُنَّ فَاخْتَمَرْنَ بِهَا». [رواه البخاري]

316- عَنْ أُمِّ الْمُؤْمِنِينَ عَائِشَةَ رَضِيَ اللهُ عَنْهَا، قَالَتْ: «كَانَ رَسُولُ اللهِ صَلَّى اللهُ عَلَيْهِ وَسَلَّمَ يُصَلِّي الْفَجْرَ، فَيَشْهَدُ مَعَهُ نِسَاءٌ مِنَ الْمُؤْمِنَاتِ مُتَلَفِّعَاتٍ فِي مُرُوطِهِنَّ، ثُمَّ يَرْجِعْنَ إِلَى بُيُوتِهِنَّ مَا يَعْرِفُهُنَّ أَحَدٌ». [متفق عليه]

317- عَنْ أُمِّ الْمُؤْمِنِينَ أُمِّ سَلَمَةَ [هِنْد بِنْتِ أَبِي أُمَيَّةَ] رَضِيَ اللهُ عَنْهَا، قَالَتْ: «لَمَّا نَزَلَتْ: ﴿ ... ﴾ [الأحزاب: 59] خَرَجَ نِسَاءُ الْأَنْصَارِ كَأَنَّ عَلَى رُءُوسِهِنَّ الْغِرْبَانَ مِنَ الْأَكْسِيَةِ». [رواه أبو داود]

*****

(باب استحباب البدء باليمين في كل شيء ما عدا المستقذرات)

318- عَنْ أُمِّ الْمُؤْمِنِينَ عَائِشَةَ رَضِيَ اللَّهُ عَنْهَا، قَالَتْ: «كَانَ النَّبِيُّ صَلَّى اللَّهُ عَلَيْهِ وَسَلَّمَ يُعْجِبُهُ التَّيَمُّنُ فِي تَنَعُّلِهِ، وَتَرَجُّلِهِ، وَطُهُورِهِ، وَفِي شَأْنِهِ كُلِّهِ». [متفق عليه]

319- عَنْ أَبِي هُرَيْرَةَ رَضِيَ اللَّهُ عَنْهُ، قَالَ: قَالَ رَسُولُ اللَّهِ صَلَّى اللَّهُ عَلَيْهِ وَسَلَّمَ: «إِذَا انْتَعَلَ أَحَدُكُمْ فَلْيَبْدَأْ بِالْيَمِينِ، وَإِذَا نَزَعَ فَلْيَبْدَأْ بِالشِّمَالِ، لِيَكُنِ الْيُمْنَى أَوَّلَهُمَا تُنْعَلُ وَآخِرَهُمَا تُنْزَعُ». [متفق عليه]

320- عَنْ أَبِي هُرَيْرَةَ رَضِيَ اللَّهُ عَنْهُ، قَالَ: قَالَ رَسُولُ اللَّهِ صَلَّى اللَّهُ عَلَيْهِ وَسَلَّمَ: «إِذَا لَبِسْتُمْ وَإِذَا تَوَضَّأْتُمْ فَابْدَءُوا بِأَيَامِنِكُمْ». [رواه أبو داود]

321- عَنْ أَبِي قَتَادَةَ رَضِيَ اللَّهُ عَنْهُ، قَالَ: قَالَ رَسُولُ اللَّهِ صَلَّى اللَّهُ عَلَيْهِ وَسَلَّمَ: «إِذَا بَالَ أَحَدُكُمْ فَلاَ يَأْخُذَنَّ ذَكَرَهُ بِيَمِينِهِ، وَلاَ يَسْتَنْجِي بِيَمِينِهِ، وَلاَ يَتَنَفَّسْ فِي الْإِنَاءِ». [رواه البخاري]

322- عَنْ أُمِّ الْمُؤْمِنِينَ حَفْصَةَ رَضِيَ اللَّهُ عَنْهَا، كَانَتْ تَقُولُ: «أَنَّ النَّبِيَّ صَلَّى اللَّهُ عَلَيْهِ وَسَلَّمَ كَانَ يَجْعَلُ يَمِينَهُ لِطَعَامِهِ وَشَرَابِهِ وَثِيَابِهِ، وَيَجْعَلُ شِمَالَهُ لِمَا سِوَى ذَلِكَ». [رواه أبو داود]

*****

(باب آداب الطعام والشراب)

323- عَنْ أَنَسِ بْنِ مَالِكٍ رَضِيَ اللَّهُ عَنْهُ، قَالَ: قَالَ رَسُولُ اللَّهِ صَلَّى اللَّهُ عَلَيْهِ وَسَلَّمَ: «إِنَّ اللَّهَ لَيَرْضَى عَنِ الْعَبْدِ أَنْ يَأْكُلَ الْأَكْلَةَ فَيَحْمَدَهُ عَلَيْهَا أَوْ يَشْرَبَ الشَّرْبَةَ فَيَحْمَدَهُ عَلَيْهَا». [رواه مسلم]

324- عَنْ عُمَرَ بْنِ أَبِي سَلَمَةَ رَضِيَ اللَّهُ عَنْهُ، قَالَ: كُنْتُ فِي حِجْرِ رَسُولِ اللَّهِ صَلَّى اللَّهُ عَلَيْهِ وَسَلَّمَ، وَكَانَتْ يَدِي تَطِيشُ فِي

الصَّحْفَةِ، فَقَالَ لِي: «يَا غُلَامُ، سَمِّ اللهَ، وَكُلْ بِيَمِينِكَ، وَكُلْ مِمَّا يَلِيكَ». [متفق عليه]

325- عَنْ حُذَيْفَةَ بْنِ الْيَمَانِ رَضِيَ اللهُ عَنْهُما، قَالَ: قَالَ رَسُولُ اللهِ صَلَّى اللهُ عَلَيْهِ وَسَلَّمَ: «إِنَّ الشَّيْطَانَ يَسْتَحِلُّ الطَّعَامَ أَنْ لَا يُذْكَرَ اسْمُ اللهِ عَلَيْهِ». [رواه مسلم]

326- عَنْ عَبْدِ اللهِ بْنِ عُمَرَ بْنِ الْخَطَّابِ، قَالَ: قَالَ رَسُولُ اللهِ صَلَّى اللهُ عَلَيْهِ وَسَلَّمَ: «إِذَا أَكَلَ أَحَدُكُمْ فَلْيَأْكُلْ بِيَمِينِهِ، وَإِذَا شَرِبَ فَلْيَشْرَبْ بِيَمِينِهِ فَإِنَّ الشَّيْطَانَ يَأْكُلُ بِشِمَالِهِ، وَيَشْرَبُ بِشِمَالِهِ». [رواه مسلم]

327- عَنْ عَبْدِ اللهِ بْنِ عَبَّاسٍ رَضِيَ اللهُ عَنْهُما، قَالَ: قَالَ رَسُولُ اللهِ صَلَّى اللهُ عَلَيْهِ وَسَلَّمَ: «إِذَا أَكَلَ أَحَدُكُمْ فَلَا يَمْسَحْ يَدَهُ حَتَّى يَلْعَقَهَا أَوْ يُلْعِقَهَا». [متفق عليه]

328- عَنْ أَبِي هُرَيْرَةَ رَضِيَ اللهُ عَنْهُ، قَالَ: قَالَ رَسُولُ اللهِ صَلَّى اللهُ عَلَيْهِ وَسَلَّمَ: «إِذَا أَكَلَ أَحَدُكُمْ فَلْيَلْعَقْ أَصَابِعَهُ، فَإِنَّهُ لَا يَدْرِي فِي أَيَّتِهِنَّ الْبَرَكَةُ». [رواه مسلم]

329- عَنْ أَنَسِ بْنِ مَالِكٍ رَضِيَ اللهُ عَنْهُ، قَالَ: قَالَ رَسُولُ اللهِ صَلَّى اللهُ عَلَيْهِ وَسَلَّمَ: «إِذَا سَقَطَتْ لُقْمَةُ أَحَدِكُمْ فَلْيُمِطْ عَنْهَا الْأَذَى وَلْيَأْكُلْهَا، وَلَا يَدَعْهَا لِلشَّيْطَانِ»، وَأَمَرَنَا أَنْ نَسْلُتَ الْقَصْعَةَ، قَالَ: «فَإِنَّكُمْ لَا تَدْرُونَ فِي أَيِّ طَعَامِكُمُ الْبَرَكَةُ». [رواه مسلم]

330- عَنْ أَبِي هُرَيْرَةَ رَضِيَ اللهُ عَنْهُ، قَالَ: قَالَ رَسُولُ اللهِ صَلَّى اللهُ عَلَيْهِ وَسَلَّمَ: «طَعَامُ الِاثْنَيْنِ كَافِي الثَّلَاثَةِ، وَطَعَامُ الثَّلَاثَةِ كَافِي الْأَرْبَعَةِ». [متفق عليه]

331- عَنْ عَبْدِ اللهِ بْنِ عُمَرَ بْنِ الْخَطَّابِ رَضِيَ اللهُ عَنْهُما، قَالَ: قَالَ رَسُولُ اللهِ صَلَّى اللهُ عَلَيْهِ وَسَلَّمَ: «الْكَافِرُ يَأْكُلُ فِي سَبْعَةِ أَمْعَاءٍ، وَالْمُؤْمِنُ يَأْكُلُ فِي مِعًى وَاحِدٍ». [متفق عليه]

332- عَنْ أَبِي قَتَادَةَ رَضِيَ اللهُ عَنْهُ، قَالَ: «إِنَّ النَّبِيَّ صَلَّى اللهُ عَلَيْهِ وَسَلَّمَ نَهَى أَنْ يُتَنَفَّسَ فِي الْإِنَاءِ». [متفق عليه]

333- عَنْ أُمِّ الْمُؤْمِنِينَ عَائِشَةَ رَضِيَ اللهُ عَنْهَا، قَالَتْ: قَالَ رَسُولُ اللهِ صَلَّى اللهُ عَلَيْهِ وَسَلَّمَ: «يَا عَائِشَةُ، بَيْتٌ لَا تَمْرَ فِيهِ جِيَاعٌ أَهْلُهُ، يَا عَائِشَةُ، بَيْتٌ لَا تَمْرَ فِيهِ جِيَاعٌ أَهْلُهُ». [رواه

مسلم]

334- عَنْ جَابِرِ بْنِ عَبْدِ اللهِ رَضِيَ اللهُ عَنْهُما، قَالَ: قَالَ رَسُولُ اللهِ صَلَّى اللهُ عَلَيْهِ وَسَلَّمَ: «غَطُّوا الإِنَاءَ، وَأَوْكُوا السِّقَاءَ، فَإِنَّ فِي السَّنَةِ لَيْلَةً يَنْزِلُ فِيهَا وَبَاءٌ، لَا يَمُرُّ بِإِنَاءٍ لَيْسَ عَلَيْهِ غِطَاءٌ، أَوْ سِقَاءٍ لَيْسَ عَلَيْهِ وِكَاءٌ، إِلَّا نَزَلَ فِيهِ مِنْ ذَلِكَ الْوَبَاءِ». [متفق عليه]

335- عَنْ أُمِّ الْمُؤْمِنِينَ عَائِشَةَ رَضِيَ اللهُ عَنْها، قَالَتْ: قَالَ رَسُولُ اللهِ صَلَّى اللهُ عَلَيْهِ وَسَلَّمَ: «إِذَا وُضِعَ الْعَشَاءُ وَأُقِيمَتِ الصَّلَاةُ، فَابْدَءُوا بِالْعَشَاءِ». [رواه البخاري]

336- عَنْ عَبْدِ اللهِ بْنِ عَبَّاسٍ رَضِيَ اللهُ عَنْهُما، قَالَ: «أَنَّ النَّبِيَّ صَلَّى اللهُ عَلَيْهِ وَسَلَّمَ شَرِبَ لَبَنًا، ثُمَّ دَعَا بِمَاءٍ فَتَمَضْمَضَ»، وَقَالَ: «إِنَّ لَهُ دَسَمًا». [متفق عليه]

337- عَنْ أَنَسِ بْنِ مَالِكٍ رَضِيَ اللهُ عَنْهُ، قَالَ: «رَأَيْتُ النَّبِيَّ صَلَّى اللهُ عَلَيْهِ وَسَلَّمَ مُقْعِيًا يَأْكُلُ تَمْرًا». [رواه مسلم]

*****

(باب آداب التثاؤب والعطاس)

338- عَنْ أَبِي مُوسَى الْأَشْعَرِيِّ رَضِيَ اللهُ عَنْهُ، قَالَ: قَالَ رَسُولُ اللهِ صَلَّى اللهُ عَلَيْهِ وَسَلَّمَ: «إِذَا عَطَسَ أَحَدُكُمْ فَحَمِدَ اللهَ، فَشَمِّتُوهُ، فَإِنْ لَمْ يَحْمَدِ اللهَ، فَلَا تُشَمِّتُوهُ». [رواه مسلم]

339- عَنْ أَبِي سَعِيدٍ الْخُدْرِيِّ رَضِيَ اللهُ عَنْهُ، قَالَ: قَالَ رَسُولُ اللهِ صَلَّى اللهُ عَلَيْهِ وَسَلَّمَ: «إِذَا تَثَاءَبَ أَحَدُكُمْ، فَلْيُمْسِكْ بِيَدِهِ عَلَى فِيهِ، فَإِنَّ الشَّيْطَانَ يَدْخُلُ». [رواه مسلم]

340- عَنْ أَبِي هُرَيْرَةَ رَضِيَ اللهُ عَنْهُ، قَالَ: قَالَ رَسُولُ اللهِ صَلَّى اللهُ عَلَيْهِ وَسَلَّمَ: «التَّثَاؤُبُ مِنَ الشَّيْطَانِ، فَإِذَا تَثَاءَبَ أَحَدُكُمْ فَلْيَكْظِمْ مَا اسْتَطَاعَ». [متفق عليه]

341- عَنْ أَبِي هُرَيْرَةَ رَضِيَ اللهُ عَنْهُ، قَالَ: قَالَ رَسُولُ اللهِ صَلَّى اللهُ عَلَيْهِ وَسَلَّمَ: «إِنَّ اللهَ يُحِبُّ الْعُطَاسَ، وَيَكْرَهُ التَّثَاؤُبَ، فَإِذَا تَثَاءَبَ أَحَدُكُمْ فَلْيَرُدَّهُ مَا اسْتَطَاعَ، وَلَا يَقُلْ هَاهْ هَاهْ، فَإِنَّمَا ذَلِكُمْ مِنَ الشَّيْطَانِ يَضْحَكُ مِنْهُ». [رواه أبو داود]

*****

(باب آداب النوم والاستيقاظ)

342- عَنِ الْبَرَاءِ بْنِ عَازِبِ بْنِ الْحَارِثِ رَضِيَ اللهُ عَنْهُمَا، قَالَ: قَالَ رَسُولُ اللهِ صَلَّى اللهُ عَلَيْهِ وَسَلَّمَ: «إِذَا أَتَيْتَ مَضْجَعَكَ، فَتَوَضَّأْ وَضُوءَكَ لِلصَّلَاةِ، ثُمَّ اضْطَجِعْ عَلَى شِقِّكَ الْأَيْمَنِ، وَقُلْ: اللَّهُمَّ أَسْلَمْتُ نَفْسِي إِلَيْكَ، وَفَوَّضْتُ أَمْرِي إِلَيْكَ، وَأَلْجَأْتُ ظَهْرِي إِلَيْكَ، رَهْبَةً وَرَغْبَةً إِلَيْكَ، لَا مَلْجَأَ وَلَا مَنْجَا مِنْكَ إِلَّا إِلَيْكَ، آمَنْتُ بِكِتَابِكَ الَّذِي أَنْزَلْتَ، وَبِنَبِيِّكَ الَّذِي أَرْسَلْتَ، فَإِنْ مُتَّ مُتَّ عَلَى الْفِطْرَةِ فَاجْعَلْهُنَّ آخِرَ مَا تَقُولُ». [متفق عليه]

343- عَنْ حُذَيْفَةَ بْنِ الْيَمَانِ —صَاحِبِ سِرِّ رَسُولِ اللهِ صَلَّى اللهُ عَلَيْهِ وَسَلَّمَ- رَضِيَ اللهُ عَنْهُمَا، قَالَ: كَانَ النَّبِيُّ صَلَّى اللهُ عَلَيْهِ وَسَلَّمَ إِذَا أَرَادَ أَنْ يَنَامَ قَالَ: «بِاسْمِكَ اللَّهُمَّ أَمُوتُ وَأَحْيَا» وَإِذَا اسْتَيْقَظَ مِنْ مَنَامِهِ قَالَ: «الْحَمْدُ لِلَّهِ الَّذِي أَحْيَانَا بَعْدَ مَا أَمَاتَنَا وَإِلَيْهِ النُّشُورُ». [رواه البخاري]

344- عَنْ جَابِرِ بْنِ عَبْدِ اللهِ رَضِيَ اللهُ عَنْهُمَا، قَالَ: قَالَ رَسُولُ اللهِ صَلَّى اللهُ عَلَيْهِ وَسَلَّمَ: «أَطْفِئُوا الْمَصَابِيحَ بِاللَّيْلِ إِذَا رَقَدْتُمْ، وَغَلِّقُوا الْأَبْوَابَ، وَأَوْكُوا الْأَسْقِيَةَ، وَخَمِّرُوا الطَّعَامَ وَالشَّرَابَ وَلَوْ بِعُودٍ». [متفق عليه]

345- عَنْ أَبِي مُوسَى الْأَشْعَرِيِّ رَضِيَ اللهُ عَنْهُ، قَالَ: قَالَ رَسُولُ اللهِ صَلَّى اللهُ عَلَيْهِ وَسَلَّمَ: «إِنَّ هَذِهِ النَّارَ إِنَّمَا هِيَ عَدُوٌّ لَكُمْ، فَإِذَا نِمْتُمْ فَأَطْفِئُوهَا عَنْكُمْ». [متفق عليه]

346- عَنْ حُذَيْفَةَ بْنِ الْيَمَانِ —صَاحِبِ سِرِّ رَسُولِ اللهِ صَلَّى اللهُ عَلَيْهِ وَسَلَّمَ- رَضِيَ اللهُ عَنْهُمَا، قَالَ: «كَانَ النَّبِيُّ صَلَّى اللهُ عَلَيْهِ وَسَلَّمَ إِذَا قَامَ مِنَ اللَّيْلِ يَشُوصُ فَاهُ». [متفق عليه]

347- عَنْ أَبِي هُرَيْرَةَ رَضِيَ اللهُ عَنْهُ، قَالَ: قَالَ رَسُولُ اللهِ صَلَّى اللهُ عَلَيْهِ وَسَلَّمَ: «إِذَا اسْتَيْقَظَ أَحَدُكُمْ مِنْ نَوْمِهِ، فَلَا يَغْمِسْ يَدَهُ فِي الْإِنَاءِ حَتَّى يَغْسِلَهَا ثَلَاثًا، فَإِنَّهُ لَا يَدْرِي أَيْنَ بَاتَتْ يَدُهُ». [رواه مسلم]

348- عَنْ أَبِي هُرَيْرَةَ رَضِيَ اللهُ عَنْهُ، قَالَ: قَالَ رَسُولُ اللهِ صَلَّى اللهُ عَلَيْهِ وَسَلَّمَ:

«إِذَا اسْتَيْقَظَ أَحَدُكُمْ مِنْ مَنَامِهِ فَلْيَسْتَنْثِرْ ثَلَاثَ مَرَّاتٍ، فَإِنَّ

الشَّيْطَانَ يَبِيتُ عَلَى خَيَاشِيمِهِ». [متفق عليه]

349- عَنْ عَبْدِ اللهِ بْنِ عَبَّاسٍ رَضِيَ اللهُ عَنْهُما، قَالَ: «أَنَّ النَّبِيَّ صَلَّى اللهُ عَلَيْهِ وَسَلَّمَ قَامَ مِنَ اللَّيْلِ فَقَضَى حَاجَتَهُ، ثُمَّ غَسَلَ وَجْهَهُ وَيَدَيْهِ، ثُمَّ نَامَ». [رواه مسلم]

350- عَنْ عَبْدِ اللهِ بْنِ مَسْعُودٍ رَضِيَ اللهُ عَنْهُ، قَالَ: ذُكِرَ عِنْدَ رَسُولِ اللهِ صَلَّى اللهُ عَلَيْهِ وَسَلَّمَ رَجُلٌ نَامَ لَيْلَةً حَتَّى أَصْبَحَ، قَالَ: «ذَاكَ رَجُلٌ بَالَ الشَّيْطَانُ فِي أُذُنَيْهِ». [متفق عليه]

*****

(باب آداب دخول الخلاء والخروج منه)

351- عَنْ أَنَسِ بْنِ مَالِكٍ رَضِيَ اللهُ عَنْهُ، قَالَ: كَانَ النَّبِيُّ صَلَّى اللهُ عَلَيْهِ وَسَلَّمَ إِذَا دَخَلَ الْخَلَاءَ قَالَ: «اللَّهُمَّ إِنِّي أَعُوذُ بِكَ مِنَ الْخُبُثِ وَالْخَبَائِثِ». [متفق عليه]

352- عَنْ أُمِّ الْمُؤْمِنِينَ عَائِشَةَ رَضِيَ اللهُ عَنْها، قَالَتْ: كَانَ النَّبِيُّ صَلَّى اللهُ عَلَيْهِ وَسَلَّمَ إِذَا خَرَجَ مِنَ الْخَلَاءِ، قَالَ: «غُفْرَانَكَ». [رواه الترمذي]

*****

(باب آداب الطريق)

353- عَنْ أَبِي هُرَيْرَةَ رَضِيَ اللهُ عَنْهُ، قَالَ: قَالَ رَسُولُ اللهِ صَلَّى اللهُ عَلَيْهِ وَسَلَّمَ: «يُسَلِّمُ الرَّاكِبُ عَلَى الْمَاشِي، وَالْمَاشِي عَلَى الْقَاعِدِ، وَالْقَلِيلُ عَلَى الْكَثِيرِ». [متفق عليه]

354- عَنْ جَرِيرِ بْنِ عَبْدِ اللهِ رَضِيَ اللهُ عَنْهُ، قَالَ: قَالَ رَسُولُ اللهِ صَلَّى اللهُ عَلَيْهِ وَسَلَّمَ: «سَأَلْتُ رَسُولَ اللهِ صَلَّى اللهُ عَلَيْهِ وَسَلَّمَ عَنْ نَظَرِ الْفُجَاءَةِ فَأَمَرَنِي أَنْ أَصْرِفَ بَصَرِي». [رواه مسلم]

355- عَنْ أَبِي هُرَيْرَةَ رَضِيَ اللهُ عَنْهُ، قَالَ: قَالَ رَسُولُ اللهِ صَلَّى اللهُ عَلَيْهِ وَسَلَّمَ: «مَنِ اطَّلَعَ فِي بَيْتِ قَوْمٍ بِغَيْرِ إِذْنِهِمْ، فَقَدْ حَلَّ لَهُمْ أَنْ يَفْقَئُوا عَيْنَهُ». [متفق عليه]

356- عَنْ أَبِي سَعِيدٍ الْخُدْرِيِّ رَضِيَ اللهُ عَنْهُ، قَالَ: قَالَ رَسُولُ اللهِ صَلَّى اللهُ عَلَيْهِ وَسَلَّمَ: «إِيَّاكُمْ وَالْجُلُوسَ فِي الطُّرُقَاتِ» قَالُوا: يَا رَسُولَ اللهِ مَا لَنَا بُدٌّ مِنْ مَجَالِسِنَا نَتَحَدَّثُ فِيهَا، قَالَ رَسُولُ اللهِ صَلَّى اللهُ عَلَيْهِ وَسَلَّمَ: «فَإِذَا أَبَيْتُمْ إِلَّا الْمَجْلِسَ فَأَعْطُوا الطَّرِيقَ حَقَّهُ» قَالُوا: وَمَا حَقُّهُ؟ قَالَ: «غَضُّ الْبَصَرِ، وَكَفُّ الْأَذَى، وَرَدُّ السَّلَامِ وَالْأَمْرُ بِالْمَعْرُوفِ، وَالنَّهْيُ عَنِ الْمُنْكَرِ». [متفق عليه]

*****

(باب آداب السفر)

357- عَنْ أَبِي هُرَيْرَةَ رَضِيَ اللهُ عَنْهُ، قَالَ: قَالَ رَسُولُ اللهِ صَلَّى اللهُ عَلَيْهِ وَسَلَّمَ: «السَّفَرُ قِطْعَةٌ مِنَ الْعَذَابِ، يَمْنَعُ أَحَدَكُمْ طَعَامَهُ وَشَرَابَهُ وَنَوْمَهُ، فَإِذَا قَضَى نَهْمَتَهُ، فَلْيُعَجِّلْ إِلَى أَهْلِهِ». [متفق عليه]

358- عَنْ عَبْدِ اللهِ بْنِ عُمَرَ بْنِ الْخَطَّابِ رَضِيَ اللهُ عَنْهُمَا، قَالَ: قَالَ رَسُولُ اللهِ صَلَّى اللهُ عَلَيْهِ وَسَلَّمَ: «لَوْ يَعْلَمُ النَّاسُ مَا فِي الْوَحْدَةِ مَا أَعْلَمُ، مَا سَارَ رَاكِبٌ بِلَيْلٍ وَحْدَهُ». [رواه البخاري]

359- عَنْ أَبِي هُرَيْرَةَ رَضِيَ اللهُ عَنْهُ، قَالَ: قَالَ رَسُولُ اللهِ صَلَّى اللهُ عَلَيْهِ وَسَلَّمَ: «لَا يَحِلُّ لِامْرَأَةٍ تُؤْمِنُ بِاللهِ وَالْيَوْمِ الْآخِرِ أَنْ تُسَافِرَ مَسِيرَةَ يَوْمٍ وَلَيْلَةٍ لَيْسَ مَعَهَا حُرْمَةٌ». [رواه البخاري]

360- عَنْ جَابِرِ بْنِ عَبْدِ اللهِ رَضِيَ اللهُ عَنْهُمَا، قَالَ: كُنْتُ مَعَ النَّبِيِّ صَلَّى اللهُ عَلَيْهِ وَسَلَّمَ فِي سَفَرٍ، فَلَمَّا قَدِمْنَا الْمَدِينَةَ قَالَ لِي: «ادْخُلِ الْمَسْجِدَ فَصَلِّ رَكْعَتَيْنِ». [متفق عليه]

361- عَنْ عَبْدِ اللهِ بْنِ عُمَرَ بْنِ الْخَطَّابِ رَضِيَ اللهُ عَنْهُمَا، قَالَ: كَانَ رَسُولُ اللهِ صَلَّى اللهُ عَلَيْهِ وَسَلَّمَ يَقُولُ لِلرَّجُلِ إِذَا أَرَادَ سَفَرًا: «أَسْتَوْدِعُ اللهَ دِينَكَ وَأَمَانَتَكَ وَخَوَاتِيمَ عَمَلِكَ». [رواه الترمذي]

*****

(باب النكاح وآدابه، وبيان حقوق الزوجين)

362- عَنْ عَبْدِ اللهِ بْنِ مَسْعُودٍ رَضِيَ اللهُ عَنْهُ، قَالَ: قَالَ

رَسُولُ اللهِ صَلَّى اللهُ عَلَيْهِ وَسَلَّمَ: «يَا مَعْشَرَ الشَّبَابِ، مَنِ اسْتَطَاعَ الْبَاءَةَ فَلْيَتَزَوَّجْ، فَإِنَّهُ أَغَضُّ لِلْبَصَرِ وَأَحْصَنُ لِلْفَرْجِ، وَمَنْ لَمْ يَسْتَطِعْ فَعَلَيْهِ بِالصَّوْمِ فَإِنَّهُ لَهُ وِجَاءٌ». [متفق عليه]

363- عَنْ عَبْدِ اللهِ بْنِ عَمْرِو بْنِ الْعَاصِ رَضِيَ اللهُ عَنْهُمَا، قَالَ: قَالَ رَسُولُ اللهِ صَلَّى اللهُ عَلَيْهِ وَسَلَّمَ: «الدُّنْيَا مَتَاعٌ، وَخَيْرُ مَتَاعِ الدُّنْيَا الْمَرْأَةُ الصَّالِحَةُ». [رواه مسلم]

364- عَنْ أَبِي هُرَيْرَةَ رَضِيَ اللهُ عَنْهُ، قَالَ: قَالَ رَسُولُ اللهِ صَلَّى اللهُ عَلَيْهِ وَسَلَّمَ: «ثَلَاثَةٌ حَقٌّ عَلَى اللهِ عَوْنُهُمْ: الْمُجَاهِدُ فِي سَبِيلِ اللهِ، وَالْمُكَاتَبُ الَّذِي يُرِيدُ الْأَدَاءَ، وَالنَّاكِحُ الَّذِي يُرِيدُ الْعَفَافَ». [رواه الترمذي]

365- عَنْ سَعْدِ بْنِ أَبِي وَقَّاصٍ رَضِيَ اللهُ عَنْهُ، قَالَ: قَالَ رَسُولُ اللهِ صَلَّى اللهُ عَلَيْهِ وَسَلَّمَ: «أَرْبَعٌ مِنَ السَّعَادَةِ: الْمَرْأَةُ الصَّالِحَةُ، وَالْمَسْكَنُ الْوَاسِعُ، وَالْجَارُ الصَّالِحُ، وَالْمَرْكَبُ الْهَنِيءُ». [رواه ابن حبان]

366- عَنْ أَبِي هُرَيْرَةَ رَضِيَ اللهُ عَنْهُ، قَالَ: قَالَ رَسُولُ اللهِ صَلَّى اللهُ عَلَيْهِ وَسَلَّمَ: «تُنْكَحُ الْمَرْأَةُ لِأَرْبَعٍ: لِمَالِهَا، وَلِحَسَبِهَا، وَلِجَمَالِهَا، وَلِدِينِهَا، فَاظْفَرْ بِذَاتِ الدِّينِ تَرِبَتْ يَدَاكَ». [متفق عليه]

367- عَنْ مَعْقِلِ بْنِ يَسَارٍ رَضِيَ اللهُ عَنْهُ، قَالَ: قَالَ رَسُولُ اللهِ صَلَّى اللهُ عَلَيْهِ وَسَلَّمَ: «تَزَوَّجُوا الْوَدُودَ الْوَلُودَ فَإِنِّي مُكَاثِرٌ بِكُمُ الْأُمَمَ». [رواه أبو داود]

368- عَنْ أَبِي هُرَيْرَةَ رَضِيَ اللهُ عَنْهُ، قَالَ: قَالَ رَسُولُ اللهِ صَلَّى اللهُ عَلَيْهِ وَسَلَّمَ: «لَا يَخْطُبُ الرَّجُلُ عَلَى خِطْبَةِ أَخِيهِ». [رواه مسلم]

369- عَنْ عَبْدِ اللهِ بْنِ عُمَرَ بْنِ الْخَطَّابِ رَضِيَ اللهُ عَنْهُمَا، قَالَ: قَالَ رَسُولُ اللهِ صَلَّى اللهُ عَلَيْهِ وَسَلَّمَ: «كُلُّكُمْ رَاعٍ وَكُلُّكُمْ مَسْئُولٌ عَنْ رَعِيَّتِهِ، وَالْأَمِيرُ رَاعٍ، وَالرَّجُلُ رَاعٍ عَلَى أَهْلِ بَيْتِهِ، وَالْمَرْأَةُ رَاعِيَةٌ عَلَى بَيْتِ زَوْجِهَا وَوَلَدِهِ، فَكُلُّكُمْ رَاعٍ وَكُلُّكُمْ مَسْئُولٌ عَنْ رَعِيَّتِهِ». [متفق عليه]

370- عَنْ مُعَاوِيَةَ الْقُشَيْرِيِّ رَضِيَ اللهُ عَنْهُ، قَالَ: قُلْتُ: يَا رَسُولَ اللهِ، مَا حَقُّ زَوْجَةِ أَحَدِنَا عَلَيْهِ؟ قَالَ: «أَنْ يُطْعِمَهَا إِذَا طَعِمَ، وَيَكْسُوَهَا إِذَا اكْتَسَى، وَلَا يَضْرِبِ الْوَجْهَ، وَلَا يُقَبِّحْ، وَلَا

يَهْجُرُ إِلَّا فِي الْبَيْتِ». [رواه الحاكم]

371- عَنْ عَبْدِ اللهِ بْنِ عُمَرَ بْنِ الْخَطَّابِ رَضِيَ اللهُ عَنْهُمَا، قَالَ: قَالَ رَسُولُ اللهِ صَلَّى اللهُ عَلَيْهِ وَسَلَّمَ: «يَا عَبْدَ اللهِ، أَلَمْ أُخْبَرْ أَنَّكَ تَصُومُ النَّهَارَ وَتَقُومُ اللَّيْلَ؟» قُلْتُ: بَلَى يَا رَسُولَ اللهِ، قَالَ: «فَلَا تَفْعَلْ، صُمْ وَأَفْطِرْ، وَقُمْ وَنَمْ، فَإِنَّ لِجَسَدِكَ عَلَيْكَ حَقًّا، وَإِنَّ لِعَيْنِكَ عَلَيْكَ حَقًّا، وَإِنَّ لِزَوْجِكَ عَلَيْكَ حَقًّا». [متفق عليه]

372- عَنْ أَبِي مَسْعُودٍ رَضِيَ اللهُ عَنْهُ، قَالَ: قَالَ رَسُولُ اللهِ صَلَّى اللهُ عَلَيْهِ وَسَلَّمَ: «إِذَا أَنْفَقَ الْمُسْلِمُ نَفَقَةً عَلَى أَهْلِهِ وَهُوَ يَحْتَسِبُهَا، كَانَتْ لَهُ صَدَقَةٌ». [متفق عليه]

373- عَنِ الْأَسْوَدِ بْنِ يَزِيدَ [مِنَ التَّابِعِينَ]، قَالَ: سَأَلْتُ عَائِشَةَ، مَا كَانَ النَّبِيُّ صَلَّى اللهُ عَلَيْهِ وَسَلَّمَ يَصْنَعُ فِي أَهْلِهِ؟ قَالَتْ: «كَانَ فِي مِهْنَةِ أَهْلِهِ، فَإِذَا حَضَرَتِ الصَّلَاةُ قَامَ إِلَى الصَّلَاةِ». [رواه البخاري]

374- عَنْ أَبِي هُرَيْرَةَ رَضِيَ اللهُ عَنْهُ، قَالَ: قَالَ رَسُولُ اللهِ صَلَّى اللهُ عَلَيْهِ وَسَلَّمَ: «لَوْ كُنْتُ آمِرًا أَحَدًا أَنْ يَسْجُدَ لِأَحَدٍ لَأَمَرْتُ الْمَرْأَةَ أَنْ تَسْجُدَ لِزَوْجِهَا». [رواه الترمذي]

375- عَنْ أَبِي هُرَيْرَةَ رَضِيَ اللهُ عَنْهُ، قَالَ: قَالَ رَسُولُ اللهِ صَلَّى اللهُ عَلَيْهِ وَسَلَّمَ: «إِذَا بَاتَتِ الْمَرْأَةُ هَاجِرَةً فِرَاشَ زَوْجِهَا، لَعَنَتْهَا الْمَلَائِكَةُ حَتَّى تُصْبِحَ». [متفق عليه]

376- عَنْ أَبِي هُرَيْرَةَ رَضِيَ اللهُ عَنْهُ، قَالَ: قِيلَ لِرَسُولِ اللهِ صَلَّى اللهُ عَلَيْهِ وَسَلَّمَ: أَيُّ النِّسَاءِ خَيْرٌ؟ قَالَ: «الَّتِي تَسُرُّهُ إِذَا نَظَرَ، وَتُطِيعُهُ إِذَا أَمَرَ، وَلَا تُخَالِفُهُ فِي نَفْسِهَا وَمَالِهَا بِمَا يَكْرَهُ». [رواه النسائي]

377- عَنْ أَبِي هُرَيْرَةَ رَضِيَ اللهُ عَنْهُ، قَالَ: قَالَ رَسُولُ اللهِ صَلَّى اللهُ عَلَيْهِ وَسَلَّمَ: «لَا يَحِلُّ لِلْمَرْأَةِ أَنْ تَصُومَ وَزَوْجُهَا شَاهِدٌ إِلَّا بِإِذْنِهِ، وَلَا تَأْذَنَ فِي بَيْتِهِ إِلَّا بِإِذْنِهِ، وَمَا أَنْفَقَتْ مِنْ نَفَقَةٍ عَنْ غَيْرِ أَمْرِهِ فَإِنَّهُ يُؤَدَّى إِلَيْهِ شَطْرُهُ». [متفق عليه]

378- عَنْ أَسْمَاءَ بِنْتِ أَبِي بَكْرٍ رَضِيَ اللهُ عَنْهُمَا، قَالَتْ: «كُنْتُ أَنْقُلُ النَّوَى مِنْ أَرْضِ الزُّبَيْرِ الَّتِي أَقْطَعَهُ رَسُولُ اللهِ صَلَّى اللهُ عَلَيْهِ وَسَلَّمَ عَلَى رَأْسِي، وَهِيَ مِنِّي عَلَى ثُلُثَيْ

فَرْسَخٍ». [متفق عليه]

*****

(باب القناعة والعفاف والرضا)

379- عَنْ أَبِي هُرَيْرَةَ رَضِيَ اللهُ عَنْهُ، قَالَ: قَالَ رَسُولُ اللهِ صَلَّى اللهُ عَلَيْهِ وَسَلَّمَ: «انْظُرُوا إِلَى مَنْ أَسْفَلَ مِنْكُمْ، وَلَا تَنْظُرُوا إِلَى مَنْ هُوَ فَوْقَكُمْ، فَهُوَ أَجْدَرُ أَنْ لَا تَزْدَرُوا نِعْمَةَ اللهِ عَلَيْكُمْ». [رواه مسلم]

380- عَنْ عَبْدِ اللهِ بْنِ عَمْرِو بْنِ الْعَاصِ رَضِيَ اللهُ عَنْهُمَا، قَالَ: قَالَ رَسُولُ اللهِ صَلَّى اللهُ عَلَيْهِ وَسَلَّمَ: «قَدْ أَفْلَحَ مَنْ أَسْلَمَ، وَرُزِقَ كَفَافًا، وَقَنَّعَهُ اللهُ بِمَا آتَاهُ». [رواه مسلم]

381- عَنْ أَبِي هُرَيْرَةَ رَضِيَ اللهُ عَنْهُ، قَالَ: قَالَ رَسُولُ اللهِ صَلَّى اللهُ عَلَيْهِ وَسَلَّمَ: «لَيْسَ الْمِسْكِينُ الَّذِي تَرُدُّهُ التَّمْرَةُ وَالتَّمْرَتَانِ، وَلَا اللُّقْمَةُ وَلَا اللُّقْمَتَانِ، إِنَّمَا الْمِسْكِينُ الَّذِي يَتَعَفَّفُ». [متفق عليه]

382- عَنْ أَبِي هُرَيْرَةَ رَضِيَ اللهُ عَنْهُ، قَالَ: قَالَ رَسُولُ اللهِ صَلَّى اللهُ عَلَيْهِ وَسَلَّمَ: «لَيْسَ الْغِنَى عَنْ كَثْرَةِ الْعَرَضِ، وَلَكِنَّ الْغِنَى غِنَى النَّفْسِ». [متفق عليه]

383- عَنْ عَبْدِ اللهِ بْنِ عُمَرَ بْنِ الْخَطَّابِ رَضِيَ اللهُ عَنْهُمَا، قَالَ: قَالَ رَسُولُ اللهِ صَلَّى اللهُ عَلَيْهِ وَسَلَّمَ: «مَا يَزَالُ الرَّجُلُ يَسْأَلُ النَّاسَ، حَتَّى يَأْتِيَ يَوْمَ الْقِيَامَةِ وَلَيْسَ فِي وَجْهِهِ مُزْعَةُ لَحْمٍ». [متفق عليه]

384- عَنْ أَبِي هُرَيْرَةَ رَضِيَ اللهُ عَنْهُ، قَالَ: قَالَ رَسُولُ اللهِ صَلَّى اللهُ عَلَيْهِ وَسَلَّمَ: «اللَّهُمَّ ارْزُقْ آلَ مُحَمَّدٍ قُوتًا». [متفق عليه]

385- عَنْ عَبْدِ اللهِ بْنِ عُمَرَ بْنِ الْخَطَّابِ رَضِيَ اللهُ عَنْهُمَا، قَالَ: قَالَ رَسُولُ اللهِ صَلَّى اللهُ عَلَيْهِ وَسَلَّمَ: «الْيَدُ الْعُلْيَا خَيْرٌ مِنَ الْيَدِ السُّفْلَى». فَالْيَدُ الْعُلْيَا: هِيَ الْمُنْفِقَةُ، وَالسُّفْلَى: هِيَ السَّائِلَةُ. [متفق عليه]

*****

(باب النهي عن البخل)

386- عَنْ عَبْدِ اللهِ بْنِ عَمْرِو بْنِ الْعَاصِ رَضِيَ اللهُ عَنْهُمَا، قَالَ: قَالَ رَسُولُ اللهِ صَلَّى اللهُ عَلَيْهِ وَسَلَّمَ: «إِيَّاكُمْ وَالشُّحَّ، فَإِنَّمَا هَلَكَ مَنْ كَانَ قَبْلَكُمْ بِالشُّحِّ، أَمَرَهُمْ بِالْبُخْلِ فَبَخِلُوا، وَأَمَرَهُمْ بِالْقَطِيعَةِ فَقَطَعُوا، وَأَمَرَهُمْ بِالْفُجُورِ فَفَجَرُوا». [رَوَاهُ أبو داود]

387- عَنْ أَبِي هُرَيْرَةَ رَضِيَ اللهُ عَنْهُ، قَالَ: قَالَ رَسُولُ اللهِ صَلَّى اللهُ عَلَيْهِ وَسَلَّمَ: «الْمُؤْمِنُ غِرٌّ كَرِيمٌ، وَالْفَاجِرُ خِبٌّ لَئِيمٌ». [رَوَاهُ أبو داود]

388- عَنْ أَبِي أُمَامَةَ الْبَاهِلِيِّ [صُدَيِّ بْنِ عَجْلَانَ] رَضِيَ اللهُ عَنْهُ، قَالَ: قَالَ رَسُولُ اللهِ صَلَّى اللهُ عَلَيْهِ وَسَلَّمَ: «يَا ابْنَ آدَمَ إِنَّكَ أَنْ تَبْذُلَ الْفَضْلَ خَيْرٌ لَكَ، وَأَنْ تُمْسِكَهُ شَرٌّ لَكَ، وَلَا تُلَامُ عَلَى كَفَافٍ، وَابْدَأْ بِمَنْ تَعُولُ، وَالْيَدُ الْعُلْيَا خَيْرٌ مِنَ الْيَدِ السُّفْلَى». [رَوَاهُ مسلم]

389- عَنْ أَبِي هُرَيْرَةَ رَضِيَ اللهُ عَنْهُ، قَالَ: قَالَ رَسُولُ اللهِ صَلَّى اللهُ عَلَيْهِ وَسَلَّمَ: «لَا تَنْذِرُوا فَإِنَّ النَّذْرَ لَا يُغْنِي مِنَ الْقَدَرِ شَيْئًا، وَإِنَّمَا يُسْتَخْرَجُ بِهِ مِنَ الْبَخِيلِ». [مُتَّفَقٌ عَلَيْهِ]

390- عَنْ أَبِي هُرَيْرَةَ رَضِيَ اللهُ عَنْهُ، قَالَ: قَالَ رَسُولُ اللهِ صَلَّى اللهُ عَلَيْهِ وَسَلَّمَ: «مَا مِنْ يَوْمٍ يُصْبِحُ الْعِبَادُ فِيهِ إِلَّا مَلَكَانِ يَنْزِلَانِ، فَيَقُولُ أَحَدُهُمَا: اللهُمَّ، أَعْطِ مُنْفِقًا خَلَفًا، وَيَقُولُ الْآخَرُ: اللهُمَّ، أَعْطِ مُمْسِكًا تَلَفًا». [مُتَّفَقٌ عَلَيْهِ]

391- عَنْ أَنَسِ بْنِ مَالِكٍ رَضِيَ اللهُ عَنْهُ، قَالَ: كَانَ النَّبِيُّ صَلَّى اللهُ عَلَيْهِ وَسَلَّمَ يَقُولُ: «اللَّهُمَّ إِنِّي أَعُوذُ بِكَ مِنَ الْهَمِّ وَالْحَزَنِ، وَالْعَجْزِ وَالْكَسَلِ، وَالْجُبْنِ وَالْبُخْلِ، وَضَلَعِ الدَّيْنِ، وَغَلَبَةِ الرِّجَالِ». [مُتَّفَقٌ عَلَيْهِ]

392- عَنْ أَبِي هُرَيْرَةَ رَضِيَ اللهُ عَنْهُ، قَالَ: قَالَ رَسُولُ اللهِ صَلَّى اللهُ عَلَيْهِ وَسَلَّمَ: «لَا يَجْتَمِعُ الشُّحُّ وَالْإِيمَانُ فِي جَوْفِ رَجُلٍ مُسْلِمٍ». [رَوَاهُ أحمد]

*****

(باب النهي عن إضاعة المال والصحة والوقت)

393- عَنْ عَبْدِ اللهِ بْنِ عَبَّاسٍ رَضِيَ اللهُ عَنْهُمَا، قَالَ: قَالَ رَسُولُ اللهِ صَلَّى اللهُ عَلَيْهِ وَسَلَّمَ: «نِعْمَتَانِ مَغْبُونٌ فِيهِمَا كَثِيرٌ مِنَ النَّاسِ: الصِّحَّةُ وَالْفَرَاغُ». [رواه البخاري]

394- عَنِ الْمُغِيرَةِ بْنِ شُعْبَةَ رَضِيَ اللهُ عَنْهُ، قَالَ: قَالَ رَسُولُ اللهِ صَلَّى اللهُ عَلَيْهِ وَسَلَّمَ: «إِنَّ اللهَ كَرِهَ لَكُمْ ثَلَاثًا: قِيلَ وَقَالَ، وَإِضَاعَةَ الْمَالِ، وَكَثْرَةَ السُّؤَالِ». [متفق عليه]

*****

(باب تحري الصدق، والنهي عن الكذب وبيان ما يجوز منه)

395- عَنِ الْحَسَنِ بْنِ عَلِيِّ بْنِ أَبِي طَالِبٍ رَضِيَ اللهُ عَنْهُمَا، قَالَ: قَالَ رَسُولُ اللهِ صَلَّى اللهُ عَلَيْهِ وَسَلَّمَ: «دَعْ مَا يَرِيبُكَ إِلَى مَا لَا يَرِيبُكَ، فَإِنَّ الصِّدْقَ طُمَأْنِينَةٌ، وَإِنَّ الْكَذِبَ رِيبَةٌ». [رواه الترمذي]

396- عَنْ عَبْدِ اللهِ بْنِ مَسْعُودٍ رَضِيَ اللهُ عَنْهُ، قَالَ: قَالَ رَسُولُ اللهِ صَلَّى اللهُ عَلَيْهِ وَسَلَّمَ: «إِنَّ الصِّدْقَ يَهْدِي إِلَى الْبِرِّ، وَإِنَّ الْبِرَّ يَهْدِي إِلَى الْجَنَّةِ، وَإِنَّ الرَّجُلَ لَيَصْدُقُ حَتَّى يُكْتَبَ صِدِّيقًا، وَإِنَّ الْكَذِبَ يَهْدِي إِلَى الْفُجُورِ، وَإِنَّ الْفُجُورَ يَهْدِي إِلَى النَّارِ، وَإِنَّ الرَّجُلَ لَيَكْذِبُ حَتَّى يُكْتَبَ كَذَّابًا». [متفق عليه]

397- عَنْ حَكِيمِ بْنِ حِزَامٍ رَضِيَ اللهُ عَنْهُ، قَالَ: قَالَ رَسُولُ اللهِ صَلَّى اللهُ عَلَيْهِ وَسَلَّمَ: «الْبَيِّعَانِ بِالْخِيَارِ مَا لَمْ يَتَفَرَّقَا، فَإِنْ صَدَقَا وَبَيَّنَا بُورِكَ لَهُمَا فِي بَيْعِهِمَا، وَإِنْ كَذَبَا وَكَتَمَا مُحِقَتْ بَرَكَةُ بَيْعِهِمَا». [متفق عليه]

398- عَنْ أَبِي هُرَيْرَةَ رَضِيَ اللهُ عَنْهُ، قَالَ: قَالَ رَسُولُ اللهِ صَلَّى اللهُ عَلَيْهِ وَسَلَّمَ: «آيَةُ الْمُنَافِقِ ثَلَاثٌ: إِذَا حَدَّثَ كَذَبَ، وَإِذَا وَعَدَ أَخْلَفَ، وَإِذَا اؤْتُمِنَ خَانَ». [متفق عليه]

399- عَنْ مُعَاوِيَةَ بْنِ حَيْدَةَ رَضِيَ اللهُ عَنْهُ، قَالَ: قَالَ رَسُولُ

اللهِ صَلَّى اللهُ عَلَيْهِ وَسَلَّمَ: «وَيْلٌ لِلَّذِي يُحَدِّثُ بِالْحَدِيثِ لِيُضْحِكَ بِهِ الْقَوْمَ فَيَكْذِبُ، وَيْلٌ لَهُ وَيْلٌ لَهُ». [رَوَاهُ التِّرْمِذِي]

400- عَنْ أُمِّ كُلْثُومٍ بِنْتِ عُقْبَةَ —امْرَأَةِ عَبْدِ الرَّحْمَنِ بْنِ عَوْفٍ-رَضِيَ اللهُ عَنْهَا وَعَنْ زَوْجِهَا، قَالَتْ: قَالَ رَسُولُ اللهِ صَلَّى اللهُ عَلَيْهِ وَسَلَّمَ: «لَيْسَ الْكَذَّابُ الَّذِي يُصْلِحُ بَيْنَ النَّاسِ، فَيَنْمِي خَيْرًا، أَوْ يَقُولُ خَيْرًا». [مُتَّفَقٌ عَلَيْهِ]

401- عَنْ أَبِي هُرَيْرَةَ رَضِيَ اللهُ عَنْهُ، قَالَ: قَالَ رَسُولُ اللهِ صَلَّى اللهُ عَلَيْهِ وَسَلَّمَ: «الْحَرْبُ خُدْعَةٌ». [مُتَّفَقٌ عَلَيْهِ]

*****

(باب تحريم الحلف بغير الله)

402- عَنْ عَبْدِ اللهِ بْنِ عُمَرَ بْنِ الْخَطَّابِ رَضِيَ اللهُ عَنْهُمَا، قَالَ: قَالَ رَسُولُ اللهِ صَلَّى اللهُ عَلَيْهِ وَسَلَّمَ: «مَنْ كَانَ حَالِفًا فَلَا يَحْلِفْ إِلَّا بِاللهِ». [مُتَّفَقٌ عَلَيْهِ]

403- عَنْ عَبْدِ اللهِ بْنِ عُمَرَ بْنِ الْخَطَّابِ رَضِيَ اللهُ عَنْهُمَا، قَالَ: قَالَ رَسُولُ اللهِ صَلَّى اللهُ عَلَيْهِ وَسَلَّمَ: «أَلَا إِنَّ اللهَ يَنْهَاكُمْ أَنْ تَحْلِفُوا بِآبَائِكُمْ، مَنْ كَانَ حَالِفًا فَلْيَحْلِفْ بِاللهِ أَوْ لِيَصْمُتْ». [مُتَّفَقٌ عَلَيْهِ]

404- عَنْ أَبِي هُرَيْرَةَ رَضِيَ اللهُ عَنْهُ، قَالَ: قَالَ رَسُولُ اللهِ صَلَّى اللهُ عَلَيْهِ وَسَلَّمَ: «لَا تَحْلِفُوا بِآبَائِكُمْ وَلَا بِأُمَّهَاتِكُمْ وَلَا بِالْأَنْدَادِ، وَلَا تَحْلِفُوا إِلَّا بِاللهِ، وَلَا تَحْلِفُوا بِاللهِ إِلَّا وَأَنْتُمْ صَادِقُونَ». [رَوَاهُ أَبُو دَاوُد]

*****

(باب تحريم الكبر والرياء، والحث على التواضع)

405- عَنْ عَبْدِ اللهِ بْنِ عُمَرَ بْنِ الْخَطَّابِ رَضِيَ اللهُ عَنْهُمَا، قَالَ: قَالَ رَسُولُ اللهِ صَلَّى اللهُ عَلَيْهِ وَسَلَّمَ: «لَا يَنْظُرُ اللهُ إِلَى مَنْ جَرَّ ثَوْبَهُ خُيَلَاءَ». [مُتَّفَقٌ عَلَيْهِ]

406- عَنْ عَبْدِ اللهِ بْنِ مَسْعُودٍ رَضِيَ اللهُ عَنْهُ، قَالَ: قَالَ رَسُولُ اللهِ صَلَّى اللهُ عَلَيْهِ وَسَلَّمَ: «لَا يَدْخُلُ الْجَنَّةَ مَنْ كَانَ فِي

قَلْبِهِ مِثْقَالُ ذَرَّةٍ مِنْ كِبْرٍ». [رواه مسلم]

٤٠٧- عَنْ عَبْدِ اللهِ بْنِ عُمَرَ بْنِ الْخَطَّابِ رَضِيَ اللهُ عَنْهُمَا، قَالَ: قَالَ رَسُولُ اللهِ صَلَّى اللهُ عَلَيْهِ وَسَلَّمَ: «بَيْنَمَا رَجُلٌ يَجُرُّ إِزَارَهُ مِنَ الْخُيَلَاءِ خُسِفَ بِهِ، فَهُوَ يَتَجَلْجَلُ فِي الْأَرْضِ إِلَى يَوْمِ الْقِيَامَةِ». [رواه البخاري]

٤٠٨- عَنْ ثَوْبَانَ رَضِيَ اللهُ عَنْهُ، قَالَ: قَالَ رَسُولُ اللهِ صَلَّى اللهُ عَلَيْهِ وَسَلَّمَ: «مَنْ فَارَقَ الرُّوحُ الْجَسَدَ وَهُوَ بَرِيءٌ مِنْ ثَلَاثٍ دَخَلَ الْجَنَّةَ: الْكِبْرِ، وَالدَّيْنِ، وَالْغُلُولِ». [رواه أحمد]

٤٠٩- عَنْ عَبْدِ اللهِ بْنِ عَمْرِو بْنِ الْعَاصِ رَضِيَ اللهُ عَنْهُمَا، قَالَ: قَالَ رَسُولُ اللهِ صَلَّى اللهُ عَلَيْهِ وَسَلَّمَ: «يُحْشَرُ الْمُتَكَبِّرُونَ يَوْمَ الْقِيَامَةِ أَمْثَالَ الذَّرِّ فِي صُوَرِ النَّاسِ، يَعْلُوهُمْ كُلُّ شَيْءٍ مِنَ الصَّغَارِ، حَتَّى يَدْخُلُوا سِجْنًا فِي جَهَنَّمَ يُقَالُ لَهُ: بُولَسُ، فَتَعْلُوهُمْ نَارُ الْأَنْيَارِ، يُسْقَوْنَ مِنْ طِينَةِ الْخَبَالِ عُصَارَةِ أَهْلِ النَّارِ». [رواه أحمد]

٤١٠- عَنْ حَارِثَةَ بْنِ وَهْبٍ الْخُزَاعِيِّ رَضِيَ اللهُ عَنْهُ، قَالَ: قَالَ رَسُولُ اللهِ صَلَّى اللهُ عَلَيْهِ وَسَلَّمَ: «أَلَا أُخْبِرُكُمْ بِأَهْلِ الْجَنَّةِ؟ كُلُّ ضَعِيفٍ مُتَضَعِّفٍ، لَوْ أَقْسَمَ عَلَى اللهِ لَأَبَرَّهُ، أَلَا أُخْبِرُكُمْ بِأَهْلِ النَّارِ: كُلُّ عُتُلٍّ جَوَّاظٍ مُسْتَكْبِرٍ». [متفق عليه]

٤١١- عَنْ جَابِرِ بْنِ عَبْدِ اللهِ رَضِيَ اللهُ عَنْهُمَا، قَالَ: قَالَ رَسُولُ اللهِ صَلَّى اللهُ عَلَيْهِ وَسَلَّمَ: «إِنَّ أَبْغَضَكُمْ إِلَيَّ وَأَبْعَدَكُمْ مِنِّي مَجْلِسًا يَوْمَ الْقِيَامَةِ الثَّرْثَارُونَ وَالْمُتَشَدِّقُونَ وَالْمُتَفَيْهِقُونَ، قَالُوا: يَا رَسُولَ اللهِ، قَدْ عَلِمْنَا الثَّرْثَارُونَ وَالْمُتَشَدِّقُونَ فَمَا الْمُتَفَيْهِقُونَ؟ قَالَ: الْمُتَكَبِّرُونَ». [رواه الترمذي]

٤١٢- عَنْ زَيْنَبَ بِنْتِ أَبِي سَلَمَةَ رَضِيَ اللهُ عَنْهَا -رَبِيبَةِ النَّبِيِّ صَلَّى اللهُ عَلَيْهِ وَسَلَّمَ-، قَالَتْ: قَالَ رَسُولُ اللهِ صَلَّى اللهُ عَلَيْهِ وَسَلَّمَ: «لَا تُزَكُّوا أَنْفُسَكُمْ، اللهُ أَعْلَمُ بِأَهْلِ الْبِرِّ مِنْكُمْ». [رواه مسلم]

٤١٣- عَنْ أَبِي هُرَيْرَةَ رَضِيَ اللهُ عَنْهُ، قَالَ: قَالَ رَسُولُ اللهِ صَلَّى اللهُ عَلَيْهِ وَسَلَّمَ: «قَالَ اللهُ تَبَارَكَ وَتَعَالَى: الْكِبْرِيَاءُ رِدَائِي، وَالْعَظَمَةُ إِزَارِي، فَمَنْ نَازَعَنِي وَاحِدًا مِنْهُمَا أَلْقَيْتُهُ فِي جَهَنَّمَ». [رواه ابن ماجه]

٤١٤- عَنْ عَبْدِ اللهِ بْنِ عَبَّاسٍ رَضِيَ اللهُ عَنْهُمَا، قَالَ: قَالَ رَسُولُ اللهِ صَلَّى اللهُ عَلَيْهِ وَسَلَّمَ: «مَنْ سَمَّعَ سَمَّعَ اللهُ بِهِ،

وَمَنْ رَاءَى رَاءَى اللهُ بِهِ». [رواه مسلم]

415- عَنْ عِيَاضِ بْنِ حِمَارٍ رَضِيَ اللهُ عَنْهُ، قَالَ: قَالَ رَسُولُ اللهِ صَلَّى اللهُ عَلَيْهِ وَسَلَّمَ: «إِنَّ اللهَ أَوْحَى إِلَيَّ أَنْ تَوَاضَعُوا حَتَّى لَا يَبْغِيَ أَحَدٌ عَلَى أَحَدٍ، وَلَا يَفْخَرَ أَحَدٌ عَلَى أَحَدٍ». [رواه أبو داود]

*****

(باب التوكل على الله، والنهي عن الطيرة)

416- عَنْ أَبِي هُرَيْرَةَ رَضِيَ اللهُ عَنْهُ، قَالَ: قَالَ رَسُولُ اللهِ صَلَّى اللهُ عَلَيْهِ وَسَلَّمَ: «لَا عَدْوَى وَلَا طِيَرَةَ، وَلَا هَامَةَ وَلَا صَفَرَ». [متفق عليه]

417- عَنْ عَبْدِ اللهِ بْنِ عَبَّاسٍ، قَالَ: قَالَ رَسُولُ اللهِ صَلَّى اللهُ عَلَيْهِ وَسَلَّمَ: «يَدْخُلُ الْجَنَّةَ مِنْ أُمَّتِي سَبْعُونَ أَلْفًا بِغَيْرِ حِسَابٍ، هُمُ الَّذِينَ لَا يَسْتَرْقُونَ، وَلَا يَتَطَيَّرُونَ، وَعَلَى رَبِّهِمْ يَتَوَكَّلُونَ». [رواه البخاري]

418- عَنْ عَبْدِ اللهِ بْنِ مَسْعُودٍ رَضِيَ اللهُ عَنْهُ، قَالَ: قَالَ رَسُولُ اللهِ صَلَّى اللهُ عَلَيْهِ وَسَلَّمَ: «الطِّيَرَةُ مِنَ الشِّرْكِ». [رواه أحمد]

*****

(باب التداوي)

419- عَنْ أَبِي هُرَيْرَةَ رَضِيَ اللهُ عَنْهُ، قَالَ: قَالَ رَسُولُ اللهِ صَلَّى اللهُ عَلَيْهِ وَسَلَّمَ: «مَا أَنْزَلَ اللهُ دَاءً إِلَّا أَنْزَلَ لَهُ شِفَاءً». [رواه البخاري]

420- عَنْ أَبِي هُرَيْرَةَ رَضِيَ اللهُ عَنْهُ، قَالَ: قَالَ رَسُولُ اللهِ صَلَّى اللهُ عَلَيْهِ وَسَلَّمَ: «فِي الْحَبَّةِ السَّوْدَاءِ شِفَاءٌ مِنْ كُلِّ دَاءٍ، إِلَّا السَّامَ». [متفق عليه]

421- عَنْ أَنَسِ بْنِ مَالِكٍ رَضِيَ اللهُ عَنْهُ، قَالَ: قَالَ رَسُولُ اللهِ صَلَّى اللهُ عَلَيْهِ وَسَلَّمَ: «إِنَّ أَمْثَلَ مَا تَدَاوَيْتُمْ بِهِ الْحِجَامَةُ،

وَالقُسْطُ البَحْرِيُّ». [متفق عليه]

422- عَنْ عَبْدِ اللهِ بْنِ عَبَّاسٍ رَضِيَ اللهُ عَنْهُما، قَالَ: قَالَ رَسُولُ اللهِ صَلَّى اللهُ عَلَيْهِ وَسَلَّمَ: «الشِّفَاءُ فِي ثَلَاثَةٍ: فِي شَرْطَةِ مِحْجَمٍ، أَوْ شَرْبَةِ عَسَلٍ، أَوْ كَيَّةٍ بِنَارٍ، وَأَنَا أَنْهَى أُمَّتِي عَنِ الكَيِّ». [رواه البخاري]

423- عَنْ سَعْدِ بْنِ أَبِي وَقَّاصٍ رَضِيَ اللهُ عَنْهُ، قَالَ: قَالَ رَسُولُ اللهِ صَلَّى اللهُ عَلَيْهِ وَسَلَّمَ: «مَنْ تَصَبَّحَ كُلَّ يَوْمٍ سَبْعَ تَمَرَاتٍ عَجْوَةً، لَمْ يَضُرَّهُ فِي ذَلِكَ اليَوْمِ سُمٌّ وَلَا سِحْرٌ». [متفق عليه]

424- عَنْ أُمِّ المُؤْمِنِينَ عَائِشَةَ رَضِيَ اللَّهُ عَنْهَا، قَالَتْ: قَالَ رَسُولُ اللهِ صَلَّى اللهُ عَلَيْهِ وَسَلَّمَ: «إِنَّ فِي عَجْوَةِ العَالِيَةِ شِفَاءً أَوَّلَ البُكْرَةِ». [رواه مسلم]

425- عَنْ طَارِقِ بْنِ شِهَابٍ رَضِيَ اللهُ عَنْهُ، قَالَ: قَالَ رَسُولُ اللهِ صَلَّى اللهُ عَلَيْهِ وَسَلَّمَ: «إِنَّ اللهَ عَزَّ وَجَلَّ لَمْ يَضَعْ دَاءً إِلَّا وَضَعَ لَهُ شِفَاءً، فَعَلَيْكُمْ بِأَلْبَانِ البَقَرِ، فَإِنَّهَا تَرُمُّ مِنْ كُلِّ الشَّجَرِ». [رواه أحمد]

426- عَنْ أُمِّ المُؤْمِنِينَ عَائِشَةَ رَضِيَ اللَّهُ عَنْهَا، قَالَتْ: قَالَ رَسُولُ اللهِ صَلَّى اللهُ عَلَيْهِ وَسَلَّمَ: «التَّلْبِينَةُ مُجِمَّةٌ لِفُؤَادِ المَرِيضِ، تَذْهَبُ بِبَعْضِ الحُزْنِ». [متفق عليه]

427- عَنْ سَعِيدِ بْنِ زَيْدٍ رَضِيَ اللَّهُ عَنْهُ، قَالَ: قَالَ رَسُولُ اللهِ صَلَّى اللهُ عَلَيْهِ وَسَلَّمَ: «الكَمْأَةُ مِنَ المَنِّ، وَمَاؤُهَا شِفَاءٌ لِلْعَيْنِ». [متفق عليه]

428- عَنْ عَبْدِ اللَّهِ بْنِ عُمَرَ بْنِ الخَطَّابِ رَضِيَ اللهُ عَنْهُما، قَالَ: قَالَ رَسُولُ اللهِ صَلَّى اللهُ عَلَيْهِ وَسَلَّمَ: «الحُمَّى مِنْ فَيْحِ جَهَنَّمَ فَأَبْرِدُوهَا بِالمَاءِ». [متفق عليه]

*****

(باب الرقية)

429- عَنْ أَبِي سَعِيدٍ الخُدْرِيِّ رَضِيَ اللهُ عَنْهُ، قَالَ: أَنَّ جِبْرِيلَ أَتَى النَّبِيَّ صَلَّى اللهُ عَلَيْهِ وَسَلَّمَ فَقَالَ: يَا مُحَمَّدُ اشْتَكَيْتَ؟

فَقَالَ: «نَعَمْ» قَالَ: «بِاسْمِ اللهِ أَرْقِيكَ، مِنْ كُلِّ شَيْءٍ يُؤْذِيكَ، مِنْ شَرِّ كُلِّ نَفْسٍ أَوْ عَيْنٍ حَاسِدٍ، اللهُ يَشْفِيكَ بِاسْمِ اللهِ أَرْقِيكَ». [رواه مسلم]

430- عَنْ عُثْمَانَ بْنِ أَبِي الْعَاصِ الثَّقَفِيِّ رَضِيَ اللهُ عَنْهُ، أَنَّهُ شَكَا إِلَى رَسُولِ اللهِ صَلَّى اللهُ عَلَيْهِ وَسَلَّمَ وَجَعًا يَجِدُهُ فِي جَسَدِهِ مُنْذُ أَسْلَمَ، فَقَالَ لَهُ رَسُولُ اللهِ صَلَّى اللهُ عَلَيْهِ وَسَلَّمَ: «ضَعْ يَدَكَ عَلَى الَّذِي تَأَلَّمَ مِنْ جَسَدِكَ، وَقُلْ بِاسْمِ اللهِ ثَلَاثًا، وَقُلْ سَبْعَ مَرَّاتٍ أَعُوذُ بِاللهِ وَقُدْرَتِهِ مِنْ شَرِّ مَا أَجِدُ وَأُحَاذِرُ». [رواه مسلم]

431- عَنْ عَوْفِ بْنِ مَالِكٍ الْأَشْجَعِيِّ رَضِيَ اللهُ عَنْهُ، قَالَ: كُنَّا نَرْقِي فِي الْجَاهِلِيَّةِ فَقُلْنَا يَا رَسُولَ اللهِ كَيْفَ تَرَى فِي ذَلِكَ، فَقَالَ: «اعْرِضُوا عَلَيَّ رُقَاكُمْ، لَا بَأْسَ بِالرُّقَى مَا لَمْ يَكُنْ فِيهِ شِرْكٌ». [رواه مسلم]

432- عَنْ أُمِّ الْمُؤْمِنِينَ عَائِشَةَ رَضِيَ اللهُ عَنْهَا، قَالَتْ: «كَانَ رَسُولُ اللهِ صَلَّى اللهُ عَلَيْهِ وَسَلَّمَ يَأْمُرُنِي أَنْ أَسْتَرْقِيَ مِنَ الْعَيْنِ». [رواه مسلم]

433- عَنْ أُمِّ الْمُؤْمِنِينَ عَائِشَةَ رَضِيَ اللهُ عَنْهَا، قَالَتْ: «رَخَّصَ النَّبِيُّ صَلَّى اللهُ عَلَيْهِ وَسَلَّمَ الرُّقْيَةَ مِنْ كُلِّ ذِي حُمَةٍ». [متفق عليه]

434- عَنْ أُمِّ الْمُؤْمِنِينَ أُمِّ سَلَمَةَ رَضِيَ اللهُ عَنْهَا، قَالَتْ: أَنَّ النَّبِيَّ صَلَّى اللهُ عَلَيْهِ وَسَلَّمَ رَأَى فِي بَيْتِهَا جَارِيَةً فِي وَجْهِهَا سَفْعَةٌ، فَقَالَ: «اسْتَرْقُوا لَهَا، فَإِنَّ بِهَا النَّظْرَةَ». [متفق عليه]

435- عَنْ أُمِّ الْمُؤْمِنِينَ عَائِشَةَ رَضِيَ اللهُ عَنْهَا، قَالَتْ: أَنَّ النَّبِيَّ صَلَّى اللهُ عَلَيْهِ وَسَلَّمَ كَانَ يُعَوِّذُ بَعْضَ أَهْلِهِ، يَمْسَحُ بِيَدِهِ الْيُمْنَى وَيَقُولُ: «اللَّهُمَّ رَبَّ النَّاسِ أَذْهِبِ الْبَاسَ، اشْفِهِ وَأَنْتَ الشَّافِي، لَا شِفَاءَ إِلَّا شِفَاؤُكَ، شِفَاءً لَا يُغَادِرُ سَقَمًا». [متفق عليه]

436- عَنْ أُمِّ الْمُؤْمِنِينَ عَائِشَةَ رَضِيَ اللهُ عَنْهَا، قَالَتْ: «أَنَّ النَّبِيَّ صَلَّى اللهُ عَلَيْهِ وَسَلَّمَ كَانَ إِذَا اشْتَكَى يَقْرَأُ عَلَى نَفْسِهِ بِالْمُعَوِّذَاتِ، وَيَنْفُثُ، فَلَمَّا اشْتَدَّ وَجَعُهُ كُنْتُ أَقْرَأُ عَلَيْهِ، وَأَمْسَحُ عَنْهُ بِيَدِهِ، رَجَاءَ بَرَكَتِهَا». [متفق عليه]

437- عَنْ عَبْدِ اللهِ بْنِ عَبَّاسٍ رَضِيَ اللهُ عَنْهُما، قَالَ: كَانَ رَسُولُ اللهِ صَلَّى اللهُ عَلَيْهِ وَسَلَّمَ يُعَوِّذُ الْحَسَنَ وَالْحُسَيْنَ يَقُولُ: «أُعِيذُكُمَا بِكَلِمَاتِ اللهِ التَّامَّةِ مِنْ كُلِّ شَيْطَانٍ وَهَامَّةٍ، وَمِنْ كُلِّ عَيْنٍ لَامَّةٍ،». وَيَقُولُ: «هَكَذَا كَانَ إِبْرَاهِيمُ يُعَوِّذُ إِسْحَاقَ وَإِسْمَاعِيلَ». [رواه الترمذي]
*****

(باب القضاء والقدر)

438- عَنْ عَبْدِ اللهِ بْنِ عَمْرِو بْنِ الْعَاصِ، قَالَ: قَالَ رَسُولُ اللهِ صَلَّى اللهُ عَلَيْهِ وَسَلَّمَ: «كَتَبَ اللهُ مَقَادِيرَ الْخَلَائِقِ قَبْلَ أَنْ يَخْلُقَ السَّمَاوَاتِ وَالْأَرْضَ بِخَمْسِينَ أَلْفَ سَنَةٍ، قَالَ: وَعَرْشُهُ عَلَى الْمَاءِ». [رواه مسلم]

439- عَنْ عَبْدِ اللهِ بْنِ عُمَرَ بْنِ الْخَطَّابِ رَضِيَ اللهُ عَنْهُما، قَالَ: قَالَ رَسُولُ اللهِ صَلَّى اللهُ عَلَيْهِ وَسَلَّمَ: «كُلُّ شَيْءٍ بِقَدَرٍ، حَتَّى الْعَجْزِ وَالْكَيْسِ». [رواه مسلم]

440- عَنْ سَهْلِ بْنِ سَعْدٍ السَّاعِدِيِّ رَضِيَ اللهُ عَنْهُ، قَالَ: قَالَ رَسُولُ اللهِ صَلَّى اللهُ عَلَيْهِ وَسَلَّمَ: «إِنَّ الرَّجُلَ لَيَعْمَلُ عَمَلَ أَهْلِ الْجَنَّةِ فِيمَا يَبْدُو لِلنَّاسِ وَهُوَ مِنْ أَهْلِ النَّارِ، وَإِنَّ الرَّجُلَ لَيَعْمَلُ عَمَلَ أَهْلِ النَّارِ فِيمَا يَبْدُو لِلنَّاسِ وَهُوَ مِنْ أَهْلِ الْجَنَّةِ». [متفق عليه]

441- عَنْ عِمْرَانَ يْنِ حُصَيْنٍ رَضِيَ اللهُ عَنْهُ، قَالَ: قِيلَ: يَا رَسُولَ اللهِ أَعُلِمَ أَهْلُ الْجَنَّةِ مِنْ أَهْلِ النَّارِ؟ قَالَ: «نَعَمْ». قِيلَ: فَفِيمَ يَعْمَلُ الْعَامِلُونَ؟ قَالَ: «كُلٌّ مُيَسَّرٌ لِمَا خُلِقَ لَهُ». [متفق عليه]

442- عَنْ عَبْدِ اللهِ بْنِ عَبَّاسٍ رَضِيَ اللهُ عَنْهُما، قَالَ: سُئِلَ النَّبِيُّ صَلَّى اللهُ عَلَيْهِ وَسَلَّمَ عَنْ أَوْلَادِ الْمُشْرِكِينَ، فَقَالَ: «اللهُ أَعْلَمُ بِمَا كَانُوا عَامِلِينَ». [متفق عليه]

443- عَنْ أُبَيِّ بْنِ كَعْبٍ رَضِيَ اللهُ عَنْهُ، قَالَ: قَالَ رَسُولُ اللهِ صَلَّى اللهُ عَلَيْهِ وَسَلَّمَ: «إِنَّ الْغُلَامَ الَّذِي قَتَلَهُ الْخَضِرُ طُبِعَ كَافِرًا، وَلَوْ عَاشَ لَأَرْهَقَ أَبَوَيْهِ طُغْيَانًا وَكُفْرًا». [رواه مسلم]
*****

(باب فضل الجهاد في سبيل الله، وبيان أجر الشهداء)

٤٤٤- عَنْ أَبِي هُرَيْرَةَ رَضِيَ اللهُ عَنْهُ، قَالَ: قَالَ رَسُولُ اللهِ صَلَّى اللهُ عَلَيْهِ وَسَلَّمَ: «إِنَّ فِي الْجَنَّةِ مِائَةَ دَرَجَةٍ، أَعَدَّهَا اللهُ لِلْمُجَاهِدِينَ فِي سَبِيلِ اللهِ، مَا بَيْنَ الدَّرَجَتَيْنِ كَمَا بَيْنَ السَّمَاءِ وَالأَرْضِ». [رواه البخاري]

٤٤٥- عَنْ أَنَسِ بْنِ مَالِكٍ رَضِيَ اللهُ عَنْهُ، قَالَ: قَالَ رَسُولُ اللهِ صَلَّى اللهُ عَلَيْهِ وَسَلَّمَ: «لَغَدْوَةٌ فِي سَبِيلِ اللهِ أَوْ رَوْحَةٌ، خَيْرٌ مِنَ الدُّنْيَا وَمَا فِيهَا». [متفق عليه]

٤٤٦- عَنْ سَلْمَانَ الْفَارِسِيّ رَضِيَ اللهُ عَنْهُ، قَالَ: قَالَ رَسُولُ اللهِ صَلَّى اللهُ عَلَيْهِ وَسَلَّمَ: «رِبَاطُ يَوْمٍ وَلَيْلَةٍ خَيْرٌ مِنْ صِيَامِ شَهْرٍ وَقِيَامِهِ، وَإِنْ مَاتَ جَرَى عَلَيْهِ عَمَلُهُ الَّذِي كَانَ يَعْمَلُهُ، وَأُجْرِيَ عَلَيْهِ رِزْقُهُ، وَأَمِنَ الْفَتَّانَ». [رواه مسلم]

٤٤٧- عَنْ أَبِي مُوسَى الأَشْعَرِيّ رَضِيَ اللهُ عَنْهُ، قَالَ: قَالَ رَسُولُ اللهِ صَلَّى اللهُ عَلَيْهِ وَسَلَّمَ: «مَنْ قَاتَلَ لِتَكُونَ كَلِمَةُ اللهِ هِيَ الْعُلْيَا فَهُوَ فِي سَبِيلِ اللهِ». [متفق عليه]

٤٤٨- عَنْ أَبِي هُرَيْرَةَ رَضِيَ اللهُ عَنْهُ، قَالَ: قَالَ رَسُولُ اللهِ صَلَّى اللهُ عَلَيْهِ وَسَلَّمَ: «يَضْحَكُ اللهُ إِلَى رَجُلَيْنِ، يَقْتُلُ أَحَدُهُمَا الآخَرَ كِلَاهُمَا يَدْخُلُ الْجَنَّةَ»، فَقَالُوا: كَيْفَ يَا رَسُولَ اللهِ؟ قَالَ: «يُقَاتِلُ هَذَا فِي سَبِيلِ اللهِ عَزَّ وَجَلَّ فَيُسْتَشْهَدُ، ثُمَّ يَتُوبُ اللهُ عَلَى الْقَاتِلِ، فَيُسْلِمُ، فَيُقَاتِلُ فِي سَبِيلِ اللهِ عَزَّ وَجَلَّ فَيُسْتَشْهَدُ». [متفق عليه]

٤٤٩- عَنْ أَبِي سَعِيدٍ الْخُدْرِيّ رَضِيَ اللهُ عَنْهُ، قَالَ: قَالَ رَجُلٌ: أَيُّ النَّاسِ أَفْضَلُ؟ يَا رَسُولَ اللهِ، قَالَ: «مُؤْمِنٌ يُجَاهِدُ بِنَفْسِهِ وَمَالِهِ فِي سَبِيلِ اللهِ»، قَالَ: ثُمَّ مَنْ؟ قَالَ: «ثُمَّ رَجُلٌ مُعْتَزِلٌ فِي شِعْبٍ مِنَ الشِّعَابِ يَعْبُدُ رَبَّهُ وَيَدَعُ النَّاسَ مِنْ شَرِّهِ». [متفق عليه]

٤٥٠- عَنْ زَيْدِ بْنِ خَالِدٍ الْجُهَنِيّ رَضِيَ اللهُ عَنْهُ، قَالَ: قَالَ رَسُولُ اللهِ صَلَّى اللهُ عَلَيْهِ وَسَلَّمَ: «مَنْ جَهَّزَ غَازِيًا فِي سَبِيلِ اللهِ،

فَقَدْ غَزَا، وَمَنْ خَلَفَهُ فِي أَهْلِهِ بِخَيْرٍ، فَقَدْ غَزَا». [متفق عليه]

451- عَنْ سَعِيدِ بْنِ زَيْدٍ رَضِيَ اللهُ عَنْهُ، قَالَ: قَالَ رَسُولُ اللهِ صَلَّى اللهُ عَلَيْهِ وَسَلَّمَ: «مَنْ قُتِلَ دُونَ مَالِهِ فَهُوَ شَهِيدٌ، وَمَنْ قُتِلَ دُونَ أَهْلِهِ، أَوْ دُونَ دَمِهِ، أَوْ دُونَ دِينِهِ فَهُوَ شَهِيدٌ». [رواه أبو داود]

452- عَنْ أَبِي هُرَيْرَةَ رَضِيَ اللهُ عَنْهُ، قَالَ: قَالَ رَسُولُ اللهِ صَلَّى اللهُ عَلَيْهِ وَسَلَّمَ: «الشُّهَدَاءُ خَمْسَةٌ: الْمَطْعُونُ، وَالْمَبْطُونُ، وَالْغَرِقُ، وَصَاحِبُ الْهَدْمِ، وَالشَّهِيدُ فِي سَبِيلِ اللهِ». [متفق عليه]

*****

(باب حقيقة الدنيا، والترهيب من الركون إليها)

453- عَنْ أَبِي هُرَيْرَةَ رَضِيَ اللهُ عَنْهُ، قَالَ: قَالَ رَسُولُ اللهِ صَلَّى اللهُ عَلَيْهِ وَسَلَّمَ: «الدُّنْيَا سِجْنُ الْمُؤْمِنِ، وَجَنَّةُ الْكَافِرِ». [رواه مسلم]

454- عَنْ سَهْلِ بْنِ سَعْدٍ السَّاعِدِيِّ رَضِيَ اللهُ عَنْهُ، قَالَ: قَالَ رَسُولُ اللهِ صَلَّى اللهُ عَلَيْهِ وَسَلَّمَ: «لَوْ كَانَتِ الدُّنْيَا تَعْدِلُ عِنْدَ اللهِ جَنَاحَ بَعُوضَةٍ مَا سَقَى مِنْهَا كَافِرًا شَرْبَةَ مَاءٍ». [رواه الترمذي]

455- عَنِ الْمُسْتَوْرِدِ بْنِ شَدَّادٍ رَضِيَ اللهُ عَنْهُ، قَالَ: قَالَ رَسُولُ اللهِ صَلَّى اللهُ عَلَيْهِ وَسَلَّمَ: «مَا الدُّنْيَا فِي الْآخِرَةِ إِلَّا مِثْلُ مَا يَجْعَلُ أَحَدُكُمْ إِصْبَعَهُ فِي الْيَمِّ فَلْيَنْظُرْ بِمَاذَا يَرْجِعُ». [رواه مسلم]

456- عَنْ عَبْدِ اللهِ بْنِ عُمَرَ بْنِ الْخَطَّابِ رَضِيَ اللهُ عَنْهُمَا، قَالَ: قَالَ رَسُولُ اللهِ صَلَّى اللهُ عَلَيْهِ وَسَلَّمَ: «كُنْ فِي الدُّنْيَا كَأَنَّكَ غَرِيبٌ أَوْ عَابِرُ سَبِيلٍ». [رواه البخاري]

457- عَنْ أُمِّ الْمُؤْمِنِينَ عَائِشَةَ رَضِيَ اللهُ عَنْهَا، قَالَتْ: «إِنْ كُنَّا آلَ مُحَمَّدٍ صَلَّى اللهُ عَلَيْهِ وَسَلَّمَ، لَنَمْكُثُ شَهْرًا مَا نَسْتَوْقِدُ بِنَارٍ، إِنْ هُوَ إِلَّا التَّمْرُ وَالْمَاءُ». [متفق عليه]

458- عَنْ أُمِّ الْمُؤْمِنِينَ عَائِشَةَ رَضِيَ اللهُ عَنْهَا، قَالَتْ: «مَا شَبِعَ آلُ مُحَمَّدٍ صَلَّى اللهُ عَلَيْهِ وَسَلَّمَ، مِنْ خُبْزِ شَعِيرٍ يَوْمَيْنِ مُتَتَابِعَيْنِ، حَتَّى قُبِضَ رَسُولُ اللهِ صَلَّى اللهُ عَلَيْهِ وَسَلَّمَ». [متفق

عَلَيْهِ]

459- عَنْ أَنَسِ بْنِ مَالِكٍ رَضِيَ اللهُ عَنْهُ، قَالَ: قَالَ رَسُولُ اللهِ صَلَّى اللهُ عَلَيْهِ وَسَلَّمَ: «حَقٌّ عَلَى اللهِ أَنْ لَا يَرْتَفِعَ شَيْءٌ مِنَ الدُّنْيَا إِلَّا وَضَعَهُ». [رَوَاهُ الْبُخَارِيُّ]

460- عَنْ أَنَسِ بْنِ مَالِكٍ رَضِيَ اللهُ عَنْهُ، قَالَ: قَالَ رَسُولُ اللهِ صَلَّى اللهُ عَلَيْهِ وَسَلَّمَ: «مَنْ لَبِسَ الْحَرِيرَ فِي الدُّنْيَا لَمْ يَلْبَسْهُ فِي الْآخِرَةِ». [مُتَّفَقٌ عَلَيْهِ]

461- عَنْ أَنَسِ بْنِ مَالِكٍ رَضِيَ اللهُ عَنْهُ، قَالَ: قَالَ رَسُولُ اللهِ صَلَّى اللهُ عَلَيْهِ وَسَلَّمَ: «يَتْبَعُ الْمَيِّتَ ثَلَاثَةٌ، فَيَرْجِعُ اثْنَانِ وَيَبْقَى مَعَهُ وَاحِدٌ: يَتْبَعُهُ أَهْلُهُ وَمَالُهُ وَعَمَلُهُ، فَيَرْجِعُ أَهْلُهُ وَمَالُهُ وَيَبْقَى عَمَلُهُ». [مُتَّفَقٌ عَلَيْهِ]

462- عَنْ أَنَسِ بْنِ مَالِكٍ رَضِيَ اللهُ عَنْهُ، قَالَ: قَالَ رَسُولُ اللهِ صَلَّى اللهُ عَلَيْهِ وَسَلَّمَ: «لَوْ أَنَّ لِابْنِ آدَمَ وَادِيًا مِنْ ذَهَبٍ أَحَبَّ أَنْ يَكُونَ لَهُ وَادِيَانِ، وَلَنْ يَمْلَأَ فَاهُ إِلَّا التُّرَابُ، وَيَتُوبُ اللهُ عَلَى مَنْ تَابَ». [مُتَّفَقٌ عَلَيْهِ]

463- عَنِ الْمِقْدَادِ بْنِ الْأَسْوَدِ رَضِيَ اللهُ عَنْهُ، قَالَ: قَالَ رَسُولُ اللهِ صَلَّى اللهُ عَلَيْهِ وَسَلَّمَ: «إِذَا رَأَيْتُمُ الْمَدَّاحِينَ، فَاحْثُوا فِي وُجُوهِهِمُ التُّرَابَ». [رَوَاهُ مُسْلِمٌ]

464- عَنْ أَبِي هُرَيْرَةَ رَضِيَ اللهُ عَنْهُ، قَالَ: قَالَ رَسُولُ اللهِ صَلَّى اللهُ عَلَيْهِ وَسَلَّمَ: «إِنَّهُ لَيَأْتِي الرَّجُلُ الْعَظِيمُ السَّمِينُ يَوْمَ الْقِيَامَةِ، لَا يَزِنُ عِنْدَ اللهِ جَنَاحَ بَعُوضَةٍ». وَقَالَ: اقْرَءُوا: ﴿فَلَا نُقِيمُ لَهُمْ يَوْمَ الْقِيَامَةِ وَزْنًا﴾ [الكهف: 105]. [مُتَّفَقٌ عَلَيْهِ]

*****

(باب الفتن)

465- عَنْ أَبِي هُرَيْرَةَ رَضِيَ اللهُ عَنْهُ، قَالَ: قَالَ رَسُولُ اللهِ صَلَّى اللهُ عَلَيْهِ وَسَلَّمَ: «بَادِرُوا بِالْأَعْمَالِ فِتَنًا كَقِطَعِ اللَّيْلِ الْمُظْلِمِ، يُصْبِحُ الرَّجُلُ مُؤْمِنًا وَيُمْسِي كَافِرًا، أَوْ يُمْسِي مُؤْمِنًا وَيُصْبِحُ كَافِرًا، يَبِيعُ دِينَهُ بِعَرَضٍ مِنَ الدُّنْيَا». [رَوَاهُ مُسْلِمٌ]

٤٦٦- عَنْ أُمِّ الْمُؤْمِنِينَ أُمِّ سَلَمَةَ رَضِيَ اللَّهُ عَنْهَا، قَالَتْ: اسْتَيْقَظَ النَّبِيُّ صَلَّى اللَّهُ عَلَيْهِ وَسَلَّمَ ذَاتَ لَيْلَةٍ فَقَالَ: «سُبْحَانَ اللَّهِ، مَاذَا أَنْزَلَ اللَّيْلَةَ مِنَ الْفِتَنِ، وَمَاذَا فُتِحَ مِنَ الْخَزَائِنِ، أَيْقِظُوا صَوَاحِبَاتِ الْحُجَرِ، فَرُبَّ كَاسِيَةٍ فِي الدُّنْيَا عَارِيَةٍ فِي الْآخِرَةِ». [متفق عليه]

٤٦٧- عَنْ عَبْدِ اللَّهِ بْنِ عُمَرَ بْنِ الْخَطَّابِ رَضِيَ اللَّهُ عَنْهُمَا، قَالَ: قَالَ رَسُولُ اللَّهِ صَلَّى اللَّهُ عَلَيْهِ وَسَلَّمَ: «إِذَا أَرَادَ اللَّهُ بِقَوْمٍ عَذَابًا أَصَابَ الْعَذَابُ مَنْ كَانَ فِيهِمْ، ثُمَّ بُعِثُوا عَلَى أَعْمَالِهِمْ». [متفق عليه]

٤٦٨- عَنْ عَبْدِ اللَّهِ بْنِ عَمْرِو بْنِ الْعَاصِ رَضِيَ اللَّهُ عَنْهُمَا، قَالَ: قَالَ رَسُولُ اللَّهِ صَلَّى اللَّهُ عَلَيْهِ وَسَلَّمَ: «إِنَّ قُلُوبَ بَنِي آدَمَ كُلَّهَا بَيْنَ إِصْبَعَيْنِ مِنْ أَصَابِعِ الرَّحْمَنِ كَقَلْبٍ وَاحِدٍ، يُصَرِّفُهُ حَيْثُ يَشَاءُ». [رواه مسلم]

٤٦٩- عَنْ أَبِي سَعِيدٍ الْخُدْرِيِّ رَضِيَ اللَّهُ عَنْهُ، قَالَ: قَالَ رَسُولُ اللَّهِ صَلَّى اللَّهُ عَلَيْهِ وَسَلَّمَ: «يُوشِكُ أَنْ يَكُونَ خَيْرَ مَالِ الْمُسْلِمِ غَنَمٌ يَتْبَعُ بِهَا شَعَفَ الْجِبَالِ وَمَوَاقِعَ الْقَطْرِ، يَفِرُّ بِدِينِهِ مِنَ الْفِتَنِ». [رواه البخاري]

٤٧٠- عَنْ كَعْبِ بْنِ عِيَاضٍ رَضِيَ اللَّهُ عَنْهُ، قَالَ: قَالَ رَسُولُ اللَّهِ صَلَّى اللَّهُ عَلَيْهِ وَسَلَّمَ: «إِنَّ لِكُلِّ أُمَّةٍ فِتْنَةً وَفِتْنَةُ أُمَّتِي الْمَالُ». [رواه الترمذي]

٤٧١- عَنْ حَكِيمِ بْنِ حِزَامٍ رَضِيَ اللَّهُ عَنْهُ، قَالَ: قَالَ رَسُولُ اللَّهِ صَلَّى اللَّهُ عَلَيْهِ وَسَلَّمَ: «إِنَّ هَذَا الْمَالَ خَضِرَةٌ حُلْوَةٌ، فَمَنْ أَخَذَهُ بِطِيبِ نَفْسٍ بُورِكَ لَهُ فِيهِ، وَمَنْ أَخَذَهُ بِإِشْرَافِ نَفْسٍ لَمْ يُبَارَكْ لَهُ فِيهِ، وَكَانَ كَالَّذِي يَأْكُلُ وَلَا يَشْبَعُ، وَالْيَدُ الْعُلْيَا خَيْرٌ مِنَ الْيَدِ السُّفْلَى». [متفق عليه]

٤٧٢- عَنْ أَبِي هُرَيْرَةَ رَضِيَ اللَّهُ عَنْهُ، قَالَ: قَالَ رَسُولُ اللَّهِ صَلَّى اللَّهُ عَلَيْهِ وَسَلَّمَ: «قَلْبُ الشَّيْخِ شَابٌّ عَلَى حُبِّ اثْنَتَيْنِ: طُولِ الْحَيَاةِ، وَحُبِّ الْمَالِ». [متفق عليه]

٤٧٣- عَنْ عَبْدِ اللَّهِ بْنِ مَسْعُودٍ رَضِيَ اللَّهُ عَنْهُ، قَالَ: قَالَ رَسُولُ اللَّهِ صَلَّى اللَّهُ عَلَيْهِ وَسَلَّمَ: «الْمَرْأَةُ عَوْرَةٌ، فَإِذَا خَرَجَتِ اسْتَشْرَفَهَا الشَّيْطَانُ». [رواه الترمذي]

474- عَنْ أُسَامَةَ بْنِ زَيْدِ بْنِ حَارِثَةَ -حِبِّ النَّبِيِّ صَلَّى الله عَلَيْهِ وَسَلَّمَ وَابْنِ حِبِّهِ- رَضِيَ اللهُ عَنْهُمَا، قَالَ: قَالَ رَسُولُ اللهِ صَلَّى اللهُ عَلَيْهِ وَسَلَّمَ: «مَا تَرَكْتُ بَعْدِي فِتْنَةً أَضَرَّ عَلَى الرِّجَالِ مِنَ النِّسَاءِ». [متفق عليه]

475- عَنْ أَبِي سَعِيدٍ الْخُدْرِيِّ رَضِيَ اللهُ عَنْهُ، قَالَ: قَالَ رَسُولُ اللهِ صَلَّى اللهُ عَلَيْهِ وَسَلَّمَ: «إِنَّ الدُّنْيَا حُلْوَةٌ خَضِرَةٌ، وَإِنَّ اللهَ مُسْتَخْلِفُكُمْ فِيهَا، فَيَنْظُرُ كَيْفَ تَعْمَلُونَ، فَاتَّقُوا الدُّنْيَا وَاتَّقُوا النِّسَاءَ، فَإِنَّ أَوَّلَ فِتْنَةِ بَنِي إِسْرَائِيلَ كَانَتْ فِي النِّسَاءِ». [رواه مسلم]

476- عَنْ عُقْبَةَ بْنِ عَامِرٍ رَضِيَ اللهُ عَنْهُ، قَالَ: قَالَ رَسُولُ اللهِ صَلَّى اللهُ عَلَيْهِ وَسَلَّمَ: «إِيَّاكُمْ وَالدُّخُولَ عَلَى النِّسَاءِ». فَقَالَ رَجُلٌ مِنَ الأَنْصَارِ: يَا رَسُولَ اللهِ، أَفَرَأَيْتَ الْحَمْوَ؟ قَالَ: «الْحَمْوُ الْمَوْتُ». [متفق عليه]

477- عَنْ عَبْدِ اللهِ بْنِ عَبَّاسٍ رَضِيَ اللهُ عَنْهُمَا، قَالَ: قَالَ رَسُولُ اللهِ صَلَّى اللهُ عَلَيْهِ وَسَلَّمَ: «لَا يَخْلُوَنَّ رَجُلٌ بِامْرَأَةٍ إِلَّا مَعَ ذِي مَحْرَمٍ». [متفق عليه]

478- عَنْ جَابِرِ بْنِ عَبْدِ اللهِ رَضِيَ اللهُ عَنْهُمَا، قَالَ: قَالَ رَسُولُ اللهِ صَلَّى اللهُ عَلَيْهِ وَسَلَّمَ:
«أَلَا لَا يَبِيتَنَّ رَجُلٌ عِنْدَ امْرَأَةٍ ثَيِّبٍ، إِلَّا أَنْ يَكُونَ نَاكِحًا أَوْ ذَا مَحْرَمٍ». [رواه مسلم]

*****

(باب الترهيب من الوقوع في الكبائر، وما يترتب على المعصية من آثام)

479- عَنْ أَنَسِ بْنِ مَالِكٍ رَضِيَ اللهُ عَنْهُ، قَالَ: قَالَ رَسُولُ اللهِ صَلَّى اللهُ عَلَيْهِ وَسَلَّمَ: «أَكْبَرُ الْكَبَائِرِ: الإِشْرَاكُ بِاللهِ، وَقَتْلُ النَّفْسِ، وَعُقُوقُ الْوَالِدَيْنِ، وَقَوْلُ الزُّورِ». [متفق عليه]

480- عَنْ أَبِي هُرَيْرَةَ رَضِيَ اللهُ عَنْهُ، قَالَ: قَالَ رَسُولُ اللهِ صَلَّى اللهُ عَلَيْهِ وَسَلَّمَ: «اجْتَنِبُوا السَّبْعَ الْمُوبِقَاتِ» قَالُوا: يَا رَسُولَ اللهِ، وَمَا هُنَّ؟ قَالَ: «الشِّرْكُ بِاللهِ، وَالسِّحْرُ، وَقَتْلُ

النَّفْسِ الَّتِي حَرَّمَ اللهُ إِلَّا بِالْحَقِّ، وَأَكْلُ الرِّبَا، وَأَكْلُ مَالِ الْيَتِيمِ، وَالتَّوَلِّي يَوْمَ الزَّحْفِ، وَقَذْفُ الْمُحْصَنَاتِ الْمُؤْمِنَاتِ الْغَافِلَاتِ». [متفق عليه]

٤٨١- عَنْ عَبْدِ اللهِ بْنِ عُمَرَ بْنِ الْخَطَّابِ رَضِيَ اللهُ عَنْهُمَا، قَالَ: قَالَ رَسُولُ اللهِ صَلَّى اللهُ عَلَيْهِ وَسَلَّمَ: «لَا تَرْجِعُوا بَعْدِي كُفَّارًا، يَضْرِبُ بَعْضُكُمْ رِقَابَ بَعْضٍ». [متفق عليه]

٤٨٢- عَنْ أَبِي بَكْرَةَ رَضِيَ اللهُ عَنْهُ، قَالَ: قَالَ رَسُولُ اللهِ صَلَّى اللهُ عَلَيْهِ وَسَلَّمَ: «إِذَا الْتَقَى الْمُسْلِمَانِ بِسَيْفَيْهِمَا، فَالْقَاتِلُ وَالْمَقْتُولُ فِي النَّارِ»، قُلْتُ: يَا رَسُولَ اللهِ، هَذَا الْقَاتِلُ، فَمَا بَالُ الْمَقْتُولِ؟ قَالَ: «إِنَّهُ كَانَ حَرِيصًا عَلَى قَتْلِ صَاحِبِهِ». [متفق عليه]

٤٨٣- عَنْ ثَابِتِ بْنِ الضَّحَّاكِ رَضِيَ اللهُ عَنْهُ، قَالَ: قَالَ رَسُولُ اللهِ صَلَّى اللهُ عَلَيْهِ وَسَلَّمَ: «مَنْ قَتَلَ نَفْسَهُ بِشَيْءٍ عُذِّبَ بِهِ فِي نَارِ جَهَنَّمَ». [متفق عليه]

٤٨٤- عَنْ أَبِي هُرَيْرَةَ رَضِيَ اللهُ عَنْهُ، قَالَ: قَالَ رَسُولُ اللهِ صَلَّى اللهُ عَلَيْهِ وَسَلَّمَ: «مَنْ حَمَلَ عَلَيْنَا السِّلَاحَ فَلَيْسَ مِنَّا، وَمَنْ غَشَّنَا فَلَيْسَ مِنَّا». [متفق عليه]

٤٨٥- عَنْ عَبْدِ اللهِ بْنِ مَسْعُودٍ رَضِيَ اللهُ عَنْهُ، قَالَ: قَالَ رَسُولُ اللهِ صَلَّى اللهُ عَلَيْهِ وَسَلَّمَ: «أَلَا أُنَبِّئُكُمْ مَا الْعَضْهُ؟ هِيَ النَّمِيمَةُ الْقَالَةُ بَيْنَ النَّاسِ». [رواه مسلم]

٤٨٦- عَنْ حُذَيْفَةَ بْنِ الْيَمَانِ رَضِيَ اللهُ عَنْهُمَا، قَالَ: قَالَ رَسُولُ اللهِ صَلَّى اللهُ عَلَيْهِ وَسَلَّمَ: «لَا يَدْخُلُ الْجَنَّةَ قَتَّاتٌ». [متفق عليه]

٤٨٧- عَنْ أَبِي هُرَيْرَةَ رَضِيَ اللهُ عَنْهُ، قَالَ: قَالَ رَسُولُ اللهِ صَلَّى اللهُ عَلَيْهِ وَسَلَّمَ: «أَتَدْرُونَ مَا الْغِيبَةُ؟» قَالُوا: اللهُ وَرَسُولُهُ أَعْلَمُ، قَالَ: «ذِكْرُكَ أَخَاكَ بِمَا يَكْرَهُ» قِيلَ: أَفَرَأَيْتَ إِنْ كَانَ فِي أَخِي مَا أَقُولُ؟ قَالَ: «إِنْ كَانَ فِيهِ مَا تَقُولُ، فَقَدِ اغْتَبْتَهُ، وَإِنْ لَمْ يَكُنْ فِيهِ فَقَدْ بَهَتَّهُ». [رواه مسلم]

٤٨٨- عَنْ أَبِي ذَرٍّ الْغِفَارِيِّ رَضِيَ اللهُ عَنْهُ، قَالَ: قَالَ رَسُولُ اللهِ صَلَّى اللهُ عَلَيْهِ وَسَلَّمَ: «ثَلَاثَةٌ لَا يُكَلِّمُهُمُ اللهُ يَوْمَ الْقِيَامَةِ: الْمَنَّانُ الَّذِي لَا يُعْطِي شَيْئًا إِلَّا مَنَّهُ، وَالْمُنْفِقُ سِلْعَتَهُ بِالْحَلِفِ

الْفَاجِرِ، وَالْمُسْبِلُ إِزَارَهُ». [رواه مسلم]

٤٨٩- عَنْ أَبِي هُرَيْرَةَ رَضِيَ اللَّهُ عَنْهُ، قَالَ: قَالَ رَسُولُ اللَّهِ صَلَّى اللَّهُ عَلَيْهِ وَسَلَّمَ: «ثَلَاثَةٌ لَا يُكَلِّمُهُمُ اللَّهُ يَوْمَ الْقِيَامَةِ وَلَا يُزَكِّيهِمْ وَلَا يَنْظُرُ إِلَيْهِمْ وَلَهُمْ عَذَابٌ أَلِيمٌ: شَيْخٌ زَانٍ، وَمَلِكٌ كَذَّابٌ، وَعَائِلٌ مُسْتَكْبِرٌ». [رواه مسلم]

٤٩٠- عَنْ عَبْدِ اللهِ بْنِ مَسْعُودٍ رَضِيَ اللَّهُ عَنْهُ، قَالَ: قَالَ رَسُولُ اللهِ صَلَّى اللَّهُ عَلَيْهِ وَسَلَّمَ: «لَيْسَ مِنَّا مَنْ ضَرَبَ الْخُدُودَ، وَشَقَّ الْجُيُوبَ، وَدَعَا بِدَعْوَى الْجَاهِلِيَّةِ». [متفق عليه]

٤٩١- عَنْ بَعْضِ أَزْوَاجِ النَّبِيِّ صَلَّى اللهُ عَلَيْهِ وَسِلَّمَ، قَالَ: قَالَ رَسُولُ اللهِ صَلَّى اللهُ عَلَيْهِ وَسَلَّمَ: «مَنْ أَتَى عَرَّافًا فَسَأَلَهُ عَنْ شَيْءٍ، لَمْ تُقْبَلْ لَهُ صَلَاةُ أَرْبَعِينَ لَيْلَةً». [رواه مسلم]

٤٩٢- عَنْ أَبِي هُرَيْرَةَ رَضِيَ اللَّهُ عَنْهُ، قَالَ: قَالَ رَسُولُ اللهِ صَلَّى اللهُ عَلَيْهِ وَسَلَّمَ: «لَعَنَ اللَّهُ السَّارِقَ، يَسْرِقُ الْبَيْضَةَ فَتُقْطَعُ يَدُهُ، وَيَسْرِقُ الْحَبْلَ فَتُقْطَعُ يَدُهُ». [متفق عليه]

٤٩٣- عَنْ أَبِي ذَرٍّ الْغِفَارِيِّ رَضِيَ اللَّهُ عَنْهُ، قَالَ: قَالَ رَسُولُ اللهِ صَلَّى اللهُ عَلَيْهِ وَسَلَّمَ: «لَا يَرْمِي رَجُلٌ رَجُلًا بِالْفُسُوقِ، وَلَا يَرْمِيهِ بِالْكُفْرِ إِلَّا ارْتَدَّتْ عَلَيْهِ، إِنْ لَمْ يَكُنْ صَاحِبُهُ كَذَلِكَ». [متفق عليه]

٤٩٤- عَنْ أَبِي ذَرٍّ الْغِفَارِيِّ رَضِيَ اللَّهُ عَنْهُ، قَالَ: قَالَ رَسُولُ اللهِ صَلَّى اللهُ عَلَيْهِ وَسَلَّمَ: «لَيْسَ مِنْ رَجُلٍ ادَّعَى لِغَيْرِ أَبِيهِ وَهُوَ يَعْلَمُهُ إِلَّا كَفَرَ، وَمَنِ ادَّعَى قَوْمًا لَيْسَ لَهُ فِيهِمْ، فَلْيَتَبَوَّأْ مَقْعَدَهُ مِنَ النَّارِ». [متفق عليه]

٤٩٥- عَنْ جَابِرِ بْنِ عَبْدِ اللهِ رَضِيَ اللَّهُ عَنْهُمَا، قَالَ: قَالَ رَسُولُ اللهِ صَلَّى اللهُ عَلَيْهِ وَسَلَّمَ: «كُلُّ مُسْكِرٍ حَرَامٌ، إِنَّ عَلَى اللهِ عَزَّ وَجَلَّ عَهْدًا لِمَنْ يَشْرَبُ الْمُسْكِرَ أَنْ يَسْقِيَهُ مِنْ طِينَةِ الْخَبَالِ» قَالُوا: يَا رَسُولَ اللهِ، وَمَا طِينَةُ الْخَبَالِ؟ قَالَ: «عَرَقُ أَهْلِ النَّارِ» أَوْ «عُصَارَةُ أَهْلِ النَّارِ». [رواه مسلم]

٤٩٦- عَنْ عَبْدِ اللهِ بْنِ عُمَرَ بْنِ الْخَطَّابِ، قَالَ: قَالَ رَسُولُ اللهِ صَلَّى اللهُ عَلَيْهِ وَسَلَّمَ: «لَعَنَ اللَّهُ الْخَمْرَ، وَشَارِبَهَا، وَسَاقِيَهَا، وَبَائِعَهَا، وَمُبْتَاعَهَا، وَعَاصِرَهَا، وَمُعْتَصِرَهَا، وَحَامِلَهَا، وَالْمَحْمُولَةَ إِلَيْهِ». [رواه أبو داود]

٤٩٧- عَنْ جَابِرِ بْنِ عَبْدِ اللهِ رَضِيَ اللهُ عَنْهُما، قَالَ: أَنَّهُ سَمِعَ رَسُولَ اللهِ صَلَّى اللهُ عَلَيْهِ وَسَلَّمَ يَقُولُ عَامَ الْفَتْحِ وَهُوَ بِمَكَّةَ: «إِنَّ اللهَ وَرَسُولَهُ حَرَّمَ بَيْعَ الْخَمْرِ، وَالْمَيْتَةِ، وَالْخِنْزِيرِ، وَالْأَصْنَامِ». [متفق عليه]

٤٩٨- عَنْ عَبْدِ اللهِ بْنِ عُمَرَ بْنِ الْخَطَّابِ رَضِيَ اللهُ عَنْهُما، قَالَ: قَالَ رَسُولُ اللهِ صَلَّى اللهُ عَلَيْهِ وَسَلَّمَ: «مَنْ شَرِبَ الْخَمْرَ فِي الدُّنْيَا لَمْ يَشْرَبْهَا فِي الْآخِرَةِ، إِلَّا أَنْ يَتُوبَ». [متفق عليه]

٤٩٩- عَنْ جَابِرِ بْنِ عَبْدِ اللهِ رَضِيَ اللهُ عَنْهُما، قَالَ: «لَعَنَ رَسُولُ اللهِ صَلَّى اللهُ عَلَيْهِ وَسَلَّمَ آكِلَ الرِّبَا، وَمُؤْكِلَهُ، وَكَاتِبَهُ، وَشَاهِدَيْهِ»، وَقَالَ: «هُمْ سَوَاءٌ». [رواه مسلم]

٥٠٠- عَنْ أَبِي سَعِيدٍ الْخُدْرِيِّ رَضِيَ اللهُ عَنْهُ، قَالَ: قَالَ رَسُولُ اللهِ صَلَّى اللهُ عَلَيْهِ وَسَلَّمَ: «لَا صَاعَيْنِ بِصَاعٍ، وَلَا دِرْهَمَيْنِ بِدِرْهَمٍ». [متفق عليه]

٥٠١- عَنْ أَبِي سَعِيدٍ الْخُدْرِيِّ رَضِيَ اللهُ عَنْهُ، قَالَ: قَالَ رَسُولُ اللهِ صَلَّى اللهُ عَلَيْهِ وَسَلَّمَ: «لَا تَبِيعُوا الذَّهَبَ بِالذَّهَبِ، وَلَا تَبِيعُوا الْوَرِقَ بِالْوَرِقِ، إِلَّا مِثْلًا بِمِثْلٍ، وَلَا تُشِفُّوا بَعْضَهُ عَلَى بَعْضٍ، وَلَا تَبِيعُوا شَيْئًا غَائِبًا مِنْهُ بِنَاجِزٍ، إِلَّا يَدًا بِيَدٍ». [متفق عليه]

٥٠٢- عَنْ خَوْلَةَ الْأَنْصَارِيَّةِ رَضِيَ اللهُ عَنْها، قَالَتْ: قَالَ رَسُولُ اللهِ صَلَّى اللهُ عَلَيْهِ وَسَلَّمَ: «إِنَّ رِجَالًا يَتَخَوَّضُونَ فِي مَالِ اللهِ بِغَيْرِ حَقٍّ، فَلَهُمُ النَّارُ يَوْمَ الْقِيَامَةِ». [رواه البخاري]

٥٠٣- عَنْ عَبْدِ اللهِ بْنِ عَبَّاسٍ رَضِيَ اللهُ عَنْهُما، قَالَ: قَالَ رَسُولُ اللهِ صَلَّى اللهُ عَلَيْهِ وَسَلَّمَ: «مَنْ صَوَّرَ صُورَةً فَإِنَّ اللهَ مُعَذِّبُهُ حَتَّى يَنْفُخَ فِيهَا الرُّوحَ، وَلَيْسَ بِنَافِخٍ فِيهَا أَبَدًا». [متفق عليه]

٥٠٤- عَنْ أُمِّ الْمُؤْمِنِينَ عَائِشَةَ رَضِيَ اللهُ عَنْها، قَالَتْ: قَالَ رَسُولُ اللهِ صَلَّى اللهُ عَلَيْهِ وَسَلَّمَ: «إِنَّ أَصْحَابَ هَذِهِ الصُّوَرِ يُعَذَّبُونَ يَوْمَ الْقِيَامَةِ، وَيُقَالُ لَهُمْ: أَحْيُوا مَا خَلَقْتُمْ». [متفق عليه]

٥٠٥- عَنْ أَبِي طَلْحَةَ [زَيْدِ بْنِ سَهْلٍ الْأَنْصَارِيِّ] رَضِيَ اللهُ عَنْهُ، قَالَ: قَالَ رَسُولُ اللهِ صَلَّى اللهُ عَلَيْهِ وَسَلَّمَ: «لَا تَدْخُلُ

الْمَلَائِكَةُ بَيْتًا فِيهِ كَلْبٌ وَلَا صُورَةٌ». [متفق عليه]

506- عَنْ أَبِي هُرَيْرَةَ رَضِيَ اللهُ عَنْهُ، قَالَ: قَالَ رَسُولُ اللهِ صَلَّى اللهُ عَلَيْهِ وَسَلَّمَ: «قَالَ اللهُ عَزَّ وَجَلَّ: وَمَنْ أَظْلَمُ مِمَّنْ ذَهَبَ يَخْلُقُ كَخَلْقِي، فَلْيَخْلُقُوا ذَرَّةً أَوْ لِيَخْلُقُوا حَبَّةً أَوْ شَعِيرَةً». [متفق عليه]

507- عَنْ عَبْدِ اللهِ بْنِ عُمَرَ بْنِ الْخَطَّابِ رَضِيَ اللهُ عَنْهُما، قَالَ: قَالَ رَسُولُ اللهِ صَلَّى اللهُ عَلَيْهِ وَسَلَّمَ: «مَنِ اقْتَنَى كَلْبًا، إِلَّا كَلْبَ مَاشِيَةٍ، أَوْ ضَارِيًا، نَقَصَ مِنْ عَمَلِهِ كُلَّ يَوْمٍ قِيرَاطَانِ». [متفق عليه]

508- عَنْ أَبِي هُرَيْرَةَ رَضِيَ اللهُ عَنْهُ قَالَ: قَالَ رَسُولُ اللهِ صَلَّى اللهُ عَلَيْهِ وَسَلَّمَ: «لَا تَصْحَبُ الْمَلَائِكَةُ رُفْقَةً فِيهَا كَلْبٌ وَلَا جَرَسٌ». [رواه مسلم]

509- عَنْ بُرَيْدَةَ بْنِ الْحُصَيْبِ رَضِيَ اللهُ عَنْهُ، قَالَ: قَالَ رَسُولُ اللهِ صَلَّى اللهُ عَلَيْهِ وَسَلَّمَ: «مَنْ لَعِبَ بِالنَّرْدَشِيرِ، فَكَأَنَّمَا صَبَغَ يَدَهُ فِي لَحْمِ خِنْزِيرٍ وَدَمِهِ». [رواه مسلم]

510- عَنْ أَبِي مُوسَى الْأَشْعَرِيِّ رَضِيَ اللهُ عَنْهُ، قَالَ: قَالَ رَسُولُ اللهِ صَلَّى اللهُ عَلَيْهِ وَسَلَّمَ: «مَنْ لَعِبَ بِالنَّرْدِ فَقَدْ عَصَى اللهَ وَرَسُولَهُ». [رواه النسائي]

511- عَنْ جَرِيرِ بْنِ عَبْدِ اللهِ رَضِيَ اللهُ عَنْهُ، قَالَ: قَالَ رَسُولُ اللهِ صَلَّى اللهُ عَلَيْهِ وَسَلَّمَ: «أَيُّمَا عَبْدٍ أَبَقَ فَقَدْ بَرِئَتْ مِنْهُ الذِّمَّةُ». [رواه مسلم]

512- عَنْ أَبِي هُرَيْرَةَ رَضِيَ اللهُ عَنْهُ، قَالَ: قَالَ رَسُولُ اللهِ صَلَّى اللهُ عَلَيْهِ وَسَلَّمَ: «مَنْ حَلَفَ فَقَالَ فِي حَلِفِهِ: وَاللَّاتِ وَالْعُزَّى، فَلْيَقُلْ: لَا إِلَهَ إِلَّا اللهُ، وَمَنْ قَالَ لِصَاحِبِهِ: تَعَالَ أُقَامِرْكَ، فَلْيَتَصَدَّقْ». [متفق عليه]

513- عَنْ أَنَسِ بْنِ مَالِكٍ رَضِيَ اللهُ عَنْهُ، قَالَ: «إِنَّكُمْ لَتَعْمَلُونَ أَعْمَالًا هِيَ أَدَقُّ فِي أَعْيُنِكُمْ مِنَ الشَّعَرِ، إِنْ كُنَّا لَنَعُدُّهَا عَلَى عَهْدِ النَّبِيِّ صَلَّى اللهُ عَلَيْهِ وَسَلَّمَ مِنَ الْمُوبِقَاتِ». [رواه البخاري]

*****

(باب الصبر)

٥١٤- عَنْ أَنَسِ بْنِ مَالِكٍ رَضِيَ اللهُ عَنْهُ، قَالَ: قَالَ رَسُولُ اللهِ صَلَّى اللهُ عَلَيْهِ وَسَلَّمَ: «إِنَّ عِظَمَ الْجَزَاءِ مَعَ عِظَمِ الْبَلَاءِ، وَإِنَّ اللهَ إِذَا أَحَبَّ قَوْمًا ابْتَلَاهُمْ، فَمَنْ رَضِيَ فَلَهُ الرِّضَا، وَمَنْ سَخِطَ فَلَهُ السَّخَطُ». [رواه الترمذي]

٥١٥- عَنْ أَبِي هُرَيْرَةَ رَضِيَ اللهُ عَنْهُ، قَالَ: قَالَ رَسُولُ اللهِ صَلَّى اللهُ عَلَيْهِ وَسَلَّمَ: «مَنْ يُرِدِ اللهُ بِهِ خَيْرًا يُصِبْ مِنْهُ». [رواه البخاري]

٥١٦- عَنْ أَبِي هُرَيْرَةَ رَضِيَ اللهُ عَنْهُ، قَالَ: قَالَ رَسُولُ اللهِ صَلَّى اللهُ عَلَيْهِ وَسَلَّمَ: «مَا يُصِيبُ الْمُسْلِمَ مِنْ نَصَبٍ وَلَا وَصَبٍ، وَلَا هَمٍّ وَلَا حُزْنٍ وَلَا أَذًى وَلَا غَمٍّ، حَتَّى الشَّوْكَةِ يُشَاكُهَا، إِلَّا كَفَّرَ اللهُ بِهَا مِنْ خَطَايَاهُ». [متفق عليه]

٥١٧- عَنْ جُنْدَبِ بْنِ عَبْدِ اللهِ رَضِيَ اللهُ عَنْهُ، قَالَ: بَيْنَمَا النَّبِيُّ صَلَّى اللهُ عَلَيْهِ وَسَلَّمَ يَمْشِي إِذْ أَصَابَهُ حَجَرٌ، فَعَثَرَ، فَدَمِيَتْ أَصْبَعُهُ، فَقَالَ: «هَلْ أَنْتِ إِلَّا إِصْبَعٌ دَمِيتِ، وَفِي سَبِيلِ اللهِ مَا لَقِيتِ». [متفق عليه]

٥١٨- عَنْ أَبِي هُرَيْرَةَ رَضِيَ اللهُ عَنْهُ، قَالَ: قَالَ رَسُولُ اللهِ صَلَّى اللهُ عَلَيْهِ وَسَلَّمَ: «مَا يَزَالُ الْبَلَاءُ بِالْمُؤْمِنِ وَالْمُؤْمِنَةِ فِي نَفْسِهِ وَوَلَدِهِ وَمَالِهِ حَتَّى يَلْقَى اللهَ وَمَا عَلَيْهِ خَطِيئَةٌ». [رواه الترمذي]

٥١٩- عَنْ أَبِي هُرَيْرَةَ رَضِيَ اللهُ عَنْهُ، قَالَ: قَالَ رَسُولُ اللهِ صَلَّى اللهُ عَلَيْهِ وَسَلَّمَ: «يَقُولُ اللهُ تَعَالَى: مَا لِعَبْدِيَ الْمُؤْمِنِ عِنْدِي جَزَاءٌ إِذَا قَبَضْتُ صَفِيَّهُ مِنْ أَهْلِ الدُّنْيَا ثُمَّ احْتَسَبَهُ، إِلَّا الْجَنَّةُ». [رواه البخاري]

٥٢٠- عَنْ أَبِي هُرَيْرَةَ رَضِيَ اللهُ عَنْهُ، قَالَ: قَالَ رَسُولُ اللهِ صَلَّى اللهُ عَلَيْهِ وَسَلَّمَ: «لَا يَمُوتُ لِأَحَدٍ مِنَ الْمُسْلِمِينَ ثَلَاثَةٌ مِنَ الْوَلَدِ فَتَمَسَّهُ النَّارُ، إِلَّا تَحِلَّةَ الْقَسَمِ». [متفق عليه]

٥٢١- عَنْ أَنَسِ بْنِ مَالِكٍ رَضِيَ اللهُ عَنْهُ، قَالَ: قَالَ رَسُولُ اللهِ صَلَّى اللهُ عَلَيْهِ وَسَلَّمَ: «الصَّبْرُ عِنْدَ الصَّدْمَةِ الْأُولَى». [متفق عليه]

522- عَنْ أَنَسِ بْنِ مَالِكٍ رَضِيَ اللهُ عَنْهُ، قَالَ: قَالَ رَسُولُ اللهِ صَلَّى اللهُ عَلَيْهِ وَسَلَّمَ: «إِنَّ اللهَ قَالَ: إِذَا ابْتَلَيْتُ عَبْدِي بِحَبِيبَتَيْهِ فَصَبَرَ، عَوَّضْتُهُ مِنْهُمَا الْجَنَّةَ». [رَوَاهُ البخاري]

523- عَنْ أَنَسِ بْنِ مَالِكٍ رَضِيَ اللهُ عَنْهُ، قَالَ: قَالَ رَسُولُ اللهِ صَلَّى اللهُ عَلَيْهِ وَسَلَّمَ: «مَا زَمَانٌ يَأْتِي عَلَيْكُمْ إِلَّا أَشَرُّ مِنَ الزَّمَانِ الَّذِي كَانَ قَبْلَهُ». [رواه أحمد]

524- عَنْ أَنَسِ بْنِ مَالِكٍ رَضِيَ اللهُ عَنْهُ، قَالَ: قَالَ رَسُولُ اللهِ صَلَّى اللهُ عَلَيْهِ وَسَلَّمَ: «لَا يَتَمَنَّيَنَّ أَحَدُكُمُ الْمَوْتَ مِنْ ضُرٍّ أَصَابَهُ، فَإِنْ كَانَ لَا بُدَّ فَاعِلًا فَلْيَقُلْ: اللَّهُمَّ أَحْيِنِي مَا كَانَتِ الْحَيَاةُ خَيْرًا لِي، وَتَوَفَّنِي إِذَا كَانَتِ الْوَفَاةُ خَيْرًا لِي». [متفق عليه]

525- عَنْ صُهَيْبِ بْنِ سِنَانٍ الرُّومِيِّ -سَابِقِ الرُّومِ- رَضِيَ اللهُ عَنْهُ، قَالَ: قَالَ رَسُولُ اللهِ صَلَّى اللهُ عَلَيْهِ وَسَلَّمَ: «عَجَبًا لِأَمْرِ الْمُؤْمِنِ، إِنَّ أَمْرَهُ كُلَّهُ خَيْرٌ، وَلَيْسَ ذَاكَ لِأَحَدٍ إِلَّا لِلْمُؤْمِنِ، إِنْ أَصَابَتْهُ سَرَّاءُ شَكَرَ فَكَانَ خَيْرًا لَهُ، وَإِنْ أَصَابَتْهُ ضَرَّاءُ صَبَرَ فَكَانَ خَيْرًا لَهُ». [رواه مسلم]

526- عَنْ عِمْرَانَ بْنِ حُصَيْنٍ رَضِيَ اللهُ عَنْهُ، قَالَ: قَالَ رَسُولُ اللهِ صَلَّى اللهُ عَلَيْهِ وَسَلَّمَ: «اطَّلَعْتُ فِي الْجَنَّةِ فَرَأَيْتُ أَكْثَرَ أَهْلِهَا الْفُقَرَاءَ، وَاطَّلَعْتُ فِي النَّارِ فَرَأَيْتُ أَكْثَرَ أَهْلِهَا النِّسَاءَ». [متفق عليه]

527- عَنْ أَبِي هُرَيْرَةَ رَضِيَ اللهُ عَنْهُ، قَالَ: قَالَ رَسُولُ اللهِ صَلَّى اللهُ عَلَيْهِ وَسَلَّمَ: «يَدْخُلُ الْفُقَرَاءُ الْجَنَّةَ قَبْلَ الْأَغْنِيَاءِ بِنِصْفِ يَوْمٍ، وَهُوَ خَمْسُ مِائَةِ عَامٍ». [رواه أحمد]

528- عَنْ أَبِي هُرَيْرَةَ رَضِيَ اللهُ عَنْهُ، قَالَ: قَالَ رَسُولُ اللهِ صَلَّى اللهُ عَلَيْهِ وَسَلَّمَ: «بَدَأَ الْإِسْلَامُ غَرِيبًا، وَسَيَعُودُ كَمَا بَدَأَ غَرِيبًا، فَطُوبَى لِلْغُرَبَاءِ». [رواه مسلم]

*****

(باب التقوى)

529- عَنْ أَبِي إِسْحَاقَ سَعْدِ بْنِ أَبِي وَقَّاصٍ رَضِيَ اللهُ عَنْهُ، قَالَ: قَالَ رَسُولُ اللهِ صَلَّى اللهُ عَلَيْهِ وَسَلَّمَ: «إِنَّ اللهَ يُحِبُّ الْعَبْدَ التَّقِيَّ، الْغَنِيَّ، الْخَفِيَّ». [رواه مسلم]

530- عَنْ أَبِي هُرَيْرَةَ رَضِيَ اللهُ عَنْهُ، قَالَ: سُئِلَ النَّبِيُّ صَلَّى اللهُ عَلَيْهِ وَسَلَّمَ مَا أَكْثَرُ مَا يُدْخِلُ الْجَنَّةَ؟ قَالَ: «التَّقْوَى، وَحُسْنُ الْخُلُقِ»، وَسُئِلَ مَا أَكْثَرُ مَا يُدْخِلُ النَّارَ؟ قَالَ: «الْأَجْوَفَانِ: الْفَمُ، وَالْفَرْجُ». [رواه ابن ماجة]

531- عَنْ أَبِي أُمَامَةَ الْبَاهِلِيِّ رَضِيَ اللهُ عَنْهُ، قَالَ: قَالَ رَسُولُ اللهِ صَلَّى اللهُ عَلَيْهِ وَسَلَّمَ: «اتَّقُوا اللهَ رَبَّكُمْ، وَصَلُّوا خَمْسَكُمْ، وَصُومُوا شَهْرَكُمْ، وَأَدُّوا زَكَاةَ أَمْوَالِكُمْ، وَأَطِيعُوا ذَا أَمْرِكُمْ، تَدْخُلُوا جَنَّةَ رَبِّكُمْ». [رواه الترمذي]

532- عَنْ رَجُلٍ مِنْ أَهْلِ الْبَادِيَةِ رَضِيَ اللهُ عَنْهُ، قَالَ: قَالَ رَسُولُ اللهِ صَلَّى اللهُ عَلَيْهِ وَسَلَّمَ: «إِنَّكَ لَنْ تَدَعَ شَيْئًا اتِّقَاءَ اللهِ إِلَّا أَعْطَاكَ اللهُ خَيْرًا مِنْهُ». [رواه أحمد]

533- عَنْ عَلِيِّ بْنِ أَبِي طَالِبٍ رَضِيَ اللهُ عَنْهُ، قَالَ: قَالَ رَسُولُ اللهِ صَلَّى اللهُ عَلَيْهِ وَسَلَّمَ: «مَنْ سَرَّهُ أَنْ يُمَدَّ لَهُ فِي عُمْرِهِ، وَيُوَسَّعَ لَهُ فِي رِزْقِهِ، وَيُدْفَعَ عَنْهُ مِيتَةَ السُّوءِ، فَلْيَتَّقِ اللهَ وَلْيَصِلْ رَحِمَهُ». [رواه أحمد]

*****

(باب التوبة والإنابة إلى الله عز وجل)

534- عَنْ أَنَسِ بْنِ مَالِكٍ رَضِيَ اللهُ عَنْهُ، قَالَ: قَالَ رَسُولُ اللهِ صَلَّى اللهُ عَلَيْهِ وَسَلَّمَ: «اللهُ أَشَدُّ فَرَحًا بِتَوْبَةِ عَبْدِهِ مِنْ أَحَدِكُمْ إِذَا اسْتَيْقَظَ عَلَى بَعِيرِهِ، قَدْ أَضَلَّهُ بِأَرْضِ فَلَاةٍ». [متفق عليه]

535- عَنْ أَبِي مُوسَى الْأَشْعَرِيِّ رَضِيَ اللهُ عَنْهُ، قَالَ: قَالَ رَسُولُ اللهِ صَلَّى اللهُ عَلَيْهِ وَسَلَّمَ: «إِنَّ اللهَ عَزَّ وَجَلَّ يَبْسُطُ يَدَهُ بِاللَّيْلِ لِيَتُوبَ مُسِيءُ النَّهَارِ، وَيَبْسُطُ يَدَهُ بِالنَّهَارِ لِيَتُوبَ مُسِيءُ اللَّيْلِ، حَتَّى تَطْلُعَ الشَّمْسُ مِنْ مَغْرِبِهَا». [رواه مسلم]

536- عَنْ أَبِي هُرَيْرَةَ رَضِيَ اللهُ عَنْهُ، قَالَ: قَالَ رَسُولُ اللهِ صَلَّى اللهُ عَلَيْهِ وَسَلَّمَ: «مَنْ تَابَ قَبْلَ أَنْ تَطْلُعَ الشَّمْسُ مِنْ مَغْرِبِهَا، تَابَ اللهُ عَلَيْهِ». [رواه مسلم]

537- عَنْ أَبِي بَكْرٍ الصِّدِّيقِ [عَبْدِ اللهِ بْنِ عُثْمَانَ أَبِي قُحَافَةَ] رَضِيَ اللهُ عَنْهُ، قَالَ: قَالَ رَسُولُ اللهِ صَلَّى اللهُ عَلَيْهِ وَسَلَّمَ: «مَا مِنْ عَبْدٍ يُذْنِبُ ذَنْبًا، فَيُحْسِنُ الطُّهُورَ، ثُمَّ يَقُومُ فَيُصَلِّي رَكْعَتَيْنِ، ثُمَّ يَسْتَغْفِرُ اللهَ، إِلَّا غَفَرَ اللهُ لَهُ». [رواه أبو داود]

538- عَنْ أَبِي بَكْرٍ الصِّدِّيقِ رَضِيَ اللهُ عَنْهُ: أَنَّهُ قَالَ لِرَسُولِ اللهِ صَلَّى اللهُ عَلَيْهِ وَسَلَّمَ: عَلِّمْنِي دُعَاءً أَدْعُو بِهِ فِي صَلَاتِي، قَالَ: «قُلْ: اللَّهُمَّ إِنِّي ظَلَمْتُ نَفْسِي ظُلْمًا كَثِيرًا، وَلَا يَغْفِرُ الذُّنُوبَ إِلَّا أَنْتَ، فَاغْفِرْ لِي مَغْفِرَةً مِنْ عِنْدِكَ، وَارْحَمْنِي إِنَّكَ أَنْتَ الْغَفُورُ الرَّحِيمُ». [مُتَّفَقٌ عَلَيْهِ]

539- عَنِ الْأَغَرِّ بْنِ يَسَارٍ الْمُزَنِيِّ رَضِيَ اللهُ عَنْهُ، قَالَ: قَالَ رَسُولُ اللهِ صَلَّى اللهُ عَلَيْهِ وَسَلَّمَ: «يَا أَيُّهَا النَّاسُ تُوبُوا إِلَى اللهِ، فَإِنِّي أَتُوبُ فِي الْيَوْمِ إِلَيْهِ مِائَةَ مَرَّةٍ». [رَوَاهُ مُسْلِمٌ]

540- عَنْ أَبِي هُرَيْرَةَ رَضِيَ اللهُ عَنْهُ، قَالَ: قَالَ رَسُولُ اللهِ صَلَّى اللهُ عَلَيْهِ وَسَلَّمَ: «وَالَّذِي نَفْسِي بِيَدِهِ لَوْ لَمْ تُذْنِبُوا لَذَهَبَ اللهُ بِكُمْ، وَلَجَاءَ بِقَوْمٍ يُذْنِبُونَ، فَيَسْتَغْفِرُونَ اللهَ فَيَغْفِرُ لَهُمْ». [رَوَاهُ مُسْلِمٌ]

541- عَنْ أَنَسِ بْنِ مَالِكٍ رَضِيَ اللهُ عَنْهُ، قَالَ: قَالَ رَسُولُ اللهِ صَلَّى اللهُ عَلَيْهِ وَسَلَّمَ: قَالَ اللهُ تَبَارَكَ وَتَعَالَى: «إِذَا تَقَرَّبَ الْعَبْدُ إِلَيَّ شِبْرًا تَقَرَّبْتُ إِلَيْهِ ذِرَاعًا، وَإِذَا تَقَرَّبَ مِنِّي ذِرَاعًا تَقَرَّبْتُ مِنْهُ بَاعًا، وَإِذَا أَتَانِي مَشْيًا أَتَيْتُهُ هَرْوَلَةً». [رَوَاهُ الْبُخَارِيُّ]
*****

(باب الرجاء والخوف من الله عز وجل)

542- عَنْ جَابِرِ بْنِ عَبْدِ اللهِ رَضِيَ اللهُ عَنْهُمَا، قَالَ: قَالَ رَسُولُ اللهِ صَلَّى اللهُ عَلَيْهِ وَسَلَّمَ: «لَا يَمُوتَنَّ أَحَدُكُمْ إِلَّا وَهُوَ يُحْسِنُ الظَّنَّ بِاللهِ عَزَّ وَجَلَّ». [رَوَاهُ مُسْلِمٌ]

543- عَنْ عَبْدِ اللهِ بْنِ مَسْعُودٍ رَضِيَ اللهُ عَنْهُ، قَالَ: قَالَ رَسُولُ اللهِ صَلَّى اللهُ عَلَيْهِ وَسَلَّمَ: «الْجَنَّةُ أَقْرَبُ إِلَى أَحَدِكُمْ مِنْ شِرَاكِ نَعْلِهِ، وَالنَّارُ مِثْلُ ذَلِكَ». [رَوَاهُ الْبُخَارِيُّ]

544- عَنْ أَبِي هُرَيْرَةَ رَضِيَ اللهُ عَنْهُ، قَالَ: قَالَ رَسُولُ اللهِ صَلَّى اللهُ عَلَيْهِ وَسَلَّمَ: «لَوْ يَعْلَمُ الْمُؤْمِنُ مَا عِنْدَ اللهِ مِنَ الْعُقُوبَةِ، مَا طَمِعَ بِجَنَّتِهِ أَحَدٌ، وَلَوْ يَعْلَمُ الْكَافِرُ مَا عِنْدَ اللهِ مِنَ الرَّحْمَةِ، مَا قَنَطَ مِنْ جَنَّتِهِ أَحَدٌ». [مُتَّفَقٌ عَلَيْهِ]

545- عَنْ أُمِّ الْمُؤْمِنِينَ عَائِشَةَ رَضِيَ اللهُ عَنْهَا، قَالَتْ: قَالَ

رَسُولُ اللهِ صَلَّى اللهُ عَلَيْهِ وَسَلَّمَ: «مَنْ نُوقِشَ الحِسَابَ عُذِّبَ» قَالَتْ: قُلْتُ: أَلَيْسَ يَقُولُ اللهُ تَعَالَى: ﴿ ﴾ ﴿ ﴾ ﴿ ﴾ [الإنشقاق: 8] قَالَ: «ذَلِكَ العَرْضُ». [متفق عليه]

546- عَنْ أَبِي هُرَيْرَةَ رَضِيَ اللَّهُ عَنْهُ، قَالَ: قَالَ رَسُولُ اللهِ صَلَّى اللهُ عَلَيْهِ وَسَلَّمَ: «لَنْ يُدْخِلَ أَحَدًا عَمَلُهُ الجَنَّةَ» فَالُوا: وَلا أَنْتَ يَا رَسُولَ اللهِ؟ قَالَ: " لَا، وَلاَ أَنَا، إِلَّا أَنْ يَتَغَمَّدَنِي اللَّهُ بِفَضْلٍ وَرَحْمَةٍ». [متفق عليه]

*****

(باب رحمة الله عز وجل، وحلمه بعباده)

547- عَنْ أَبِي هُرَيْرَةَ رَضِيَ اللَّهُ عَنْهُ، قَالَ: قَالَ رَسُولُ اللهِ صَلَّى اللهُ عَلَيْهِ وَسَلَّمَ: «لَمَّا قَضَى اللَّهُ الخَلْقَ، كَتَبَ عِنْدَهُ فَوْقَ عَرْشِهِ: إِنَّ رَحْمَتِي سَبَقَتْ غَضَبِي». [متفق عليه]

548- عَنْ أَبِي هُرَيْرَةَ رَضِيَ اللَّهُ عَنْهُ، قَالَ: قَالَ رَسُولُ اللهِ صَلَّى اللهُ عَلَيْهِ وَسَلَّمَ: «خَلَقَ اللهُ مِائَةَ رَحْمَةٍ، فَوَضَعَ وَاحِدَةً بَيْنَ خَلْقِهِ وَخَبَأَ عِنْدَهُ مِائَةً إِلَّا وَاحِدَةً». [متفق عليه]

549- عَنْ أَبِي مُوسَى الأَشْعَرِيِّ رَضِيَ اللَّهُ عَنْهُ، قَالَ: قَالَ رَسُولُ اللهِ صَلَّى اللهُ عَلَيْهِ وَسَلَّمَ: «يَجِيءُ يَوْمَ القِيَامَةِ نَاسٌ مِنَ المُسْلِمِينَ بِذُنُوبٍ أَمْثَالِ الجِبَالِ، فَيَغْفِرُهَا اللهُ لَهُمْ وَيَضَعُهَا عَلَى اليَهُودِ وَالنَّصَارَى». [رواه مسلم]

550- عَنْ أَبِي هُرَيْرَةَ رَضِيَ اللَّهُ عَنْهُ، قَالَ: قَالَ رَسُولُ اللهِ صَلَّى اللهُ عَلَيْهِ وَسَلَّمَ: «إِنَّ اللَّهَ تَجَاوَزَ عَنْ أُمَّتِي مَا حَدَّثَتْ بِهِ أَنْفُسَهَا، مَا لَمْ تَعْمَلْ أَوْ تَتَكَلَّمْ». [متفق عليه]

551- عَنْ أَبِي ذَرٍّ الغِفَارِيِّ رَضِيَ اللَّهُ عَنْهُ، قَالَ: قَالَ رَسُولُ اللهِ صَلَّى اللهُ عَلَيْهِ وَسَلَّمَ: «إِنَّ اللَّهَ قَدْ تَجَاوَزَ عَنْ أُمَّتِي الخَطَأَ، وَالنِّسْيَانَ، وَمَا اسْتُكْرِهُوا عَلَيْهِ». [رواه ابن ماجة]

552- عَنْ عَبْدِ اللهِ بْنِ مَسْعُودٍ رَضِيَ اللَّهُ عَنْهُ، قَالَ: قَالَ رَسُولُ اللهِ صَلَّى اللهُ عَلَيْهِ وَسَلَّمَ: «لَا يَدْخُلُ النَّارَ أَحَدٌ فِي قَلْبِهِ مِثْقَالُ حَبَّةِ خَرْدَلٍ مِنْ إِيمَانٍ، وَلا يَدْخُلُ الجَنَّةَ أَحَدٌ فِي قَلْبِهِ مِثْقَالُ حَبَّةِ خَرْدَلٍ مِنْ كِبْرِيَاءَ». [رواه مسلم]

553- عَنْ أَبِي هُرَيْرَةَ رَضِيَ اللَّهُ عَنْهُ، قَالَ: قَالَ رَسُولُ اللَّهِ صَلَّى اللَّهُ عَلَيْهِ وَسَلَّمَ: «لَا يَسْتُرُ اللَّهُ عَلَى عَبْدٍ فِي الدُّنْيَا، إِلَّا سَتَرَهُ اللَّهُ يَوْمَ الْقِيَامَةِ». [رواه مسلم]

554- عَنْ أَبِي هُرَيْرَةَ رَضِيَ اللَّهُ عَنْهُ، قَالَ: قَالَ رَسُولُ اللَّهِ صَلَّى اللَّهُ عَلَيْهِ وَسَلَّمَ: «لَقَدْ رَأَيْتُ رَجُلًا يَتَقَلَّبُ فِي الْجَنَّةِ، فِي شَجَرَةٍ قَطَعَهَا مِنْ ظَهْرِ الطَّرِيقِ، كَانَتْ تُؤْذِي النَّاسَ». [رواه مسلم]

555- عَنْ أَبِي هُرَيْرَةَ رَضِيَ اللَّهُ عَنْهُ، قَالَ: قَالَ رَسُولُ اللَّهِ صَلَّى اللَّهُ عَلَيْهِ وَسَلَّمَ: «أَنَّ امْرَأَةً بَغِيًّا رَأَتْ كَلْبًا فِي يَوْمٍ حَارٍّ يُطِيفُ بِبِئْرٍ، قَدْ أَدْلَعَ لِسَانَهُ مِنَ الْعَطَشِ، فَنَزَعَتْ لَهُ بِمُوقِهَا فَغُفِرَ لَهَا». [متفق عليه]

556- عَنْ أَبِي هُرَيْرَةَ رَضِيَ اللَّهُ عَنْهُ، قَالَ: قَالَ رَسُولُ اللَّهِ صَلَّى اللَّهُ عَلَيْهِ وَسَلَّمَ: «إِذَا أَحْسَنَ أَحَدُكُمْ إِسْلَامَهُ، فَكُلُّ حَسَنَةٍ يَعْمَلُهَا تُكْتَبُ بِعَشْرِ أَمْثَالِهَا إِلَى سَبْعِ مِائَةِ ضِعْفٍ، وَكُلُّ سَيِّئَةٍ يَعْمَلُهَا تُكْتَبُ بِمِثْلِهَا حَتَّى يَلْقَى اللَّهَ». [متفق عليه]

557- عَنْ أَبِي هُرَيْرَةَ رَضِيَ اللَّهُ عَنْهُ، قَالَ: قَالَ رَسُولُ اللَّهِ صَلَّى اللَّهُ عَلَيْهِ وَسَلَّمَ:
«أَعْذَرَ اللَّهُ إِلَى امْرِئٍ أَخَّرَ أَجَلَهُ، حَتَّى بَلَّغَهُ سِتِّينَ سَنَةً».
[رواه البخاري]

*****

(باب حب الله تعالى ورسوله)

558- عَنْ عُبَادَةَ بْنِ الصَّامِتِ رَضِيَ اللَّهُ عَنْهُ، قَالَ: قَالَ رَسُولُ اللَّهِ صَلَّى اللَّهُ عَلَيْهِ وَسَلَّمَ: «مَنْ أَحَبَّ لِقَاءَ اللَّهِ أَحَبَّ اللَّهُ لِقَاءَهُ، وَمَنْ كَرِهَ لِقَاءَ اللَّهِ كَرِهَ اللَّهُ لِقَاءَهُ». [متفق عليه]

559- عَنْ أَنَسِ بْنِ مَالِكٍ رَضِيَ اللَّهُ عَنْهُ، قَالَ: قَالَ رَسُولُ اللَّهِ صَلَّى اللَّهُ عَلَيْهِ وَسَلَّمَ: «لَا يُؤْمِنُ أَحَدُكُمْ، حَتَّى أَكُونَ أَحَبَّ إِلَيْهِ مِنْ وَالِدِهِ وَوَلَدِهِ وَالنَّاسِ أَجْمَعِينَ». [متفق عليه]

560- عَنْ أَبِي هُرَيْرَةَ رَضِيَ اللَّهُ عَنْهُ، قَالَ: قَالَ رَسُولُ اللَّهِ صَلَّى اللَّهُ عَلَيْهِ وَسَلَّمَ: «مِنْ أَشَدِّ أُمَّتِي لِي حُبًّا، نَاسٌ يَكُونُونَ بَعْدِي، يَوَدُّ أَحَدُهُمْ لَوْ رَآنِي بِأَهْلِهِ وَمَالِهِ». [متفق عليه]

561- عَنْ أَبِي هُرَيْرَةَ رَضِيَ اللهُ عَنْهُ، قَالَ: قَالَ رَسُولُ اللهِ صَلَّى اللهُ عَلَيْهِ وَسَلَّمَ:«إِذَا أَحَبَّ اللهُ عَبْدًا نَادَى جِبْرِيلَ: إِنَّ اللهَ يُحِبُّ فُلَانًا فَأَحِبَّهُ، فَيُحِبُّهُ جِبْرِيلُ، فَيُنَادِي جِبْرِيلُ فِي أَهْلِ السَّمَاءِ: إِنَّ اللهَ يُحِبُّ فُلَانًا فَأَحِبُّوهُ، فَيُحِبُّهُ أَهْلُ السَّمَاءِ، ثُمَّ يُوضَعُ لَهُ الْقَبُولُ فِي أَهْلِ الْأَرْضِ». [متفق عليه]

562- عَنْ أَنَسِ بْنِ مَالِكٍ رَضِيَ اللهُ عَنْهُ، قَالَ: قَالَ رَسُولُ اللهِ صَلَّى اللهُ عَلَيْهِ وَسَلَّمَ: «إِنَّ مِنْ عِبَادِ اللهِ مَنْ لَوْ أَقْسَمَ عَلَى اللهِ لَأَبَرَّهُ». [متفق عليه]

563- عَنْ أَنَسِ بْنِ مَالِكٍ رَضِيَ اللهُ عَنْهُ، أَنَّ رَجُلًا سَأَلَ النَّبِيَّ صَلَّى اللهُ عَلَيْهِ وَسَلَّمَ: مَتَى السَّاعَةُ يَا رَسُولَ اللهِ؟ قَالَ: «مَا أَعْدَدْتَ لَهَا» قَالَ: مَا أَعْدَدْتُ لَهَا مِنْ كَثِيرِ صَلَاةٍ وَلَا صَوْمٍ وَلَا صَدَقَةٍ، وَلَكِنِّي أُحِبُّ اللهَ وَرَسُولَهُ، قَالَ: «أَنْتَ مَعَ مَنْ أَحْبَبْتَ». [رواه البخاري]

*****

(باب الأدب)

564- عَنْ أَبِي هُرَيْرَةَ رَضِيَ اللهُ عَنْهُ، قَالَ: قَالَ رَسُولُ اللهِ صَلَّى اللهُ عَلَيْهِ وَسَلَّمَ:«لَا تَسُبُّوا الدَّهْرَ، فَإِنَّ اللهَ هُوَ الدَّهْرُ». [متفق عليه]

565- عَنْ أَبِي هُرَيْرَةَ رَضِيَ اللهُ عَنْهُ، قَالَ: قَالَ رَسُولُ اللهِ صَلَّى اللهُ عَلَيْهِ وَسَلَّمَ: «أَخْنَعُ الْأَسْمَاءِ عِنْدَ اللهِ رَجُلٌ تَسَمَّى بِمَلِكِ الْأَمْلَاكِ». [متفق عليه]

566- عَنْ أُمِّ الْمُؤْمِنِينَ عَائِشَةَ رَضِيَ اللهُ عَنْهَا، قَالَتْ: «مَنْ زَعَمَ أَنَّ مُحَمَّدًا رَأَى رَبَّهُ فَقَدْ أَعْظَمَ، وَلَكِنْ قَدْ رَأَى جِبْرِيلَ فِي صُورَتِهِ وَخَلْقِهِ سَادًّا مَا بَيْنَ الْأُفُقِ». [متفق عليه]

567- عَنْ أَبِي هُرَيْرَةَ رَضِيَ اللهُ عَنْهُ، قَالَ: قَالَ رَسُولُ اللهِ صَلَّى اللهُ عَلَيْهِ وَسَلَّمَ: «يَأْتِي الشَّيْطَانُ أَحَدَكُمْ فَيَقُولُ: مَنْ خَلَقَ كَذَا وَكَذَا؟ حَتَّى يَقُولَ لَهُ: مَنْ خَلَقَ رَبَّكَ؟ فَإِذَا بَلَغَ ذَلِكَ، فَلْيَسْتَعِذْ بِاللهِ وَلْيَنْتَهِ». [متفق عليه]

568- عَنْ أَبِي هُرَيْرَةَ رَضِيَ اللهُ عَنْهُ، قَالَ: قَالَ رَسُولُ اللهِ صَلَّى اللهُ عَلَيْهِ وَسَلَّمَ: «إِذَا قَاتَلَ أَحَدُكُمْ أَخَاهُ فَلْيَجْتَنِبِ الْوَجْهَ، فَإِنَّ اللهَ خَلَقَ آدَمَ عَلَى صُورَتِهِ». [متفق عليه]

569- عَنْ جُنْدَبِ بْنِ عَبْدِ اللهِ رَضِيَ اللهُ عَنْهُ، قَالَ: قَالَ رَسُولُ اللهِ صَلَّى اللهُ عَلَيْهِ وَسَلَّمَ: «أَنَّ رَجُلاً قَالَ: وَاللهِ لَا يَغْفِرُ اللهُ لِفُلَانٍ، وَإِنَّ اللهَ تَعَالَى قَالَ: مَنْ ذَا الَّذِي يَتَأَلَّى عَلَيَّ أَنْ لَا أَغْفِرَ لِفُلَانٍ، فَإِنِّي قَدْ غَفَرْتُ لِفُلَانٍ، وَأَحْبَطْتُ عَمَلَكَ». [رواه مسلم]

570- عَنْ عَبْدِ اللهِ بْنِ عُمَرَ بْنِ الْخَطَّابِ رَضِيَ اللهُ عَنْهُما، قَالَ: قَالَ رَسُولُ اللهِ صَلَّى اللهُ عَلَيْهِ وَسَلَّمَ: «إِنَّ أَحَبَّ أَسْمَائِكُمْ إِلَى اللهِ عَبْدُ اللهِ وَعَبْدُ الرَّحْمَنِ». [رواه مسلم]
*****

(باب الرؤيا وآدابها)

571- عَنْ أَبِي قَتَادَةَ رَضِيَ اللهُ عَنْهُ، قَالَ: قَالَ رَسُولُ اللهِ صَلَّى اللهُ عَلَيْهِ وَسَلَّمَ: «الرُّؤْيَا الْحَسَنَةُ مِنَ اللهِ، فَإِذَا رَأَى أَحَدُكُمْ مَا يُحِبُّ فَلَا يُحَدِّثْ بِهِ إِلَّا مَنْ يُحِبُّ، وَإِذَا رَأَى مَا يَكْرَهُ فَلْيَتَعَوَّذْ بِاللهِ مِنْ شَرِّهَا، وَمِنْ شَرِّ الشَّيْطَانِ، وَلْيَتْفِلْ ثَلَاثًا، وَلَا يُحَدِّثْ بِهَا أَحَدًا، فَإِنَّهَا لَنْ تَضُرَّهُ». [متفق عليه]

572- عَنْ عُبَادَةَ بْنِ الصَّامِتِ رَضِيَ اللهُ عَنْهُ، قَالَ: قَالَ رَسُولُ اللهِ صَلَّى اللهُ عَلَيْهِ وَسَلَّمَ: «رُؤْيَا الْمُؤْمِنِ جُزْءٌ مِنْ سِتَّةٍ وَأَرْبَعِينَ جُزْءًا مِنَ النُّبُوَّةِ». [متفق عليه]

573- عَنْ أَبِي هُرَيْرَةَ رَضِيَ اللهُ عَنْهُ، قَالَ: قَالَ رَسُولُ اللهِ صَلَّى اللهُ عَلَيْهِ وَسَلَّمَ: «إِذَا اقْتَرَبَ الزَّمَانُ لَمْ تَكَدْ رُؤْيَا الْمُسْلِمِ تَكْذِبُ، وَأَصْدَقُكُمْ رُؤْيَا أَصْدَقُكُمْ حَدِيثًا». [متفق عليه]

574- عَنْ أَبِي هُرَيْرَةَ رَضِيَ اللهُ عَنْهُ، قَالَ: قَالَ رَسُولُ اللهِ صَلَّى اللهُ عَلَيْهِ وَسَلَّمَ: «مَنْ رَآنِي فِي الْمَنَامِ فَسَيَرَانِي فِي الْيَقَظَةِ، وَلَا يَتَمَثَّلُ الشَّيْطَانُ بِي». [متفق عليه]

575- عَنْ أَبِي قَتَادَةَ رَضِيَ اللهُ عَنْهُ، قَالَ: قَالَ رَسُولُ اللهِ صَلَّى اللهُ عَلَيْهِ وَسَلَّمَ: «مَنْ رَآنِي فَقَدْ رَأَى الْحَقَّ». [متفق عليه]

576- عَنْ أَبِي هُرَيْرَةَ رَضِيَ اللهُ عَنْهُ، قَالَ: قَالَ رَسُولُ اللهِ صَلَّى اللهُ عَلَيْهِ وَسَلَّمَ: «مَنْ رَآنِي فِي الْمَنَامِ فَقَدْ رَآنِي، فَإِنَّ الشَّيْطَانَ لَا يَتَمَثَّلُ بِي». [متفق عليه]

577- عَنْ عَبْدِ اللهِ بْنِ عُمَرَ بْنِ الْخَطَّابِ رَضِيَ اللهُ عَنْهُما، قَالَ: قَالَ رَسُولُ اللهِ صَلَّى اللهُ عَلَيْهِ وَسَلَّمَ: «إِنَّ مِنْ أَفْرَى الْفِرَى

أَنْ يُرِيَ عَيْنَيْهِ مَا لَمْ تَرَ». [رواه البخاري]
*****

(باب شمائل النبي)

578- عَنْ أَبِي هُرَيْرَةَ رَضِيَ اللَّهُ عَنْهُ، قَالَ: قَالَ رَسُولُ اللَّهِ صَلَّى اللَّهُ عَلَيْهِ وَسَلَّمَ: «أَنَا سَيِّدُ وَلَدِ آدَمَ يَوْمَ الْقِيَامَةِ، وَأَوَّلُ مَنْ يَنْشَقُّ عَنْهُ الْقَبْرُ، وَأَوَّلُ شَافِعٍ وَأَوَّلُ مُشَفَّعٍ». [متفق عليه]

579- عَنْ أَنَسِ بْنِ مَالِكٍ رَضِيَ اللَّهُ عَنْهُ، قَالَ: «كَانَ النَّبِيُّ صَلَّى اللَّهُ عَلَيْهِ وَسَلَّمَ أَحْسَنَ النَّاسِ، وَأَشْجَعَ النَّاسِ، وَأَجْوَدَ النَّاسِ وَلَقَدْ فَزِعَ أَهْلُ الْمَدِينَةِ فَكَانَ النَّبِيُّ صَلَّى اللَّهُ عَلَيْهِ وَسَلَّمَ سَبَقَهُمْ عَلَى فَرَسٍ»، وَقَالَ: «وَجَدْنَاهُ بَحْرًا». [متفق عليه]

580- عَنْ أَبِي سَعِيدٍ الْخُدْرِيِّ رَضِيَ اللَّهُ عَنْهُ، قَالَ: «كَانَ النَّبِيُّ صَلَّى اللَّهُ عَلَيْهِ وَسَلَّمَ أَشَدَّ حَيَاءً مِنَ الْعَذْرَاءِ فِي خِدْرِهَا». [متفق عليه]

581- عَنِ الْبَرَاءِ بْنِ عَازِبٍ رَضِيَ اللَّهُ عَنْهُ، قَالَ: «كَانَ رَسُولُ اللَّهِ صَلَّى اللَّهُ عَلَيْهِ وَسَلَّمَ أَحْسَنَ النَّاسِ وَجْهًا وَأَحْسَنَهُمْ خَلْقًا لَيْسَ بِالطَّوِيلِ الذَّاهِبِ وَلَا بِالْقَصِيرِ». [متفق عليه]

582- عَنْ أَنَسِ بْنِ مَالِكٍ رَضِيَ اللَّهُ عَنْهُ، قَالَ: «خَدَمْتُ رَسُولَ اللَّهِ صَلَّى اللَّهُ عَلَيْهِ وَسَلَّمَ تِسْعَ سِنِينَ، فَمَا أَعْلَمُهُ قَالَ لِي قَطُّ: لِمَ فَعَلْتَ كَذَا وَكَذَا؟ وَلَا عَابَ عَلَيَّ شَيْئًا قَطُّ». [متفق عليه]

583- عَنْ أُمِّ الْمُؤْمِنِينَ عَائِشَةَ رَضِيَ اللَّهُ عَنْهَا، قَالَتْ: «مَا انْتَقَمَ رَسُولُ اللَّهِ صَلَّى اللَّهُ عَلَيْهِ وَسَلَّمَ لِنَفْسِهِ فِي شَيْءٍ يُؤْتَى إِلَيْهِ حَتَّى يُنْتَهَكَ مِنْ حُرُمَاتِ اللَّهِ، فَيَنْتَقِمَ لِلَّهِ». [متفق عليه]

584- عَنْ جَرِيرِ بْنِ عَبْدِ اللَّهِ رَضِيَ اللَّهُ عَنْهُ، قَالَ: «مَا حَجَبَنِي رَسُولُ اللَّهِ صَلَّى اللَّهُ عَلَيْهِ وَسَلَّمَ مُنْذُ أَسْلَمْتُ، وَلَا رَآنِي إِلَّا ضَحِكَ». [متفق عليه]

585- عَنْ أُمِّ الْمُؤْمِنِينَ عَائِشَةَ رَضِيَ اللَّهُ عَنْهَا، قَالَتْ: «مَا ضَرَبَ رَسُولُ اللَّهِ صَلَّى اللَّهُ عَلَيْهِ وَسَلَّمَ شَيْئًا قَطُّ بِيَدِهِ، وَلَا امْرَأَةً، وَلَا خَادِمًا، إِلَّا أَنْ يُجَاهِدَ فِي سَبِيلِ اللَّهِ». [رواه مسلم]

586- عَنْ أَنَسِ بْنِ مَالِكٍ رَضِيَ اللَّهُ عَنْهُ، قَالَ: «لَمْ يَكُنْ

النَّبِيُّ صَلَّى اللهُ عَلَيْهِ وَسَلَّمَ سَبَّابًا، وَلاَ فَحَّاشًا، وَلاَ لَعَّانًا، كَانَ يَقُولُ لِأَحَدِنَا عِنْدَ الْمَعْتَبَةِ: مَا لَهُ تَرِبَ جَبِينُهُ». [رواه البخاري]

587- عَنْ أَبِي هُرَيْرَةَ رَضِيَ اللهُ عَنْهُ، قَالَ: «مَا عَابَ النَّبِيُّ صَلَّى اللهُ عَلَيْهِ وَسَلَّمَ طَعَامًا قَطُّ، إِنِ اشْتَهَاهُ أَكَلَهُ، وَإِنْ كَرِهَهُ تَرَكَهُ». [متفق عليه]

588- عَنْ أَبِي هُرَيْرَةَ رَضِيَ اللهُ عَنْهُ، قَالَ: قَالَ رَسُولُ اللهِ صَلَّى اللهُ عَلَيْهِ وَسَلَّمَ: «لَوْ دُعِيتُ إِلَى كُرَاعٍ لَأَجَبْتُ، وَلَوْ أُهْدِيَ إِلَيَّ كُرَاعٌ لَقَبِلْتُ». [رواه البخاري]

589- عَنْ أَنَسِ بْنِ مَالِكٍ رَضِيَ اللهُ عَنْهُ، قَالَ: «إِنْ كَانَتِ الْأَمَةُ مِنْ إِمَاءِ أَهْلِ الْمَدِينَةِ، لَتَأْخُذُ بِيَدِ رَسُولِ اللهِ صَلَّى اللهُ عَلَيْهِ وَسَلَّمَ فَتَنْطَلِقُ بِهِ حَيْثُ شَاءَتْ». [رواه البخاري]

590- عَنْ أَبِي هُرَيْرَةَ رَضِيَ اللهُ عَنْهُ، قَالَ: قَالَ رَسُولُ اللهِ صَلَّى اللهُ عَلَيْهِ وَسَلَّمَ: «مَا أُعْطِيكُمْ وَلاَ أَمْنَعُكُمْ، إِنَّمَا أَنَا قَاسِمٌ أَضَعُ حَيْثُ أُمِرْتُ». [رواه البخاري]

591- عَنْ أُمِّ الْمُؤْمِنِينَ عَائِشَةَ رَضِيَ اللهُ عَنْهَا، قَالَتْ: قَالَ رَسُولُ اللهِ صَلَّى اللهُ عَلَيْهِ وَسَلَّمَ: «مَا بَالُ أَقْوَامٍ يَتَنَزَّهُونَ عَنِ الشَّيْءِ أَصْنَعُهُ، فَوَاللهِ إِنِّي لَأَعْلَمُهُمْ بِاللهِ، وَأَشَدُّهُمْ لَهُ خَشْيَةً». [متفق عليه]

592- عَنْ أَمِيرِ الْمُؤْمِنِينَ عُمَرَ بْنِ الْخَطَّابِ رَضِيَ اللهُ عَنْهُ، قَالَ: قَالَ رَسُولُ اللهِ صَلَّى اللهُ عَلَيْهِ وَسَلَّمَ: «لاَ تُطْرُونِي كَمَا أَطْرَتِ النَّصَارَى ابْنَ مَرْيَمَ، فَإِنَّمَا أَنَا عَبْدُهُ، فَقُولُوا عَبْدُ اللهِ وَرَسُولُهُ». [رواه البخاري]

593- عَنْ أَبِي هُرَيْرَةَ رَضِيَ اللهُ عَنْهُ، قَالَ: قَالَ رَسُولُ اللهِ صَلَّى اللهُ عَلَيْهِ وَسَلَّمَ: «مَنْ قَالَ: أَنَا خَيْرٌ مِنْ يُونُسَ بْنِ مَتَّى فَقَدْ كَذَبَ». [متفق عليه]

594- عَنْ أَبِي هُرَيْرَةَ رَضِيَ اللهُ عَنْهُ، قَالَ: قَالَ رَسُولُ اللهِ صَلَّى اللهُ عَلَيْهِ وَسَلَّمَ: «لَوْ لَبِثْتُ فِي السِّجْنِ مَا لَبِثَ يُوسُفُ، ثُمَّ أَتَانِي الدَّاعِي لَأَجَبْتُهُ». [متفق عليه]

595- عَنِ الْبَرَاءِ بْنِ عَازِبٍ، قَالَ: رَأَيْتُ النَّبِيَّ صَلَّى اللهُ عَلَيْهِ وَسَلَّمَ يَوْمَ الْخَنْدَقِ يَنْقُلُ مَعَنَا التُّرَابَ، وَهُوَ يَقُولُ: «وَاللهِ

لَوْلَا اللهُ مَا اهْتَدَيْنَا، وَلَا صُمْنَا وَلَا صَلَّيْنَا، فَأَنْزِلَنْ سَكِينَةً عَلَيْنَا، وَثَبِّتِ الْأَقْدَامَ إِنْ لَاقَيْنَا، وَالْمُشْرِكُونَ قَدْ بَغَوْا عَلَيْنَا، إِذَا أَرَادُوا فِتْنَةً أَبَيْنَا». [متفق عليه]

596- عَنْ أَبِي هُرَيْرَةَ رَضِيَ اللهُ عَنْهُ، قَالَ: قِيلَ: يَا رَسُولَ اللهِ ادْعُ عَلَى الْمُشْرِكِينَ قَالَ: «إِنِّي لَمْ أُبْعَثْ لَعَّانًا، وَإِنَّمَا بُعِثْتُ رَحْمَةً». [رواه مسلم]

597- عَنْ أُمِّ الْمُؤْمِنِينَ عَائِشَةَ رَضِيَ اللهُ عَنْهَا، قَالَتْ: قَالَ رَسُولُ اللهِ صَلَّى اللهُ عَلَيْهِ وَسَلَّمَ: «يَا أُمَّةَ مُحَمَّدٍ، وَاللهِ لَوْ تَعْلَمُونَ مَا أَعْلَمُ لَبَكَيْتُمْ كَثِيرًا وَلَضَحِكْتُمْ قَلِيلًا». [متفق عليه]

598- عَنْ أَنَسِ بْنِ مَالِكٍ رَضِيَ اللهُ عَنْهُ، قَالَ: قَالَ رَسُولُ اللهِ صَلَّى اللهُ عَلَيْهِ وَسَلَّمَ: «وَالَّذِي نَفْسُ مُحَمَّدٍ بِيَدِهِ، لَوْ رَأَيْتُمْ مَا رَأَيْتُ لَضَحِكْتُمْ قَلِيلًا، وَلَبَكَيْتُمْ كَثِيرًا» قَالُوا: وَمَا رَأَيْتَ يَا رَسُولَ اللهِ؟ قَالَ: «رَأَيْتُ الْجَنَّةَ وَالنَّارَ». [رواه مسلم]

599- عَنْ أَبِي هُرَيْرَةَ رَضِيَ اللهُ عَنْهُ، قَالَ: قَدِمَ الطُّفَيْلُ بْنُ عَمْرٍو عَلَى رَسُولِ اللهِ صَلَّى اللهُ عَلَيْهِ وَسَلَّمَ فَقَالَ: يَا رَسُولَ اللهِ، إِنَّ دَوْسًا قَدْ عَصَتْ وَأَبَتْ فَادْعُ اللهَ عَلَيْهَا، فَظَنَّ النَّاسُ أَنَّهُ يَدْعُو عَلَيْهِمْ، فَقَالَ: «اللَّهُمَّ اهْدِ دَوْسًا وَأْتِ بِهِمْ». [متفق عليه]

600- عَنْ عَمْرِو بْنِ الْحَارِثِ -خَتَنِ (صِهْرِ) رَسُولِ اللهِ صَلَّى اللهُ عَلَيْهِ وَسَلَّمَ أَخِي جُوَيْرِيَةَ بِنْتِ الْحَارِثِ-، قَالَ: «مَا تَرَكَ رَسُولُ اللهِ صَلَّى اللهُ عَلَيْهِ وَسَلَّمَ عِنْدَ مَوْتِهِ دِرْهَمًا وَلَا دِينَارًا وَلَا عَبْدًا وَلَا أَمَةً وَلَا شَيْئًا، إِلَّا بَغْلَتَهُ الْبَيْضَاءَ، وَسِلَاحَهُ وَأَرْضًا جَعَلَهَا صَدَقَةً». [رواه البخاري]

601- عَنْ أُمِّ الْمُؤْمِنِينَ عَائِشَةَ رَضِيَ اللهُ عَنْهَا، قَالَتْ: كَانَ رَسُولُ اللهِ صَلَّى اللهُ عَلَيْهِ وَسَلَّمَ، إِذَا صَلَّى قَامَ حَتَّى تَفَطَّرَ رِجْلَاهُ، قَالَتْ عَائِشَةُ: يَا رَسُولَ اللهِ أَتَصْنَعُ هَذَا وَقَدْ غُفِرَ لَكَ مَا تَقَدَّمَ مِنْ ذَنْبِكَ وَمَا تَأَخَّرَ، فَقَالَ: «يَا عَائِشَةُ أَفَلَا أَكُونُ عَبْدًا شَكُورًا». [متفق عليه]

*****

(باب فضائل آل بيت النبي)

602- عَنْ أَبِي بَكْرٍ الصِّدِّيقِ رَضِيَ اللهُ عَنْهُ، قَالَ: «ارْقُبُوا مُحَمَّدًا صَلَّى اللهُ عَلَيْهِ وَسَلَّمَ فِي أَهْلِ بَيْتِهِ». [رواه البخاري]

603- عَنْ أُمِّ الْمُؤْمِنِينَ عَائِشَةَ رَضِيَ اللهُ عَنْهَا، قَالَتْ: خَرَجَ

النَّبِيُّ صَلَّى اللهُ عَلَيْهِ وَسَلَّمَ غَدَاةً وَعَلَيْهِ مِرْطٌ مُرَحَّلٌ مِنْ شَعْرٍ أَسْوَدَ، فَجَاءَ الْحَسَنُ بْنُ عَلِيٍّ فَأَدْخَلَهُ، ثُمَّ جَاءَ الْحُسَيْنُ فَدَخَلَ مَعَهُ، ثُمَّ جَاءَتْ فَاطِمَةُ فَأَدْخَلَهَا، ثُمَّ جَاءَ عَلِيٌّ فَأَدْخَلَهُ، ثُمَّ قَالَ: ﴿ إِنَّمَا يُرِيدُ اللَّهُ لِيُذْهِبَ عَنكُمُ الرِّجْسَ أَهْلَ الْبَيْتِ وَيُطَهِّرَكُمْ تَطْهِيرًا ﴾ [الأحزاب: 33]. [رواه مسلم]

604- عَنْ سَعْدِ بْنِ أَبِي وَقَّاصٍ رَضِيَ اللهُ عَنْهُ، قَالَ: لَمَّا نَزَلَتْ هَذِهِ الْآيَةُ: ﴿ فَقُلْ تَعَالَوْا نَدْعُ أَبْنَاءَنَا وَأَبْنَاءَكُمْ ﴾ [آل عمران: 61] دَعَا رَسُولُ الله صَلَّى اللهُ عَلَيْهِ وَسَلَّمَ عَلِيًّا وَفَاطِمَةَ وَحَسَنًا وَحُسَيْنًا فَقَالَ: «اللهُمَّ هَؤُلَاءِ أَهْلِي». [رواه مسلم]

605- عَنْ زَيْدِ بْنِ ثَابِتٍ رَضِيَ اللهُ عَنْهُ، قَالَ: قَالَ رَسُولُ الله صَلَّى اللهُ عَلَيْهِ وَسَلَّمَ: «إِنِّي تَارِكٌ فِيكُمْ خَلِيفَتَيْنِ: كِتَابُ اللهِ وَأَهْلُ بَيْتِي، وَإِنَّهُمَا لَنْ يَتَفَرَّقَا حَتَّى يَرِدَا عَلَيَّ الْحَوْضَ جَمِيعًا». [رواه أحمد]

606- عَنْ أَنَسِ بْنِ مَالِكٍ رَضِيَ اللهُ عَنْهُ، قَالَ: قَالَ رَسُولُ الله صَلَّى اللهُ عَلَيْهِ وَسَلَّمَ: «حَسْبُكَ مِنْ نِسَاءِ الْعَالَمِينَ: مَرْيَمُ ابْنَةُ عِمْرَانَ، وَخَدِيجَةُ بِنْتُ خُوَيْلِدٍ، وَفَاطِمَةُ بِنْتُ مُحَمَّدٍ، وَآسِيَةُ امْرَأَةُ فِرْعَوْنَ». [رواه الترمذي]

607- عَنْ عَبْدِ الله بْنِ عَبَّاسٍ رَضِيَ اللهُ عَنْهُمَا، قَالَ: قَالَ رَسُولُ الله صَلَّى اللهُ عَلَيْهِ وَسَلَّمَ: «أَفْضَلُ نِسَاءِ الْجَنَّةِ أَرْبَعٌ: مَرْيَمُ بِنْتُ عِمْرَانَ، وَخَدِيجَةُ بِنْتُ خُوَيْلِدٍ، وَفَاطِمَةُ ابْنَةُ مُحَمَّدٍ، وَآسِيَةُ ابْنَةُ مُزَاحِمٍ». [رواه أحمد]

608- عَنْ أُمِّ الْمُؤْمِنِينَ عَائِشَةَ رَضِيَ اللهُ عَنْهَا، عَنْ فَاطِمَةَ بِنْتِ النَّبِيِّ صَلَّى اللهُ عَلَيْهِ وَسَلَّمَ، أَنَّهُ قَالَ: «يَا فَاطِمَةُ أَمَا تَرْضَيْنَ أَنْ تَكُونِي سَيِّدَةَ نِسَاءِ الْمُؤْمِنِينَ، أَوْ سَيِّدَةَ نِسَاءِ هَذِهِ الْأُمَّةِ». [متفق عليه]

609- عَنِ الْمِسْوَرِ بْنِ مَخْرَمَةَ رَضِيَ اللهُ عَنْهُمَا، قَالَ: قَالَ رَسُولُ الله صَلَّى اللهُ عَلَيْهِ وَسَلَّمَ: «فَاطِمَةُ بَضْعَةٌ مِنِّي، فَمَنْ أَغْضَبَهَا أَغْضَبَنِي». [متفق عليه]

610- عَنِ الْبَرَاءِ بْنِ عَازِبٍ رَضِيَ اللهُ عَنْهُ، قَالَ: لَمَّا مَاتَ إِبْرَاهِيمُ ابْنُ رَسُولِ اللهِ صَلَّى اللهُ عَلَيْهِ وَسَلَّمَ، قَالَ رَسُولُ اللهِ صَلَّى اللهُ عَلَيْهِ وَسَلَّمَ: «إِنَّ لَهُ مُرْضِعًا فِي الْجَنَّةِ». [رواه البخاري]

611- عَنْ أَبِي سَعِيدٍ الْخُدْرِيِّ رَضِيَ اللهُ عَنْهُ، قَالَ: قَالَ رَسُولُ اللهِ صَلَّى اللهُ عَلَيْهِ وَسَلَّمَ: «الْحَسَنُ وَالْحُسَيْنُ سَيِّدَا شَبَابِ أَهْلِ الْجَنَّةِ». [رواه الترمذي]

612- عَنْ أُسَامَةَ بْنِ زَيْدٍ رَضِيَ اللهُ عَنْهُمَا، أَنَّ رَسُولَ اللهِ صَلَّى اللهُ عَلَيْهِ وَسَلَّمَ كَانَ يَأْخُذُهُ وَالْحَسَنَ فَيَقُولُ: «اللَّهُمَّ أَحِبَّهُمَا، فَإِنِّي أُحِبُّهُمَا». [رواه البخاري]

613- عَنْ أَنَسِ بْنِ مَالِكٍ رَضِيَ اللهُ عَنْهُ، قَالَ: «لَمْ يَكُنْ أَحَدٌ أَشْبَهَ بِالنَّبِيِّ صَلَّى اللهُ عَلَيْهِ وَسَلَّمَ مِنَ الْحَسَنِ بْنِ عَلِيٍّ». [رواه البخاري]

614- عَنْ جَابِرِ بْنِ عَبْدِ اللهِ رَضِيَ اللهُ عَنْهُمَا، قَالَ: «مَنْ سَرَّهُ أَنْ يَنْظُرَ إِلَى رَجُلٍ مِنْ أَهْلِ الْجَنَّةِ فَلْيَنْظُرْ إِلَى الْحُسَيْنِ بْنِ عَلِيٍّ»، فَإِنِّي سَمِعْتُ رَسُولَ اللهِ صَلَّى اللهُ عَلَيْهِ وَسَلَّمَ يَقُولُهُ. [رواه أبو يعلى]

615- عَنْ عَبْدِ اللهِ بْنِ عُمَرَ بْنِ الْخَطَّابِ رَضِيَ اللهُ عَنْهُمَا، قَالَ: سَمِعْتُ النَّبِيَّ صَلَّى اللهُ عَلَيْهِ وَسَلَّمَ يَقُولُ -عَنِ الْحَسَنِ وَالْحُسَيْنِ-: «هُمَا رَيْحَانَتَايَ مِنَ الدُّنْيَا». [رواه البخاري]

616- عَنْ أَبِي بَكْرَةَ رَضِيَ اللهُ عَنْهُ، قَالَ: سَمِعْتُ النَّبِيَّ صَلَّى اللهُ عَلَيْهِ وَسَلَّمَ عَلَى الْمِنْبَرِ وَالْحَسَنُ إِلَى جَنْبِهِ، يَنْظُرُ إِلَى النَّاسِ مَرَّةً وَإِلَيْهِ مَرَّةً، وَيَقُولُ: «ابْنِي هَذَا سَيِّدٌ، وَلَعَلَّ اللهَ أَنْ يُصْلِحَ بِهِ بَيْنَ فِئَتَيْنِ مِنَ الْمُسْلِمِينَ». [رواه البخاري]

617- عَنْ عَلِيِّ بْنِ أَبِي طَالِبٍ رَضِيَ اللهُ عَنْهُ، قَالَ: قَالَ رَسُولُ اللهِ صَلَّى اللهُ عَلَيْهِ وَسَلَّمَ: «خَيْرُ نِسَائِهَا مَرْيَمُ بِنْتُ عِمْرَانَ، وَخَيْرُ نِسَائِهَا خَدِيجَةُ بِنْتُ خُوَيْلِدٍ». [متفق عليه]

618- عَنْ أُمِّ الْمُؤْمِنِينَ عَائِشَةَ رَضِيَ اللهُ عَنْهَا، قَالَتْ: «لَمْ يَتَزَوَّجِ النَّبِيُّ صَلَّى اللهُ عَلَيْهِ وَسَلَّمَ عَلَى خَدِيجَةَ حَتَّى مَاتَتْ». [رواه مسلم]

619- عَنْ أُمِّ الْمُؤْمِنِينَ عَائِشَةَ رَضِيَ اللَّهُ عَنْهَا، قَالَتْ: «مَا غِرْتُ عَلَى نِسَاءِ النَّبِيِّ صَلَّى اللَّهُ عَلَيْهِ وَسَلَّمَ، إِلَّا عَلَى خَدِيجَةَ وَإِنِّي لَمْ أُدْرِكْهَا». [متفق عليه]

620- عَنْ أُمِّ الْمُؤْمِنِينَ عَائِشَةَ رَضِيَ اللَّهُ عَنْهَا، قَالَتْ: «كَانَ رَسُولُ اللَّهِ صَلَّى اللَّهُ عَلَيْهِ وَسَلَّمَ إِذَا ذَبَحَ الشَّاةَ، فَيَقُولُ: «أَرْسِلُوا بِهَا إِلَى أَصْدِقَاءِ خَدِيجَةَ» قَالَتْ: فَأَغْضَبْتُهُ يَوْمًا، فَقُلْتُ: خَدِيجَةَ، فَقَالَ: رَسُولُ اللَّهِ صَلَّى اللَّهُ عَلَيْهِ وَسَلَّمَ «إِنِّي قَدْ رُزِقْتُ حُبَّهَا». [متفق عليه]

621- عَنْ أُمِّ الْمُؤْمِنِينَ عَائِشَةَ رَضِيَ اللَّهُ عَنْهَا، قَالَتْ: «بُشِّرَ رَسُولُ اللَّهِ صَلَّى اللَّهُ عَلَيْهِ وَسَلَّمَ خَدِيجَةَ بِنْتَ خُوَيْلِدٍ بِبَيْتٍ فِي الْجَنَّةِ». [متفق عليه]

622- عَنْ أُمِّ الْمُؤْمِنِينَ عَائِشَةَ رَضِيَ اللَّهُ عَنْهَا، قَالَتْ: «مَا رَأَيْتُ امْرَأَةً أَحَبَّ إِلَيَّ أَنْ أَكُونَ فِي مِسْلَاخِهَا مِنْ سَوْدَةَ بِنْتِ زَمْعَةَ، مِنِ امْرَأَةٍ فِيهَا حِدَّةٌ». [رواه مسلم]

623- عَنْ أُمِّ الْمُؤْمِنِينَ عَائِشَةَ رَضِيَ اللَّهُ عَنْهَا، قَالَتْ: قَالَ رَسُولُ اللَّهِ صَلَّى اللَّهُ عَلَيْهِ وَسَلَّمَ: «يَا أُمَّ سَلَمَةَ لَا تُؤْذِينِي فِي عَائِشَةَ، فَإِنَّهُ وَاللَّهِ مَا نَزَلَ عَلَيَّ الْوَحْيُ وَأَنَا فِي لِحَافِ امْرَأَةٍ مِنْكُنَّ غَيْرِهَا». [رواه البخاري]

624- عَنْ أُمِّ الْمُؤْمِنِينَ عَائِشَةَ رَضِيَ اللَّهُ عَنْهَا، أَنَّ رَسُولَ اللَّهِ صَلَّى اللَّهُ عَلَيْهِ وَسَلَّمَ ذَكَرَ فَاطِمَةَ رَضِيَ اللَّهُ عَنْهَا، فَتَكَلَّمْتُ أَنَا فَقَالَ: «أَمَا تَرْضَيْنَ أَنْ تَكُونِي زَوْجَتِي فِي الدُّنْيَا وَالْآخِرَةِ؟» قُلْتُ: بَلَى وَاللَّهِ، قَالَ: «فَأَنْتِ زَوْجَتِي فِي الدُّنْيَا وَالْآخِرَةِ». [رواه الحاكم]

625- عَنْ عَمْرِو بْنِ الْعَاصِ رَضِيَ اللَّهُ عَنْهُ، أَنَّ النَّبِيَّ صَلَّى اللَّهُ عَلَيْهِ وَسَلَّمَ، بَعَثَهُ عَلَى جَيْشِ ذَاتِ السَّلَاسِلِ، فَأَتَيْتُهُ فَقُلْتُ: أَيُّ النَّاسِ أَحَبُّ إِلَيْكَ؟ قَالَ: «عَائِشَةُ» قُلْتُ: مِنَ الرِّجَالِ؟ قَالَ: «أَبُوهَا» قُلْتُ: ثُمَّ مَنْ؟ قَالَ: «عُمَرُ» فَعَدَّ رِجَالًا. [متفق عليه]

626- عَنْ أَبِي مُوسَى الْأَشْعَرِيِّ رَضِيَ اللَّهُ عَنْهُ، قَالَ: قَالَ رَسُولُ اللَّهِ صَلَّى اللَّهُ عَلَيْهِ وَسَلَّمَ: «كَمُلَ مِنَ الرِّجَالِ كَثِيرٌ، وَلَمْ يَكْمُلْ مِنَ النِّسَاءِ إِلَّا مَرْيَمُ بِنْتُ عِمْرَانَ، وَآسِيَةُ امْرَأَةُ فِرْعَوْنَ، وَفَضْلُ عَائِشَةَ عَلَى النِّسَاءِ كَفَضْلِ الثَّرِيدِ عَلَى سَائِرِ الطَّعَامِ».

[متفق عليه]

627- عَنْ أُمِّ المُؤْمِنِينَ عَائِشَةَ رَضِيَ اللَّهُ عَنْهَا، قَالَتْ: قَالَ رَسُولُ اللَّهِ صَلَّى اللَّهُ عَلَيْهِ وَسَلَّمَ: «يَا عَائِشُ، هَذَا جِبْرِيلُ يُقْرِئُكِ السَّلَامَ» قُلْتُ: وَعَلَيْهِ السَّلَامُ وَرَحْمَةُ اللَّهِ، قَالَتْ: وَهُوَ يَرَى مَا لَا نَرَى. [متفق عليه]

628- عَنْ أُمِّ المُؤْمِنِينَ عَائِشَةَ رَضِيَ اللَّهُ عَنْهَا، قَالَتْ: «أَنَّ النَّاسَ كَانُوا يَتَحَرَّوْنَ بِهَدَايَاهُمْ يَوْمَ عَائِشَةَ، يَبْتَغُونَ بِذَلِكَ مَرْضَاةَ رَسُولِ اللَّهِ صَلَّى اللَّهُ عَلَيْهِ وَسَلَّمَ». [متفق عليه]

629- عَنْ أُمِّ المُؤْمِنِينَ عَائِشَةَ رَضِيَ اللَّهُ عَنْهَا، قَالَتْ: «أَنَّ سَوْدَةَ بِنْتَ زَمْعَةَ وَهَبَتْ يَوْمَهَا وَلَيْلَتَهَا لِعَائِشَةَ زَوْجِ النَّبِيِّ صَلَّى اللَّهُ عَلَيْهِ وَسَلَّمَ، تَبْتَغِي بِذَلِكَ رِضَا رَسُولِ اللَّهِ صَلَّى اللَّهُ عَلَيْهِ وَسَلَّمَ». [متفق عليه]

630- عَنْ زَيْدِ بْنِ ثَابِتٍ رَضِيَ اللَّهُ عَنْهُ، قَالَ: «كَانَتِ الصُّحُفُ ـ صُحُفُ القُرْآنِ ـ عِنْدَ أَبِي بَكْرٍ حَتَّى تَوَفَّاهُ اللَّهُ، ثُمَّ عِنْدَ عُمَرَ حَيَاتَهُ، ثُمَّ عِنْدَ حَفْصَةَ بِنْتِ عُمَرَ رَضِيَ اللَّهُ عَنْهُ». [رواه البخاري]

631- عَنْ قَيْسِ بْنِ زَيْدٍ رَضِيَ اللَّهُ عَنْهُ، قَالَ: قَالَ رَسُولُ اللَّهِ صَلَّى اللَّهُ عَلَيْهِ وَسَلَّمَ: «قَالَ لِي جِبْرِيلُ عَلَيْهِ السَّلَامُ: رَاجِعْ حَفْصَةَ، فَإِنَّهَا صَوَّامَةٌ قَوَّامَةٌ، وَإِنَّهَا زَوْجَتُكَ فِي الجَنَّةِ». [رواه الحاكم]

632- عَنْ كَعْبِ بْنِ مَالِكٍ رَضِيَ اللَّهُ عَنْهُ، قَالَ: أَنْزَلَ اللَّهُ تَوْبَتَنَا وَرَسُولُ اللَّهِ صَلَّى اللَّهُ عَلَيْهِ وَسَلَّمَ عِنْدَ أُمِّ سَلَمَةَ، وَكَانَتْ أُمُّ سَلَمَةَ مُحْسِنَةً فِي شَأْنِي مَعْنِيَّةً فِي أَمْرِي، فَقَالَ رَسُولُ اللَّهِ صَلَّى اللَّهُ عَلَيْهِ وَسَلَّمَ: «يَا أُمَّ سَلَمَةَ تِيبَ عَلَى كَعْبٍ». [رواه البخاري]

633- عَنْ أَنَسِ بْنِ مَالِكٍ رَضِيَ اللَّهُ عَنْهُ، قَالَ: «أَنَّ هَذِهِ الآيَةَ: ﴿إِبِاللَّهِ مِنَ الشَّيْطَانِ الرَّجِيمِ﴾ ﴿ ﴾ [الأحزاب: 37] نَزَلَتْ فِي شَأْنِ زَيْنَبَ بِنْتِ جَحْشٍ وَزَيْدِ بْنِ حَارِثَةَ». [رواه البخاري]

634- عَنْ أَنَسِ بْنِ مَالِكٍ رَضِيَ اللَّهُ عَنْهُ، قَالَ: «نَزَلَتْ آيَةُ الحِجَابِ فِي زَيْنَبَ بِنْتِ جَحْشٍ، وَأَطْعَمَ عَلَيْهَا يَوْمَئِذٍ خُبْزًا وَلَحْمًا، وَكَانَتْ تَفْخَرُ عَلَى نِسَاءِ النَّبِيِّ صَلَّى اللَّهُ عَلَيْهِ وَسَلَّمَ، وَكَانَتْ تَقُولُ: إِنَّ اللَّهَ أَنْكَحَنِي فِي السَّمَاءِ». [رواه البخاري]

635- عَنْ أُمِّ الْمُؤْمِنِينَ عَائِشَةَ، قَالَتْ: كَانَ رَسُولُ اللهِ صَلَّى اللهُ عَلَيْهِ وَسَلَّمَ سَأَلَ زَيْنَبَ بِنْتَ جَحْشٍ عَنْ أَمْرِي «مَا عَلِمْتِ أَوْ مَا رَأَيْتِ؟» فَقَالَتْ: يَا رَسُولَ اللهِ أَحْمِي سَمْعِي وَبَصَرِي، وَاللهِ مَا عَلِمْتُ إِلَّا خَيْرًا، قَالَتْ عَائِشَةُ: «وَهِيَ الَّتِي كَانَتْ تُسَامِينِي مِنْ أَزْوَاجِ النَّبِيِّ صَلَّى اللهُ عَلَيْهِ وَسَلَّمَ، فَعَصَمَهَا اللهُ بِالْوَرَعِ». [رواه البخاري]

636- عَنْ أُمِّ الْمُؤْمِنِينَ عَائِشَةَ، قَالَتْ: «وَلَمْ أَرَ امْرَأَةً قَطُّ خَيْرًا فِي الدِّينِ مِنْ زَيْنَبَ وَأَتْقَى لِلَّهِ وَأَصْدَقَ حَدِيثًا، وَأَوْصَلَ لِلرَّحِمِ، وَأَعْظَمَ صَدَقَةً، وَأَشَدَّ ابْتِذَالًا لِنَفْسِهَا فِي الْعَمَلِ الَّذِي تَصَدَّقُ بِهِ، وَتَقَرَّبُ بِهِ إِلَى اللهِ تَعَالَى، مَا عَدَا سَوْرَةً مِنْ حِدَّةٍ كَانَتْ فِيهَا، تُسْرِعُ مِنْهَا الْفَيْئَةَ». [رواه مسلم]
*****

(باب فضائل أصحاب النبي)

637- عَنْ أَبِي سَعِيدٍ الْخُدْرِيِّ رَضِيَ اللهُ عَنْهُ، قَالَ: قَالَ رَسُولُ اللهِ صَلَّى اللهُ عَلَيْهِ وَسَلَّمَ: «لَا تَسُبُّوا أَصْحَابِي، فَلَوْ أَنَّ أَحَدَكُمْ أَنْفَقَ مِثْلَ أُحُدٍ، ذَهَبًا مَا بَلَغَ مُدَّ أَحَدِهِمْ، وَلَا نَصِيفَهُ». [متفق عليه]

638- عَنْ أُمِّ الْمُؤْمِنِينَ عَائِشَةَ رَضِيَ اللهُ عَنْهَا، قَالَتْ: سَأَلَ رَجُلٌ النَّبِيَّ صَلَّى اللهُ عَلَيْهِ وَسَلَّمَ أَيُّ النَّاسِ خَيْرٌ؟ قَالَ: «الْقَرْنُ الَّذِي أَنَا فِيهِ، ثُمَّ الثَّانِي، ثُمَّ الثَّالِثُ». [رواه مسلم]

639- عَنْ عِمْرَانَ بْنِ حُصَيْنٍ رَضِيَ اللهُ عَنْهُمَا، قَالَ: قَالَ رَسُولُ اللهِ صَلَّى اللهُ عَلَيْهِ وَسَلَّمَ: «خَيْرُكُمْ قَرْنِي، ثُمَّ الَّذِينَ يَلُونَهُمْ، ثُمَّ الَّذِينَ يَلُونَهُمْ». [متفق عليه]

640- عَنْ وَاثِلَةَ بْنِ الْأَسْقَعِ رَضِيَ اللهُ عَنْهُ، قَالَ: قَالَ رَسُولُ اللهِ صَلَّى اللهُ عَلَيْهِ وَسَلَّمَ: «لَا تَزَالُونَ بِخَيْرٍ مَا دَامَ فِيكُمْ مَنْ رَآنِي وَصَاحَبَنِي، وَاللهِ لَا تَزَالُونَ بِخَيْرٍ مَا دَامَ فِيكُمْ مَنْ رَأَى مَنْ رَآنِي وَصَاحَبَ مَنْ صَاحَبَنِي». [رواه ابن أبي شيبة]

641- عَنْ سَهْلِ بْنِ سَعْدٍ السَّاعِدِيِّ رَضِيَ اللهُ عَنْهُ، قَالَ: قَالَ رَسُولُ اللهِ صَلَّى اللهُ عَلَيْهِ وَسَلَّمَ: «اللَّهُمَّ لَا عَيْشَ إِلَّا عَيْشُ الْآخِرَةْ، فَاغْفِرْ لِلْأَنْصَارِ وَالْمُهَاجِرَةْ». [متفق عليه]

٦٤٢- عَنْ أَبِي هُرَيْرَةَ رَضِيَ اللهُ عَنْهُ، قَالَ: قَالَ رَسُولُ اللهِ صَلَّى اللهُ عَلَيْهِ وَسَلَّمَ: «قُرَيْشٌ، وَالْأَنْصَارُ، وَجُهَيْنَةُ، وَمُزَيْنَةُ، وَأَسْلَمُ، وَأَشْجَعُ، وَغِفَارُ مَوَالِيَّ، لَيْسَ لَهُمْ مَوْلًى دُونَ اللهِ وَرَسُولِهِ». [مُتَّفَقٌ عَلَيْهِ]

٦٤٣- عَنْ أَبِي حُمَيْدٍ [عَبْدِ الرَّحْمَنِ بْنِ سَعْدٍ السَّاعِدِيِّ] رَضِيَ اللهُ عَنْهُ، قَالَ: قَالَ رَسُولُ اللهِ صَلَّى اللهُ عَلَيْهِ وَسَلَّمَ: «إِنَّ خَيْرَ دُورِ الْأَنْصَارِ دَارُ بَنِي النَّجَّارِ، ثُمَّ عَبْدِ الْأَشْهَلِ، ثُمَّ دَارُ بَنِي الْحَارِثِ، ثُمَّ بَنِي سَاعِدَةَ، وَفِي كُلِّ دُورِ الْأَنْصَارِ خَيْرٌ». [مُتَّفَقٌ عَلَيْهِ]

٦٤٤- عَنْ أَبِي مُوسَى الْأَشْعَرِيِّ رَضِيَ اللهُ عَنْهُ، قَالَ: قَالَ رَسُولُ اللهِ صَلَّى اللهُ عَلَيْهِ وَسَلَّمَ: «النُّجُومُ أَمَنَةٌ لِلسَّمَاءِ، فَإِذَا ذَهَبَتِ النُّجُومُ أَتَى السَّمَاءَ مَا تُوعَدُ، وَأَنَا أَمَنَةٌ لِأَصْحَابِي، فَإِذَا ذَهَبْتُ أَتَى أَصْحَابِي مَا يُوعَدُونَ، وَأَصْحَابِي أَمَنَةٌ لِأُمَّتِي، فَإِذَا ذَهَبَ أَصْحَابِي أَتَى أُمَّتِي مَا يُوعَدُونَ». [رَوَاهُ مُسْلِمٌ]

٦٤٥- عَنْ أَنَسِ بْنِ مَالِكٍ رَضِيَ اللهُ عَنْهُ، قَالَ: قَالَ رَسُولُ اللهِ صَلَّى اللهُ عَلَيْهِ وَسَلَّمَ: «آيَةُ الْإِيمَانِ حُبُّ الْأَنْصَارِ، وَآيَةُ النِّفَاقِ بُغْضُ الْأَنْصَارِ». [مُتَّفَقٌ عَلَيْهِ]

٦٤٦- عَنْ أَنَسِ بْنِ مَالِكٍ رَضِيَ اللهُ عَنْهُ، أَنَّ امْرَأَةً مِنَ الْأَنْصَارِ أَتَتِ النَّبِيَّ صَلَّى اللهُ عَلَيْهِ وَسَلَّمَ مَعَهَا أَوْلَادٌ لَهَا، فَقَالَ النَّبِيُّ صَلَّى اللهُ عَلَيْهِ وَسَلَّمَ: «وَالَّذِي نَفْسِي بِيَدِهِ، إِنَّكُمْ لَأَحَبُّ النَّاسِ إِلَيَّ» قَالَهَا ثَلَاثَ مِرَارٍ. [مُتَّفَقٌ عَلَيْهِ]

٦٤٧- عَنْ زَيْدِ بْنِ أَرْقَمَ رَضِيَ اللهُ عَنْهُ، قَالَ: قَالَ رَسُولُ اللهِ صَلَّى اللهُ عَلَيْهِ وَسَلَّمَ: «اللَّهُمَّ اغْفِرْ لِلْأَنْصَارِ، وَلِأَبْنَاءِ الْأَنْصَارِ، وَأَبْنَاءِ أَبْنَاءِ الْأَنْصَارِ». [مُتَّفَقٌ عَلَيْهِ]

٦٤٨- عَنْ أُمِّ مُبَشِّرٍ الْأَنْصَارِيَّةِ -امْرَأَةِ زَيْدِ بْنِ حَارِثَةَ- أَنَّهَا سَمِعَتِ النَّبِيَّ صَلَّى اللهُ عَلَيْهِ وَسَلَّمَ، يَقُولُ عِنْدَ حَفْصَةَ: «لَا يَدْخُلُ النَّارَ إِنْ شَاءَ اللهُ مِنْ أَصْحَابِ الشَّجَرَةِ أَحَدٌ، الَّذِينَ بَايَعُوا تَحْتَهَا». [رَوَاهُ مُسْلِمٌ]

٦٤٩- عَنْ عَلِيِّ بْنِ أَبِي طَالِبٍ رَضِيَ اللهُ عَنْهُ، قَالَ: قَالَ رَسُولُ اللهِ صَلَّى اللهُ عَلَيْهِ وَسَلَّمَ: «لَعَلَّ اللَّهَ عَزَّ وَجَلَّ اطَّلَعَ عَلَى أَهْلِ بَدْرٍ فَقَالَ: اعْمَلُوا مَا شِئْتُمْ فَقَدْ غَفَرْتُ لَكُمْ». [مُتَّفَقٌ عَلَيْهِ]

650- عَنْ عَبْدِ الرَّحْمَنِ بْنِ عَوْفٍ رَضِيَ اللهُ عَنْهُ، قَالَ: قَالَ رَسُولُ اللهِ صَلَّى اللهُ عَلَيْهِ وَسَلَّمَ: «أَبُو بَكْرٍ فِي الْجَنَّةِ، وَعُمَرُ فِي الْجَنَّةِ، وَعُثْمَانُ فِي الْجَنَّةِ، وَعَلِيٌّ فِي الْجَنَّةِ وَطَلْحَةُ فِي الْجَنَّةِ وَالزُّبَيْرُ فِي الْجَنَّةِ وَعَبْدُ الرَّحْمَنِ بْنُ عَوْفٍ فِي الْجَنَّةِ، وَسَعْدٌ فِي الْجَنَّةِ، وَسَعِيدٌ فِي الْجَنَّةِ، وَأَبُو عُبَيْدَةَ بْنُ الْجَرَّاحِ فِي الْجَنَّةِ». [رواه الترمذي]

651- عَنْ أَبِي سَعِيدٍ الْخُدْرِيِّ رَضِيَ اللهُ عَنْهُ، قَالَ: قَالَ رَسُولُ اللهِ صَلَّى اللهُ عَلَيْهِ وَسَلَّمَ: «إِنَّ أَهْلَ الدَّرَجَاتِ الْعُلَى لَيُرَوْنَ مِنْ فَوْقِهِمْ كَمَا تَرَوْنَ الْكَوْكَبَ الدُّرِّيَّ فِي أُفُقِ السَّمَاءِ، وَإِنَّ أَبَا بَكْرٍ وَعُمَرَ مِنْهُمْ وَأَنْعَمَا». [رواه أحمد]

652- عَنْ عَبْدِ اللهِ بْنِ مَسْعُودٍ رَضِيَ اللهُ عَنْهُ، قَالَ: قَالَ رَسُولُ اللهِ صَلَّى اللهُ عَلَيْهِ وَسَلَّمَ: «لَوْ كُنْتُ مُتَّخِذًا خَلِيلًا لَاتَّخَذْتُ أَبَا بَكْرٍ خَلِيلًا، وَلَكِنَّهُ أَخِي وَصَاحِبِي، وَقَدِ اتَّخَذَ اللهُ عَزَّ وَجَلَّ صَاحِبَكُمْ خَلِيلًا». [رواه مسلم]

653- عَنْ عَبْدِ اللهِ بْنِ عُمَرَ بْنِ الْخَطَّابِ رَضِيَ اللهُ عَنْهُمَا، قَالَ: «كُنَّا فِي زَمَنِ النَّبِيِّ صَلَّى اللهُ عَلَيْهِ وَسَلَّمَ لَا نَعْدِلُ بِأَبِي بَكْرٍ أَحَدًا، ثُمَّ عُمَرَ، ثُمَّ عُثْمَانَ، ثُمَّ نَتْرُكُ أَصْحَابَ النَّبِيِّ صَلَّى اللهُ عَلَيْهِ وَسَلَّمَ، لَا نُفَاضِلُ بَيْنَهُمْ». [رواه البخاري]

654- عَنْ أَبِي هُرَيْرَةَ رَضِيَ اللهُ عَنْهُ، قَالَ: قَالَ رَسُولُ اللهِ صَلَّى اللهُ عَلَيْهِ وَسَلَّمَ: «مَا نَفَعَنِي مَالٌ قَطُّ، مَا نَفَعَنِي مَالُ أَبِي بَكْرٍ» قَالَ: فَبَكَى أَبُو بَكْرٍ، وَقَالَ: يَا رَسُولَ اللهِ، هَلْ أَنَا وَمَالِي إِلَّا لَكَ يَا رَسُولَ اللهِ. [رواه ابن ماجة]

655- عَنْ أَنَسِ بْنِ مَالِكٍ رَضِيَ اللهُ عَنْهُ، قَالَ: أَنَّ النَّبِيَّ صَلَّى اللهُ عَلَيْهِ وَسَلَّمَ صَعِدَ أُحُدًا، وَأَبُو بَكْرٍ، وَعُمَرُ، وَعُثْمَانُ فَرَجَفَ بِهِمْ، فَقَالَ: «اثْبُتْ أُحُدُ فَإِنَّمَا عَلَيْكَ نَبِيٌّ، وَصِدِّيقٌ، وَشَهِيدَانِ». [رواه البخاري]

656- عَنْ عَلِيِّ بْنِ أَبِي طَالِبٍ رَضِيَ اللهُ عَنْهُ، قَالَ: «قِيلَ لِعَلِيٍّ، وَلِأَبِي بَكْرٍ يَوْمَ بَدْرٍ: مَعَ أَحَدِكُمَا جِبْرِيلُ، وَمَعَ الْآخَرِ مِيكَائِيلُ وَإِسْرَافِيلُ مَلَكٌ عَظِيمٌ يَشْهَدُ الْقِتَالَ - أَوْ قَالَ: يَشْهَدُ الصَّفَّ». [رواه أحمد]

657- عَنْ جَابِرِ بْنِ عَبْدِ اللهِ رَضِيَ اللهُ عَنْهُمَا، قَالَ: كَانَ عُمَرُ رَضِيَ اللهُ عَنْهُ، يَقُولُ: «أَبُو بَكْرٍ سَيِّدُنَا، وَأَعْتَقَ سَيِّدَنَا

يَعْنِي بِلَالًا». [رواه البخاري]

658- عَنْ أُمِّ المُؤْمِنِينَ عَائِشَةَ رَضِيَ اللَّهُ عَنْهَا، قَالَتْ: «أَعْتَقَ أَبُو بَكْرٍ رَضِيَ اللَّهُ عَنْهُ سَبْعَةً مِمَّنْ كَانَ يُعَذَّبُ فِي اللهِ عَزَّ وَجَلَّ، مِنْهُمْ بِلَالٌ وَعَامِرُ بْنُ فُهَيْرَةَ». [رواه الحاكم]

659- عَنْ أَبِي هُرَيْرَةَ رَضِيَ اللَّهُ عَنْهُ، قَالَ: قَالَ رَسُولُ اللهِ صَلَّى اللهُ عَلَيْهِ وَسَلَّمَ: «لَقَدْ كَانَ فِيمَا قَبْلَكُمْ مِنَ الأُمَمِ مُحَدَّثُونَ، فَإِنْ يَكُ فِي أُمَّتِي أَحَدٌ، فَإِنَّهُ عُمَرُ». [رواه البخاري]

660- عَنْ عَبْدِ اللهِ بْنِ عُمَرَ بْنِ الخَطَّابِ رَضِيَ اللَّهُ عَنْهُمَا، قَالَ: قَالَ رَسُولُ اللهِ صَلَّى اللهُ عَلَيْهِ وَسَلَّمَ: «بَيْنَا أَنَا نَائِمٌ شَرِبْتُ -يَعْنِي اللَّبَنَ- حَتَّى أَنْظُرَ إِلَى الرِّيِّ يَجْرِي فِي ظُفْرِي -أَوْ فِي أَظْفَارِي- ثُمَّ نَاوَلْتُ عُمَرَ» فَقَالُوا: فَمَا أَوَّلْتَهُ؟ قَالَ: «العِلْمَ». [متفق عليه]

661- عَنْ عَبْدِ اللهِ بْنِ عُمَرَ بْنِ الخَطَّابِ رَضِيَ اللَّهُ عَنْهُمَا، قَالَ: قَالَ رَسُولُ اللهِ صَلَّى اللهُ عَلَيْهِ وَسَلَّمَ: «إِنَّ اللهَ جَعَلَ الحَقَّ عَلَى لِسَانِ عُمَرَ وَقَلْبِهِ». [رواه الترمذي]

662- عَنْ عَبْدِ اللهِ بْنِ عُمَرَ بْنِ الخَطَّابِ رَضِيَ اللَّهُ عَنْهُمَا، قَالَ: قَالَ عُمَرُ: «وَافَقْتُ رَبِّي فِي ثَلَاثٍ، فِي مَقَامِ إِبْرَاهِيمَ، وَفِي الحِجَابِ، وَفِي أَسَارَى بَدْرٍ». [رواه مسلم]

663- عَنْ عَبْدِ اللهِ بْنِ مَسْعُودٍ رَضِيَ اللَّهُ عَنْهُ، قَالَ: «مَا زِلْنَا أَعِزَّةً مُنْذُ أَسْلَمَ عُمَرُ». [رواه البخاري]

664- عَنْ سَعْدِ بْنِ أَبِي وَقَّاصٍ رَضِيَ اللَّهُ عَنْهُ، قَالَ: قَالَ رَسُولُ اللهِ صَلَّى اللهُ عَلَيْهِ وَسَلَّمَ: «إِيهِ يَا ابْنَ الخَطَّابِ، وَالَّذِي نَفْسِي بِيَدِهِ، مَا لَقِيَكَ الشَّيْطَانُ سَالِكًا فَجًّا إِلَّا سَلَكَ فَجًّا غَيْرَ فَجِّكَ». [متفق عليه]

665- عَنْ أَبِي هُرَيْرَةَ رَضِيَ اللَّهُ عَنْهُ، قَالَ: أَنَّ رَسُولَ اللهِ صَلَّى اللهُ عَلَيْهِ وَسَلَّمَ، كَانَ عَلَى حِرَاءٍ هُوَ وَأَبُو بَكْرٍ، وَعُمَرُ، وَعُثْمَانُ، وَعَلِيٌّ، وَطَلْحَةُ، وَالزُّبَيْرُ، فَتَحَرَّكَتِ الصَّخْرَةُ، فَقَالَ رَسُولُ اللهِ صَلَّى اللهُ عَلَيْهِ وَسَلَّمَ: «اهْدَأْ فَمَا عَلَيْكَ إِلَّا نَبِيٌّ، أَوْ صِدِّيقٌ، أَوْ شَهِيدٌ». [رواه مسلم]

666- عَنْ أُمِّ المُؤْمِنِينَ عَائِشَةَ رَضِيَ اللَّهُ عَنْهَا، قَالَتْ لِلنَّبِيِّ صَلَّى اللهُ عَلَيْهِ وَسَلَّمَ: دَخَلَ أَبُو بَكْرٍ فَلَمْ تَهْتَشَّ لَهُ وَلَمْ تُبَالِهِ، ثُمَّ

دَخَلَ عُمَرُ فَلَمْ تَهْتَشَّ لَهُ وَلَمْ تُبَاله، ثُمَّ دَخَلَ عُثْمَانُ فَجَلَسْتُ وَسَوَّيْتُ ثِيَابَكَ فَقَالَ: «أَلَا أَسْتَحْي مِنْ رَجُلٍ تَسْتَحْي مِنْهُ المَلَائِكَةُ». [رواه مسلم]

٦٦٧- عَنْ أَبِي عَبْدِ الرَّحْمَنِ السُّلَمِيّ [مِنَ التَّابِعِينَ]، قَالَ: أَنَّ عُثْمَانَ رَضِيَ اللهُ عَنْهُ حِينَ حُوصِرَ أَشْرَفَ عَلَيْهِمْ، وَقَالَ: أَنْشُدُكُمُ اللهَ، وَلَا أَنْشُدُ إِلَّا أَصْحَابَ النَّبِيّ صَلَّى اللهُ عَلَيْهِ وَسَلَّمَ، أَلَسْتُمْ تَعْلَمُونَ أَنَّ رَسُولَ اللهِ صَلَّى اللهُ عَلَيْهِ وَسَلَّمَ قَالَ: «مَنْ حَفَرَ رُومَةَ فَلَهُ الجَنَّةُ»؟ فَحَفَرْتُهَا، أَلَسْتُمْ تَعْلَمُونَ أَنَّهُ قَالَ: «مَنْ جَهَّزَ جَيْشَ العُسْرَةِ فَلَهُ الجَنَّةُ»؟ فَجَهَّزْتُهُمْ، قَالَ: فَصَدَّقُوهُ بِمَا قَالَ. [رواه البخاري]

٦٦٨- عَنْ أَسْمَاءَ بِنْتِ عُمَيْسٍ رَضِيَ اللهُ عَنْهَا، قَالَتْ: قَالَ رَسُولُ اللهِ صَلَّى اللهُ عَلَيْهِ وَسَلَّمَ: «يَا عَلِيُّ أَنْتَ مِنِّي بِمَنْزِلَةِ هَارُونَ مِنْ مُوسَى إِلَّا أَنَّهُ لَيْسَ بَعْدِي نَبِيٌّ». [رواه أحمد]

٦٦٩- عَنْ عَلِيّ بْنِ أَبِي طَالِبٍ رَضِيَ اللهُ عَنْهُ، قَالَ: وَالَّذِي فَلَقَ الحَبَّةَ، وَبَرَأَ النَّسَمَةَ، أَنَّهُ لَعَهْدُ النَّبِيّ الأُمِّيّ صَلَّى اللهُ عَلَيْهِ وَسَلَّمَ إِلَيَّ: «أَنْ لَا يُحِبَّنِي إِلَّا مُؤْمِنٌ، وَلَا يُبْغِضَنِي إِلَّا مُنَافِقٌ». [رواه مسلم]

٦٧٠- عَنْ أُمّ المُؤْمِنِينَ أُمّ سَلَمَةَ رَضِيَ اللهُ عَنْهَا، قَالَتْ: قَالَ رَسُولُ اللهِ صَلَّى اللهُ عَلَيْهِ وَسَلَّمَ: «مَنْ سَبَّ عَلِيًّا، فَقَدْ سَبَّنِي». [رواه أحمد]

٦٧١- عَنْ سَعْدِ بْنِ أَبِي وَقَّاصٍ رَضِيَ اللهُ عَنْهُ، قَالَ: قَالَ رَسُولُ اللهِ صَلَّى اللهُ عَلَيْهِ وَسَلَّمَ: «مَنْ كُنْتُ مَوْلَاهُ فَعَلِيٌّ مَوْلَاهُ». [رواه ابن ماجة]

٦٧٢- عَنِ الزُّبَيْرِ بْنِ العَوَّامِ، رَضِيَ اللهُ عَنْهُ، قَالَ: سَمِعْتُ رَسُولَ اللهِ صَلَّى اللهُ عَلَيْهِ وَسَلَّمَ يَقُولُ يَوْمَئِذٍ: «أَوْجَبَ طَلْحَةُ» حِينَ صَنَعَ بِرَسُولِ اللهِ صَلَّى اللهُ عَلَيْهِ وَسَلَّمَ مَا صَنَعَ، يَعْنِي حِينَ بَرَكَ لَهُ طَلْحَةُ فَصَعِدَ رَسُولُ اللهِ صَلَّى اللهُ عَلَيْهِ وَسَلَّمَ عَلَى ظَهْرِهِ. [رواه أحمد]

٦٧٣- عَنْ جَابِرِ بْنِ عَبْدِ اللهِ رَضِيَ اللهُ عَنْهُمَا، قَالَ: قَالَ رَسُولُ اللهِ صَلَّى اللهُ عَلَيْهِ وَسَلَّمَ: «إِنَّ لِكُلّ نَبِيٍّ حَوَارِيًّا وَإِنَّ حَوَارِيَّ الزُّبَيْرُ بْنُ العَوَّامِ». [متفق عليه]

674- عَنْ عُرْوَةَ بْنِ الزُّبَيْرِ بْنِ الْعَوَّامِ، قَالَ: قَالَتْ لِي عَائِشَةُ رَضِيَ اللهُ عَنْها: «كَانَ أَبَوَاكَ ـ أَبُو بَكْرٍ وَالزُّبَيْرُ ـ مِنَ الَّذِينَ اسْتَجَابُوا لِلَّهِ وَالرَّسُولِ مِنْ بَعْدِ مَا أَصَابَهُمُ الْقَرْحُ». [رواه مسلم]

675- عَنْ سَعْدِ بْنِ أَبِي وَقَّاصٍ رَضِيَ اللهُ عَنْهُ، قَالَ: «مَا أَسْلَمَ أَحَدٌ إِلَّا فِي الْيَوْمِ الَّذِي أَسْلَمْتُ فِيهِ، وَلَقَدْ مَكَثْتُ سَبْعَةَ أَيَّامٍ وَإِنِّي لَثُلُثُ الْإِسْلَامِ». [رواه البخاري]

676- عَنْ سَعْدِ بْنِ أَبِي وَقَّاصٍ رَضِيَ اللهُ عَنْهُ، قَالَ: قَالَ رَسُولُ اللهِ صَلَّى اللهُ عَلَيْهِ وَسَلَّمَ: «اللَّهُمَّ اسْتَجِبْ لِسَعْدٍ إِذَا دَعَاكَ». [رواه الترمذي]

677- عَنْ أَنَسِ بْنِ مَالِكٍ رَضِيَ اللهُ عَنْهُ، قَالَ: قَالَ رَسُولُ اللهِ صَلَّى اللهُ عَلَيْهِ وَسَلَّمَ: «إِنَّ لِكُلِّ أُمَّةٍ أَمِينًا، وَإِنَّ أَمِينَنَا أَيَّتُهَا الْأُمَّةُ أَبُو عُبَيْدَةَ بْنُ الْجَرَّاحِ». [متفق عليه]

678- عَنْ سَعْدِ بْنِ أَبِي وَقَّاصٍ رَضِيَ اللهُ عَنْهُ، قَالَ: «كَانَ حَمْزَةُ بْنُ عَبْدِ الْمُطَّلِبِ يُقَاتِلُ يَوْمَ أُحُدٍ بَيْنَ يَدَيْ رَسُولِ اللهِ صَلَّى اللهُ عَلَيْهِ وَسَلَّمَ وَيَقُولُ: أَنَا أَسَدُ اللهِ». [رواه الحاكم]

679- عَنْ أَبِي هُرَيْرَةَ رَضِيَ اللهُ عَنْهُ، قَالَ: قَالَ رَسُولُ اللهِ صَلَّى اللهُ عَلَيْهِ وَسَلَّمَ: «نِعْمَ الرَّجُلُ أَبُو بَكْرٍ، نِعْمَ الرَّجُلُ عُمَرُ، نِعْمَ الرَّجُلُ أَبُو عُبَيْدَةَ بْنُ الْجَرَّاحِ، نِعْمَ الرَّجُلُ أُسَيْدُ بْنُ حُضَيْرٍ، نِعْمَ الرَّجُلُ ثَابِتُ بْنُ قَيْسِ بْنِ شَمَّاسٍ، نِعْمَ الرَّجُلُ مُعَاذُ بْنُ جَبَلٍ، نِعْمَ الرَّجُلُ مُعَاذُ بْنُ عَمْرِو بْنِ الْجَمُوحِ». [رواه الترمذي]

680- عَنْ جَابِرِ بْنِ عَبْدِ اللهِ رَضِيَ اللهُ عَنْهُما، قَالَ: قَالَ رَسُولُ اللهِ صَلَّى اللهُ عَلَيْهِ وَسَلَّمَ: «سَيِّدُ الشُّهَدَاءِ حَمْزَةُ بْنُ عَبْدِ الْمُطَّلِبِ». [رواه الحاكم]

681- عَنْ أَبِي هُرَيْرَةَ رَضِيَ اللهُ عَنْهُ، قَالَ: قَالَ رَسُولُ اللهِ صَلَّى اللهُ عَلَيْهِ وَسَلَّمَ: «خَيْرُكُمْ خَيْرُكُمْ لِأَهْلِي مِنْ بَعْدِي». قَالَ: فَبَاعَ عَبْدُ الرَّحْمَنِ بْنُ عَوْفٍ حَدِيقَةً بِأَرْبَعِ مِائَةِ أَلْفٍ، فَقَسَمَهَا فِي أَزْوَاجِ النَّبِيِّ صَلَّى اللهُ عَلَيْهِ وَسَلَّمَ. [رواه ابن أبي عاصم]

682- عَنِ الْبَرَاءِ بْنِ عَازِبٍ رَضِيَ اللهُ عَنْهُ، قَالَ: قَالَ رَسُولُ اللهِ صَلَّى اللهُ عَلَيْهِ وَسَلَّمَ: «أَوَّلُ مَنْ قَدِمَ عَلَيْنَا مُصْعَبُ بْنُ عُمَيْرٍ، وَابْنُ أُمِّ مَكْتُومٍ، ثُمَّ قَدِمَ عَلَيْنَا عَمَّارُ بْنُ يَاسِرٍ، وَبِلَالٌ

رَضِيَ اللهُ عَنْهُمْ». [رواه البخاري]

683- عَنْ أُمِّ الْمُؤْمِنِينَ عَائِشَةَ رَضِيَ اللهُ عَنْهَا، قَالَتْ: «مَا بَعَثَ رَسُولُ اللهِ صَلَّى اللهُ عَلَيْهِ وَسَلَّمَ زَيْدَ بْنَ حَارِثَةَ فِي جَيْشٍ قَطُّ إِلَّا أَمَّرَهُ عَلَيْهِمْ وَلَوْ بَقِيَ بَعْدَهُ اسْتَخْلَفَهُ». [رواه أحمد]

684- عَنْ أَبِي هُرَيْرَةَ رَضِيَ اللهُ عَنْهُ، قَالَ: قَالَ رَسُولُ اللهِ صَلَّى اللهُ عَلَيْهِ وَسَلَّمَ: «مَرَّ بِي جَعْفَرٌ اللَّيْلَةَ فِي مَلَأٍ مِنَ الْمَلَائِكَةِ، وَهُوَ مُخَضَّبُ الْجَنَاحَيْنِ بِالدَّمِ أَبْيَضُ الْفُؤَادِ». [رواه الحاكم]

685- عَنِ الْبَرَاءِ بْنِ عَازِبٍ رَضِيَ اللهُ عَنْهُ، أَنَّ رَسُولَ اللهِ صَلَّى اللهُ عَلَيْهِ وَسَلَّمَ قَالَ لِعَلِيٍّ: «أَنْتَ مِنِّي وَأَنَا مِنْكَ»، وَقَالَ لِجَعْفَرٍ: «أَشْبَهْتَ خَلْقِي وَخُلُقِي»، وَقَالَ لِزَيْدٍ: «أَنْتَ أَخُونَا وَمَوْلَانَا». [رواه البخاري]

686- عَنْ أَنَسِ بْنِ مَالِكٍ رَضِيَ اللهُ عَنْهُ، قَالَ: قَالَ رَسُولُ اللهِ صَلَّى اللهُ عَلَيْهِ وَسَلَّمَ: «بِلَالٌ سَابِقُ الْحَبَشَةِ». [رواه أبو نعيم]

687- عَنْ رَجُلٍ مِنْ أَصْحَابِ النَّبِيِّ صَلَّى اللهُ عَلَيْهِ وَسَلَّمَ قَالَ: قَالَ رَسُولُ اللهِ صَلَّى اللهُ عَلَيْهِ وَسَلَّمَ: «مُلِئَ عَمَّارٌ إِيمَانًا إِلَى مُشَاشِهِ». [رواه النسائي]

688- عَنْ أُمِّ الْمُؤْمِنِينَ عَائِشَةَ رَضِيَ اللهُ عَنْهَا، قَالَتْ: قَالَ رَسُولُ اللهِ صَلَّى اللهُ عَلَيْهِ وَسَلَّمَ: «مَا خُيِّرَ عَمَّارٌ بَيْنَ أَمْرَيْنِ إِلَّا اخْتَارَ أَرْشَدَهُمَا». [رواه الترمذي]

689- عَنْ عَبْدِ اللهِ بْنِ مَسْعُودٍ رَضِيَ اللهُ عَنْهُ، قَالَ: أَنَّ أَبَا بَكْرٍ وَعُمَرَ بَشَّرَاهُ أَنَّ رَسُولَ اللهِ صَلَّى اللهُ عَلَيْهِ وَسَلَّمَ قَالَ: «مَنْ سَرَّهُ أَنْ يَقْرَأَ الْقُرْآنَ غَضًّا كَمَا أُنْزِلَ، فَلْيَقْرَأْهُ عَلَى قِرَاءَةِ ابْنِ أُمِّ عَبْدٍ». [رواه أحمد]

690- عَنْ عَبْدِ اللهِ بْنِ عَمْرِو بْنِ الْعَاصِ رَضِيَ اللهُ عَنْهُمَا، قَالَ: قَالَ رَسُولُ اللهِ صَلَّى اللهُ عَلَيْهِ وَسَلَّمَ: «اسْتَقْرِئُوا الْقُرْآنَ مِنْ أَرْبَعَةٍ، مِنْ عَبْدِ اللهِ بْنِ مَسْعُودٍ فَبَدَأَ بِهِ، وَسَالِمٍ، مَوْلَى أَبِي حُذَيْفَةَ، وَأُبَيِّ بْنِ كَعْبٍ، وَمُعَاذِ بْنِ جَبَلٍ». [متفق عليه]

691- عَنْ جَابِرِ بْنِ عَبْدِ اللهِ رَضِيَ اللهُ عَنْهُمَا، قَالَ: قَالَ

رَسُولُ اللهِ صَلَّى اللهُ عَلَيْهِ وَسَلَّمَ: «اهْتَزَّ عَرْشُ الرَّحْمَنِ لِمَوْتِ سَعْدِ بْنِ مُعَاذٍ». [متفق عليه]

692- عَنْ جَابِرِ بْنِ عَبْدِ اللهِ رَضِيَ اللهُ عَنْهُمَا، قَالَ: «أَنَا وَأَبِي وَخَالِي مِنْ أَصْحَابِ الْعَقَبَةِ». [رواه البخاري]

693- عَنْ جَابِرِ بْنِ عَبْدِ اللهِ رَضِيَ اللهُ عَنْهُمَا، قَالَ: قَالَ رَسُولُ اللهِ صَلَّى اللهُ عَلَيْهِ وَسَلَّمَ: «جَزَى اللهُ الْأَنْصَارَ عَنَّا خَيْرًا، وَلَا سِيَّمَا عَبْدُ اللهِ بْنُ عَمْرِو بْنِ حَرَامٍ، وَسَعْدُ بْنُ عُبَادَةَ». [رواه أبو يعلى]

694- عَنْ أَنَسِ بْنِ مَالِكٍ رَضِيَ اللهُ عَنْهُ، أَنَّ أُمَّ حَارِثَةَ بْنِ سُرَاقَةَ أَتَتِ النَّبِيَّ صَلَّى اللهُ عَلَيْهِ وَسَلَّمَ، فَقَالَتْ: يَا نَبِيَّ اللهِ، أَلَا تُحَدِّثُنِي عَنْ حَارِثَةَ - وَكَانَ قُتِلَ يَوْمَ بَدْرٍ أَصَابَهُ سَهْمٌ غَرْبٌ - فَإِنْ كَانَ فِي الْجَنَّةِ صَبَرْتُ، وَإِنْ كَانَ غَيْرَ ذَلِكَ، اجْتَهَدْتُ عَلَيْهِ فِي الْبُكَاءِ، قَالَ: «يَا أُمَّ حَارِثَةَ إِنَّهَا جِنَانٌ فِي الْجَنَّةِ، وَإِنَّ ابْنَكِ أَصَابَ الْفِرْدَوْسَ الْأَعْلَى». [رواه البخاري]

695- عَنِ الزُّبَيْرِ بْنِ الْعَوَّامِ رَضِيَ اللهُ عَنْهُ، قَالَ: سَمِعْتُ رَسُولَ اللهِ صَلَّى اللهُ عَلَيْهِ وَسَلَّمَ يَقُولُ عِنْدَ قَتْلِ حَنْظَلَةَ بْنِ أَبِي عَامِرٍ: «إِنَّ صَاحِبَكُمْ تُغَسِّلُهُ الْمَلَائِكَةُ». [رواه الحاكم]

696- عَنْ سَعْدِ بْنِ أَبِي وَقَّاصٍ رَضِيَ اللهُ عَنْهُ، قَالَ: مَا سَمِعْتُ النَّبِيَّ صَلَّى اللهُ عَلَيْهِ وَسَلَّمَ يَقُولُ لِأَحَدٍ يَمْشِي عَلَى الْأَرْضِ «إِنَّهُ مِنْ أَهْلِ الْجَنَّةِ» إِلَّا لِعَبْدِ اللهِ بْنِ سَلَامٍ. [متفق عليه]

697- عَنْ أَنَسِ بْنِ مَالِكٍ رَضِيَ اللهُ عَنْهُ، قَالَ: قَالَ رَسُولُ اللهِ صَلَّى اللهُ عَلَيْهِ وَسَلَّمَ: «لَصَوْتُ أَبِي طَلْحَةَ أَشَدُّ عَلَى الْمُشْرِكِينَ مِنْ فِئَةٍ». [رواه أحمد]

698- عَنْ أَنَسِ بْنِ مَالِكٍ رَضِيَ اللهُ عَنْهُ، قَالَ: «كَانَ أَبُو طَلْحَةَ يَتَتَرَّسُ مَعَ النَّبِيِّ صَلَّى اللهُ عَلَيْهِ وَسَلَّمَ بِتُرْسٍ وَاحِدٍ، وَكَانَ أَبُو طَلْحَةَ حَسَنَ الرَّمْيِ، فَكَانَ إِذَا رَمَى يُشْرِفُ النَّبِيُّ صَلَّى اللهُ عَلَيْهِ وَسَلَّمَ، فَيَنْظُرُ إِلَى مَوْضِعِ نَبْلِهِ». [رواه البخاري]

699- عَنْ أَبِي الدَّرْدَاءِ رَضِيَ اللهُ عَنْهُ، قَالَ: قَالَ رَسُولُ اللهِ صَلَّى اللهُ عَلَيْهِ وَسَلَّمَ: «مَا أَظَلَّتِ الْخَضْرَاءُ وَلَا أَقَلَّتِ الْغَبْرَاءُ مِنْ

ذِي لَهْجَةٍ أَصْدَقَ مِنْ أَبِي ذَرٍّ». [رواه أحمد]

700- عَنْ أُمِّ الْمُؤْمِنِينَ عَائِشَةَ رَضِيَ اللَّهُ عَنْهَا، قَالَتْ: قَالَ رَسُولُ اللَّهِ صَلَّى اللَّهُ عَلَيْهِ وَسَلَّمَ: «نِمْتُ، فَرَأَيْتُنِي فِي الْجَنَّةِ، فَسَمِعْتُ صَوْتَ قَارِئٍ يَقْرَأُ، فَقُلْتُ: مَنْ هَذَا؟ قَالُوا: هَذَا حَارِثَةُ بْنُ النُّعْمَانِ» فَقَالَ رَسُولُ اللَّهِ صَلَّى اللَّهُ عَلَيْهِ وَسَلَّمَ: «كَذَاكَ الْبِرُّ، كَذَاكَ الْبِرُّ» وَكَانَ أَبَرَّ النَّاسِ بِأُمِّهِ. [رواه أحمد]

701- عَنْ أَنَسِ بْنِ مَالِكٍ رَضِيَ اللَّهُ عَنْهُ، أَنَّ أُسَيْدَ بْنَ حُضَيْرٍ، وَعَبَّادَ بْنَ بِشْرٍ كَانَا عِنْدَ رَسُولِ اللَّهِ صَلَّى اللَّهُ عَلَيْهِ وَسَلَّمَ فِي لَيْلَةٍ ظَلْمَاءَ حِنْدِسٍ، قَالَ: فَلَمَّا خَرَجَا مِنْ عِنْدِهِ أَضَاءَتْ عَصَا أَحَدِهِمَا فَكَانَا يَمْشِيَانِ بِضَوْئِهَا، فَلَمَّا تَفَرَّقَا أَضَاءَتْ عَصَا هَذَا وَعَصَا هَذَا. [رواه أحمد]

702- عَنْ عَبْدِ اللهِ بْنِ عُمَرَ بْنِ الْخَطَّابِ رَضِيَ اللَّهُ عَنْهُمَا، قَالَ: «كَانَ لِرَسُولِ اللهِ صَلَّى اللهُ عَلَيْهِ وَسَلَّمَ مُؤَذِّنَانِ بِلَالٌ، وَابْنُ أُمِّ مَكْتُومٍ الْأَعْمَى». [رواه مسلم]

703- عَنْ عَبْدِ اللهِ بْنِ عُمَرَ بْنِ الْخَطَّابِ رَضِيَ اللَّهُ عَنْهُمَا، قَالَ: «لَمَّا قَدِمَ الْمُهَاجِرُونَ الْأَوَّلُونَ الْعُصْبَةَ – مَوْضِعٌ بِقُبَاءٍ – قَبْلَ مَقْدَمِ رَسُولِ اللهِ صَلَّى اللهُ عَلَيْهِ وَسَلَّمَ كَانَ يَؤُمُّهُمْ سَالِمٌ مَوْلَى أَبِي حُذَيْفَةَ، وَكَانَ أَكْثَرَهُمْ قُرْآنًا». [رواه البخاري]

704- عَنْ عَبْدِ اللهِ بْنِ عُمَرَ بْنِ الْخَطَّابِ رَضِيَ اللَّهُ عَنْهُمَا، قَالَ: قَالَ رَسُولُ اللهِ صَلَّى اللهُ عَلَيْهِ وَسَلَّمَ: «أُسَامَةُ أَحَبُّ النَّاسِ إِلَيَّ». [رواه الحاكم]

705- عَنْ أَبِي مُوسَى الْأَشْعَرِيِّ رَضِيَ اللَّهُ عَنْهُ، قَالَ: قَالَ رَسُولُ اللهِ صَلَّى اللهُ عَلَيْهِ وَسَلَّمَ: «يَا أَبَا مُوسَى لَقَدْ أُوتِيتَ مِزْمَارًا مِنْ مَزَامِيرِ آلِ دَاوُدَ». [متفق عليه]

706- عَنْ أَنَسِ بْنِ مَالِكٍ رَضِيَ اللَّهُ عَنْهُ، قَالَ: جَمَعَ الْقُرْآنَ عَلَى عَهْدِ النَّبِيِّ صَلَّى اللهُ عَلَيْهِ وَسَلَّمَ أَرْبَعَةٌ، كُلُّهُمْ مِنَ الْأَنْصَارِ: أُبَيٌّ، وَمُعَاذُ بْنُ جَبَلٍ، وَأَبُو زَيْدٍ، وَزَيْدُ بْنُ ثَابِتٍ. قُلْتُ لِأَنَسٍ: مَنْ أَبُو زَيْدٍ؟ قَالَ: أَحَدُ عُمُومَتِي. [متفق عليه]

707- عَنْ عَبْدِ اللهِ بْنِ عُمَرَ بْنِ الْخَطَّابِ عَنْ أُخْتِهِ حَفْصَةَ بِنْتِ عُمَرَ رَضِيَ اللَّهُ عَنْهُم، قَالَتْ: قَالَ رَسُولُ اللهِ صَلَّى اللهُ عَلَيْهِ وَسَلَّمَ: «إِنَّ أَخَاكِ رَجُلٌ صَالِحٌ، أَوْ قَالَ: إِنَّ عَبْدَ اللهِ رَجُلٌ

صَالِحٌ». [رواه البخاري]

٧٠٨- عَنْ قَيْسِ بْنِ أَبِي حَازِمٍ [مِنَ التَّابِعِينَ]، قَالَ: سَمِعْتُ خَالِدَ بْنَ الوَلِيدِ، يَقُولُ: لَقَدِ انْقَطَعَتْ فِي يَدِي يَوْمَ مُؤْتَةَ تِسْعَةُ أَسْيَافٍ فَمَا بَقِيَ فِي يَدِي إِلَّا صَفِيحَةٌ يَمَانِيَةٌ. [رواه البخاري]

٧٠٩- عَنْ عَبْدِ اللهِ بْنِ عَبَّاسٍ رَضِيَ اللهُ عَنْهُمَا، قَالَ: ضَمَّنِي النَّبِيُّ صَلَّى اللهُ عَلَيْهِ وَسَلَّمَ إِلَى صَدْرِهِ، وَقَالَ: «اللَّهُمَّ عَلِّمْهُ الحِكْمَةَ». [رواه البخاري]

٧١٠- عَنْ أَنَسِ بْنِ مَالِكٍ رَضِيَ اللهُ عَنْهُ، أَنَّ عُمَرَ بْنَ الخَطَّابِ رَضِيَ اللهُ عَنْهُ، كَانَ إِذَا قَحَطُوا اسْتَسْقَى بِالعَبَّاسِ بْنِ عَبْدِ المُطَّلِبِ، فَقَالَ: «اللَّهُمَّ إِنَّا كُنَّا نَتَوَسَّلُ إِلَيْكَ بِنَبِيِّنَا فَتَسْقِينَا، وَإِنَّا نَتَوَسَّلُ إِلَيْكَ بِعَمِّ نَبِيِّنَا فَاسْقِنَا»، قَالَ: فَيُسْقَوْنَ. [رواه البخاري]

٧١١- عَنْ أَبِي حَبَّةَ البَدْرِيِّ [عَامِرِ بْنِ عَمْرٍو] رَضِيَ اللهُ عَنْهُ، قَالَ: قَالَ رَسُولُ اللهِ صَلَّى اللهُ عَلَيْهِ وَسَلَّمَ: «أَبُو سُفْيَانَ بْنُ الحَارِثِ خَيْرُ أَهْلِي». [رواه الحاكم]

٧١٢- عَنِ البَرَاءِ بْنِ عَازِبٍ رَضِيَ اللهُ عَنْهُ، قَالَ: سَمِعْتُ رَسُولَ اللهِ صَلَّى اللهُ عَلَيْهِ وَسَلَّمَ، يَقُولُ لِحَسَّانَ بْنِ ثَابِتٍ: «اهْجُهُمْ، أَوْ هَاجِهِمْ، وَجِبْرِيلُ مَعَكَ». [متفق عليه]

٧١٣- عَنْ أَبِي هُرَيْرَةَ رَضِيَ اللهُ عَنْهُ، قَالَ: مَا مِنْ أَصْحَابِ النَّبِيِّ صَلَّى اللهُ عَلَيْهِ وَسَلَّمَ أَحَدٌ أَكْثَرَ حَدِيثًا عَنْهُ مِنِّي، إِلَّا مَا كَانَ مِنْ عَبْدِ اللهِ بْنِ عَمْرٍو، فَإِنَّهُ كَانَ يَكْتُبُ وَلَا أَكْتُبُ. [رواه البخاري]

٧١٤- عَنْ جَابِرِ بْنِ عَبْدِ اللهِ رَضِيَ اللهُ عَنْهُمَا، قَالَ: أَنَّ عَبْدًا لِحَاطِبٍ جَاءَ رَسُولَ اللهِ صَلَّى اللهُ عَلَيْهِ وَسَلَّمَ يَشْكُو حَاطِبًا فَقَالَ: يَا رَسُولَ اللهِ لَيَدْخُلَنَّ حَاطِبٌ النَّارَ، فَقَالَ رَسُولُ اللهِ صَلَّى اللهُ عَلَيْهِ وَسَلَّمَ: «كَذَبْتَ لَا يَدْخُلُهَا، فَإِنَّهُ شَهِدَ بَدْرًا وَالحُدَيْبِيَّةَ». [رواه مسلم]

٧١٥- عَنْ أَبِي هُرَيْرَةَ رَضِيَ اللهُ عَنْهُ، قَالَ: قَالَ رَسُولُ اللهِ صَلَّى اللهُ عَلَيْهِ وَسَلَّمَ: «ابْنَا العَاصِ مُؤْمِنَانِ»، يَعْنِي هِشَامًا، وَعَمْرًا. [رواه أحمد]

٧١٦- عَنْ ثَوْبَانَ رَضِيَ اللهُ عَنْهُ، قَالَ: قَالَ رَسُولُ اللهِ صَلَّى اللهُ عَلَيْهِ وَسَلَّمَ: «مَنْ يَكْفُلُ لِي أَنْ لَا يَسْأَلَ النَّاسَ شَيْئًا، وَأَتَكَفَّلُ

لَهُ بِالْجَنَّةِ؟»، فَقَالَ ثَوْبَانُ: أَنَا، فَكَانَ لَا يَسْأَلُ أَحَدًا شَيْئًا. [رواه أبو داود]

*****

(باب فضائل مكة والمدينة)

717- عَنْ عَبْدِ اللهِ بْنِ عَبَّاسٍ رَضِيَ اللهُ عَنْهُمَا، قَالَ: قَالَ رَسُولُ اللهِ صَلَّى اللهُ عَلَيْهِ وَسَلَّمَ يَوْمَ فَتْحِ مَكَّةَ: «إِنَّ هَذَا الْبَلَدَ حَرَّمَهُ اللهُ لَا يُعْضَدُ شَوْكُهُ، وَلَا يُنَفَّرُ صَيْدُهُ، وَلَا يَلْتَقِطُ لُقَطَتَهُ إِلَّا مَنْ عَرَّفَهَا». [متفق عليه]

718- عَنْ عَبْدِ اللهِ بْنِ عَدِيِّ بْنِ حَمْرَاءَ رَضِيَ اللهُ عَنْهُ، قَالَ: رَأَيْتُ رَسُولَ اللهِ صَلَّى اللهُ عَلَيْهِ وَسَلَّمَ وَاقِفًا عَلَى الْحَزْوَرَةِ فَقَالَ: «وَاللهِ إِنَّكِ لَخَيْرُ أَرْضِ اللهِ، وَأَحَبُّ أَرْضِ اللهِ إِلَى اللهِ، وَلَوْلَا أَنِّي أُخْرِجْتُ مِنْكِ مَا خَرَجْتُ». [رواه الترمذي]

719- عَنْ أَنَسِ بْنِ مَالِكٍ رَضِيَ اللهُ عَنْهُ، قَالَ: قَالَ رَسُولُ اللهِ صَلَّى اللهُ عَلَيْهِ وَسَلَّمَ: «لَيْسَ مِنْ بَلَدٍ إِلَّا سَيَطَؤُهُ الدَّجَّالُ، إِلَّا مَكَّةَ، وَالْمَدِينَةَ، لَيْسَ لَهُ مِنْ نِقَابِهَا نَقْبٌ، إِلَّا عَلَيْهِ الْمَلَائِكَةُ صَافِّينَ يَحْرُسُونَهَا، ثُمَّ تَرْجُفُ الْمَدِينَةُ بِأَهْلِهَا ثَلَاثَ رَجَفَاتٍ، فَيُخْرِجُ اللهُ كُلَّ كَافِرٍ وَمُنَافِقٍ». [متفق عليه]

720- عَنْ أَبِي هُرَيْرَةَ رَضِيَ اللهُ عَنْهُ، قَالَ: قَالَ رَسُولُ اللهِ صَلَّى اللهُ عَلَيْهِ وَسَلَّمَ: «أُمِرْتُ بِقَرْيَةٍ تَأْكُلُ الْقُرَى، يَقُولُونَ يَثْرِبُ، وَهِيَ الْمَدِينَةُ، تَنْفِي النَّاسَ كَمَا يَنْفِي الْكِيرُ خَبَثَ الْحَدِيدِ». [متفق عليه]

721- عَنْ عَبْدِ اللهِ بْنِ زَيْدِ بْنِ عَاصِمٍ رَضِيَ اللهُ عَنْهُ، قَالَ: قَالَ رَسُولُ اللهِ صَلَّى اللهُ عَلَيْهِ وَسَلَّمَ: «إِنَّ إِبْرَاهِيمَ حَرَّمَ مَكَّةَ وَدَعَا لِأَهْلِهَا، وَإِنِّي حَرَّمْتُ الْمَدِينَةَ كَمَا حَرَّمَ إِبْرَاهِيمُ مَكَّةَ، وَإِنِّي دَعَوْتُ فِي صَاعِهَا وَمُدِّهَا بِمِثْلَيْ مَا دَعَا بِهِ إِبْرَاهِيمُ لِأَهْلِ مَكَّةَ». [متفق عليه]

722- عَنْ أَبِي هُرَيْرَةَ رَضِيَ اللهُ عَنْهُ، قَالَ: قَالَ رَسُولُ اللهِ صَلَّى اللهُ عَلَيْهِ وَسَلَّمَ: «إِنَّ الْإِيمَانَ لَيَأْرِزُ إِلَى الْمَدِينَةِ كَمَا تَأْرِزُ الْحَيَّةُ إِلَى جُحْرِهَا». [متفق عليه]

723- عَنْ أَنَسِ بْنِ مَالِكٍ رَضِيَ اللهُ عَنْهُ، قَالَ: قَالَ رَسُولُ

اللهِ صَلَّى اللهُ عَلَيْهِ وَسَلَّمَ: «الْمَدِينَةُ يَأْتِيهَا الدَّجَّالُ، فَيَجِدُ الْمَلَائِكَةَ يَحْرُسُونَهَا فَلَا يَقْرَبُهَا الدَّجَّالُ، وَلَا الطَّاعُونُ إِنْ شَاءَ اللَّهُ». [متفق عليه]

724- عَنْ أَبِي حُمَيْدٍ [عَبْدِ الرَّحْمَنِ بْنِ سَعْدٍ] رَضِيَ اللهُ عَنْهُ، قَالَ: أَقْبَلْنَا مَعَ النَّبِيِّ صَلَّى اللهُ عَلَيْهِ وَسَلَّمَ مِنْ غَزْوَةِ تَبُوكَ، حَتَّى إِذَا أَشْرَفْنَا عَلَى الْمَدِينَةِ قَالَ: «هَذِهِ طَابَةُ، وَهَذَا أُحُدٌ، جَبَلٌ يُحِبُّنَا وَنُحِبُّهُ». [متفق عليه]

725- عَنْ أَبِي هُرَيْرَةَ رَضِيَ اللهُ عَنْهُ، قَالَ: قَالَ رَسُولُ اللهِ صَلَّى اللهُ عَلَيْهِ وَسَلَّمَ: «يَأْتِي عَلَى النَّاسِ زَمَانٌ يَدْعُو الرَّجُلُ ابْنَ عَمِّهِ وَقَرِيبَهُ: هَلُمَّ إِلَى الرَّخَاءِ، هَلُمَّ إِلَى الرَّخَاءِ، وَالْمَدِينَةُ خَيْرٌ لَهُمْ لَوْ كَانُوا يَعْلَمُونَ». [رواه مسلم]

726- عَنْ أَنَسِ بْنِ مَالِكٍ رَضِيَ اللهُ عَنْهُ، قَالَ: قَالَ رَسُولُ اللهِ صَلَّى اللهُ عَلَيْهِ وَسَلَّمَ: «اللَّهُمَّ اجْعَلْ بِالْمَدِينَةِ ضِعْفَيْ مَا جَعَلْتَ بِمَكَّةَ مِنَ الْبَرَكَةِ». [متفق عليه]

727- عَنْ عَبْدِ اللهِ بْنِ عُمَرَ بْنِ الْخَطَّابِ رَضِيَ اللهُ عَنْهُمَا، قَالَ: قَالَ رَسُولُ اللهِ صَلَّى اللهُ عَلَيْهِ وَسَلَّمَ: «مَنْ صَبَرَ عَلَى لَأْوَائِهَا وَشِدَّتِهَا، كُنْتُ لَهُ شَهِيدًا أَوْ شَفِيعًا يَوْمَ الْقِيَامَةِ» يَعْنِي الْمَدِينَةَ. [رواه مسلم]

*****

(بابُ أشراطِ السَّاعةِ الصُّغرى)

728- عَنْ أَنَسِ بْنِ مَالِكٍ رَضِيَ اللهُ عَنْهُ، قَالَ: قَالَ رَسُولُ اللهِ صَلَّى اللهُ عَلَيْهِ وَسَلَّمَ: «مِنْ أَشْرَاطِ السَّاعَةِ: أَنْ يَقِلَّ الْعِلْمُ، وَيَظْهَرَ الْجَهْلُ، وَيَظْهَرَ الزِّنَا، وَتَكْثُرَ النِّسَاءُ، وَيَقِلَّ الرِّجَالُ، حَتَّى يَكُونَ لِخَمْسِينَ امْرَأَةً الْقَيِّمُ الْوَاحِدُ». [متفق عليه]

729- عَنْ عَبْدِ اللهِ بْنِ مَسْعُودٍ رَضِيَ اللهُ عَنْهُ، قَالَ: انْشَقَّ الْقَمَرُ عَلَى عَهْدِ رَسُولِ اللهِ صَلَّى اللهُ عَلَيْهِ وَسَلَّمَ شِقَّتَيْنِ، فَقَالَ النَّبِيُّ صَلَّى اللهُ عَلَيْهِ وَسَلَّمَ: «اشْهَدُوا». [متفق عليه]

730- عَنْ أَبِي هُرَيْرَةَ رَضِيَ اللهُ عَنْهُ، قَالَ: قَالَ رَسُولُ اللهِ صَلَّى اللهُ عَلَيْهِ وَسَلَّمَ: «لَا تَقُومُ السَّاعَةُ حَتَّى يَكْثُرَ الْهَرْجُ» قَالُوا: وَمَا الْهَرْجُ يَا رَسُولَ اللهِ؟ قَالَ: «الْقَتْلُ الْقَتْلُ». [متفق

عليه]

731- عَنْ أَنَسِ بْنِ مَالِكٍ رَضِيَ اللهُ عَنْهُ، قَالَ: قَالَ رَسُولُ اللهِ صَلَّى اللهُ عَلَيْهِ وَسَلَّمَ: «لَا تَقُومُ السَّاعَةُ حَتَّى لَا يُقَالَ فِي الْأَرْضِ: اللهُ، اللهُ». [رواه مسلم]

732- عَنْ أَبِي هُرَيْرَةَ رَضِيَ اللهُ عَنْهُ، قَالَ: قَالَ رَسُولُ اللهِ صَلَّى اللهُ عَلَيْهِ وَسَلَّمَ: «لَا تَقُومُ السَّاعَةُ حَتَّى يُبْعَثَ دَجَّالُونَ كَذَّابُونَ قَرِيبٌ مِنْ ثَلَاثِينَ، كُلُّهُمْ يَزْعُمُ أَنَّهُ رَسُولُ اللهِ». [متفق عليه]

733- عَنْ أَبِي هُرَيْرَةَ رَضِيَ اللهُ عَنْهُ، قَالَ: قَالَ رَسُولُ اللهِ صَلَّى اللهُ عَلَيْهِ وَسَلَّمَ: «لَا تَقُومُ السَّاعَةُ حَتَّى يُقْبَضَ الْعِلْمُ، وَتَكْثُرَ الزَّلَازِلُ، وَيَتَقَارَبَ الزَّمَانُ، وَتَظْهَرَ الْفِتَنُ، وَيَكْثُرَ الْهَرْجُ - وَهُوَ الْقَتْلُ الْقَتْلُ - حَتَّى يَكْثُرَ فِيكُمُ الْمَالُ فَيَفِيضَ». [رواه البخاري]

734- عَنْ أَبِي هُرَيْرَةَ رَضِيَ اللهُ عَنْهُ، قَالَ: قَالَ رَسُولُ اللهِ صَلَّى اللهُ عَلَيْهِ وَسَلَّمَ: «لَا تَقُومُ السَّاعَةُ حَتَّى يَمُرَّ الرَّجُلُ بِقَبْرِ الرَّجُلِ فَيَقُولُ: يَا لَيْتَنِي مَكَانَهُ». [متفق عليه]

735- عَنْ أَبِي هُرَيْرَةَ رَضِيَ اللهُ عَنْهُ، قَالَ: قَالَ رَسُولُ اللهِ صَلَّى اللهُ عَلَيْهِ وَسَلَّمَ: «لَا تَقُومُ السَّاعَةُ حَتَّى يَكْثُرَ الْمَالُ وَيَفِيضَ، حَتَّى يَخْرُجَ الرَّجُلُ بِزَكَاةِ مَالِهِ فَلَا يَجِدَ أَحَدًا يَقْبَلُهَا مِنْهُ، وَحَتَّى تَعُودَ أَرْضُ الْعَرَبِ مُرُوجًا وَأَنْهَارًا». [متفق عليه]

736- عَنْ أَبِي هُرَيْرَةَ رَضِيَ اللهُ عَنْهُ، قَالَ: قَالَ رَسُولُ اللهِ صَلَّى اللهُ عَلَيْهِ وَسَلَّمَ: «لَا تَقُومُ السَّاعَةُ حَتَّى تَأْخُذَ أُمَّتِي بِأَخْذِ الْقُرُونِ قَبْلَهَا، شِبْرًا بِشِبْرٍ وَذِرَاعًا بِذِرَاعٍ»، فَقِيلَ: يَا رَسُولَ اللهِ، كَفَارِسَ وَالرُّومِ؟ فَقَالَ: «وَمِنِ النَّاسِ إِلَّا أُولَئِكَ». [رواه البخاري]

737- عَنْ أَبِي هُرَيْرَةَ رَضِيَ اللهُ عَنْهُ، قَالَ: قَالَ رَسُولُ اللهِ صَلَّى اللهُ عَلَيْهِ وَسَلَّمَ:

«لَا تَقُومُ السَّاعَةُ حَتَّى يَقْتَتِلَ فِئَتَانِ دَعْوَاهُمَا وَاحِدَةٌ». [متفق عليه]

738- عَنْ أَبِي هُرَيْرَةَ رَضِيَ اللهُ عَنْهُ، قَالَ: قَالَ رَسُولُ اللهِ صَلَّى اللهُ عَلَيْهِ وَسَلَّمَ: «لَا تَقُومُ السَّاعَةُ، حَتَّى يَخْرُجَ رَجُلٌ مِنْ قَحْطَانَ، يَسُوقُ النَّاسَ بِعَصَاهُ». [متفق عليه]

٧٣٩- عَنْ أَبِي هُرَيْرَةَ رَضِيَ اللهُ عَنْهُ، قَالَ: قَالَ رَسُولُ اللهِ صَلَّى اللهُ عَلَيْهِ وَسَلَّمَ: «لَا تَقُومُ السَّاعَةُ حَتَّى يُقَاتِلَ الْمُسْلِمُونَ التُّرْكَ، قَوْماً وُجُوهُهُمْ كَالْمَجَانِّ الْمُطْرَقَةِ يَلْبَسُونَ الشَّعَرَ، وَيَمْشُونَ فِي الشَّعَرِ». [متفق عليه]

٧٤٠- عَنْ جَابِرِ بْنِ سَمُرَةَ رَضِيَ اللهُ عَنْهُ، قَالَ: قَالَ رَسُولُ اللهِ صَلَّى اللهُ عَلَيْهِ وَسَلَّمَ: «إِنَّ بَيْنَ يَدَيِ السَّاعَةِ كَذَّابِينَ فَاحْذَرُوهُمْ». [رواه مسلم]

٧٤١- عَنْ عَبْدِ اللهِ بْنِ مَسْعُودٍ رَضِيَ اللهُ عَنْهُ، قَالَ: «خَمْسٌ قَدْ مَضَيْنَ: الدُّخَانُ، وَالْقَمَرُ، وَالرُّومُ، وَالْبَطْشَةُ، وَاللِّزَامُ». [متفق عليه]

٧٤٢- عَنْ أَنَسِ بْنِ مَالِكٍ رَضِيَ اللهُ عَنْهُ، قَالَ: قَالَ رَسُولُ اللهِ صَلَّى اللهُ عَلَيْهِ وَسَلَّمَ: «بُعِثْتُ أَنَا وَالسَّاعَةَ كَهَاتَيْنِ» قَالَ: وَضَمَّ السَّبَّابَةَ وَالْوُسْطَى. [متفق عليه]

٧٤٣- عَنْ أَبِي هُرَيْرَةَ رَضِيَ اللهُ عَنْهُ، قَالَ: قَالَ رَسُولُ اللهِ صَلَّى اللهُ عَلَيْهِ وَسَلَّمَ: «لَيَأْتِيَنَّ عَلَى النَّاسِ زَمَانٌ، لَا يُبَالِي الْمَرْءُ بِمَا أَخَذَ الْمَالَ، أَمِنْ حَلَالٍ أَمْ مِنْ حَرَامٍ». [رواه البخاري]

٧٤٤- عَنْ أَبِي هُرَيْرَةَ رَضِيَ اللهُ عَنْهُ، قَالَ: قَالَ رَسُولُ اللهِ صَلَّى اللهُ عَلَيْهِ وَسَلَّمَ: «إِذَا ضُيِّعَتِ الْأَمَانَةُ فَانْتَظِرِ السَّاعَةَ» قَالَ: كَيْفَ إِضَاعَتُهَا يَا رَسُولَ اللهِ؟ قَالَ: «إِذَا أُسْنِدَ الْأَمْرُ إِلَى غَيْرِ أَهْلِهِ فَانْتَظِرِ السَّاعَةَ». [رواه البخاري]

٧٤٥- عَنْ عِمْرَانَ بْنِ حُصَيْنٍ رَضِيَ اللهُ عَنْهُما، قَالَ: قَالَ رَسُولُ اللهِ صَلَّى اللهُ عَلَيْهِ وَسَلَّمَ: «فِي هَذِهِ الْأُمَّةِ خَسْفٌ وَمَسْخٌ وَقَذْفٌ»، فَقَالَ رَجُلٌ مِنَ الْمُسْلِمِينَ: يَا رَسُولَ اللهِ، وَمَتَى ذَاكَ؟ قَالَ: «إِذَا ظَهَرَتِ الْقَيْنَاتُ وَالْمَعَازِفُ وَشُرِبَتِ الْخُمُورُ». [رواه الترمذي]

*****

(باب أشراط الساعة الكبرى)

٧٤٦- عَنْ أَبِي سَرِيحَةَ حُذَيْفَةَ بْنِ أَسِيدٍ رَضِيَ اللهُ عَنْهُ، قَالَ: قَالَ رَسُولُ اللهِ صَلَّى اللهُ عَلَيْهِ وَسَلَّمَ: «إِنَّ السَّاعَةَ لَا تَكُونُ حَتَّى

تَكُونَ عَشْرُ آيَاتٍ: خَسْفٌ بِالْمَشْرِقِ، وَخَسْفٌ بِالْمَغْرِبِ، وَخَسْفٌ فِي جَزِيرَةِ الْعَرَبِ وَالدُّخَانُ وَالدَّجَّالُ، وَدَابَّةُ الْأَرْضِ، وَيَأْجُوجُ وَمَأْجُوجُ، وَطُلُوعُ الشَّمْسِ مِنْ مَغْرِبِهَا، وَنَارٌ تَخْرُجُ مِنْ قَعْرِ عَدَنٍ تَرْحَلُ النَّاسَ». [رَوَاهُ مُسْلِمٌ]

٧٤٧- عَنْ عَبْدِ اللهِ بْنِ عَمْرِو بْنِ الْعَاصِ رَضِيَ اللهُ عَنْهُمَا، قَالَ: قَالَ رَسُولُ اللهِ صَلَّى اللهُ عَلَيْهِ وَسَلَّمَ: «إِنَّ أَوَّلَ الْآيَاتِ خُرُوجًا، طُلُوعُ الشَّمْسِ مِنْ مَغْرِبِهَا، وَخُرُوجُ الدَّابَّةِ عَلَى النَّاسِ ضُحًى، وَأَيُّهُمَا مَا كَانَتْ قَبْلَ صَاحِبَتِهَا، فَالْأُخْرَى عَلَى إِثْرِهَا قَرِيبًا». [رَوَاهُ مُسْلِمٌ]

٧٤٨- عَنْ أَبِي هُرَيْرَةَ رَضِيَ اللهُ عَنْهُ، قَالَ: قَالَ رَسُولُ اللهِ صَلَّى اللهُ عَلَيْهِ وَسَلَّمَ: «بَادِرُوا بِالْأَعْمَالِ سِتًّا: طُلُوعَ الشَّمْسِ مِنْ مَغْرِبِهَا، أَوِ الدُّخَانَ، أَوِ الدَّجَّالَ، أَوِ الدَّابَّةَ، أَوْ خَاصَّةَ أَحَدِكُمْ أَوْ أَمْرَ الْعَامَّةِ». [رَوَاهُ مُسْلِمٌ]

٧٤٩- عَنْ أَبِي هُرَيْرَةَ رَضِيَ اللهُ عَنْهُ، قَالَ: قَالَ رَسُولُ اللهِ صَلَّى اللهُ عَلَيْهِ وَسَلَّمَ: «لَا تَقُومُ السَّاعَةُ حَتَّى تَطْلُعَ الشَّمْسُ مِنْ مَغْرِبِهَا، فَإِذَا طَلَعَتْ وَرَآهَا النَّاسُ آمَنُوا أَجْمَعُونَ، وَذَلِكَ حِينَ لَا يَنْفَعُ نَفْسًا إِيمَانُهَا». [مُتَّفَقٌ عَلَيْهِ]

٧٥٠- عَنْ أَنَسِ بْنِ مَالِكٍ رَضِيَ اللهُ عَنْهُ، قَالَ: قَالَ رَسُولُ اللهِ صَلَّى اللهُ عَلَيْهِ وَسَلَّمَ: «مَا بَعَثَ اللهُ مِنْ نَبِيٍّ إِلَّا أَنْذَرَ قَوْمَهُ الْأَعْوَرَ الْكَذَّابَ، إِنَّهُ أَعْوَرُ وَإِنَّ رَبَّكُمْ لَيْسَ بِأَعْوَرَ، مَكْتُوبٌ بَيْنَ عَيْنَيْهِ كَافِرٌ». [مُتَّفَقٌ عَلَيْهِ]

٧٥١- عَنْ عَبْدِ اللهِ بْنِ عُمَرَ بْنِ الْخَطَّابِ رَضِيَ اللهُ عَنْهُمَا، قَالَ: قَالَ رَسُولُ اللهِ صَلَّى اللهُ عَلَيْهِ وَسَلَّمَ: «إِنَّ اللهَ لَيْسَ بِأَعْوَرَ، أَلَا إِنَّ الْمَسِيحَ الدَّجَّالَ أَعْوَرُ الْعَيْنِ الْيُمْنَى، كَأَنَّ عَيْنَهُ عِنَبَةٌ طَافِيَةٌ». [مُتَّفَقٌ عَلَيْهِ]

٧٥٢- عَنْ أَنَسِ بْنِ مَالِكٍ رَضِيَ اللهُ عَنْهُ، قَالَ: قَالَ رَسُولُ اللهِ صَلَّى اللهُ عَلَيْهِ وَسَلَّمَ: «يَجِيءُ الدَّجَّالُ، حَتَّى يَنْزِلَ فِي نَاحِيَةِ الْمَدِينَةِ، ثُمَّ تَرْجُفُ الْمَدِينَةُ ثَلَاثَ رَجَفَاتٍ، فَيَخْرُجُ إِلَيْهِ كُلُّ كَافِرٍ وَمُنَافِقٍ». [مُتَّفَقٌ عَلَيْهِ]

٧٥٣- عَنْ أَنَسِ بْنِ مَالِكٍ رَضِيَ اللهُ عَنْهُ، قَالَ: قَالَ رَسُولُ اللهِ صَلَّى اللهُ عَلَيْهِ وَسَلَّمَ: «يَتْبَعُ الدَّجَّالَ مِنْ يَهُودِ أَصْبَهَانَ سَبْعُونَ أَلْفًا عَلَيْهِمُ الطَّيَالِسَةُ». [رَوَاهُ مُسْلِمٌ]

754- عَنْ أَبِي هُرَيْرَةَ رَضِيَ اللَّهُ عَنْهُ، قَالَ: قَالَ رَسُولُ اللَّهِ صَلَّى اللَّهُ عَلَيْهِ وَسَلَّمَ: «لَا تَقُومُ السَّاعَةُ حَتَّى يَنْزِلَ فِيكُمُ ابْنُ مَرْيَمَ حَكَمًا مُقْسِطًا، فَيَكْسِرَ الصَّلِيبَ، وَيَقْتُلَ الْخِنْزِيرَ، وَيَضَعَ الْجِزْيَةَ، وَيَفِيضَ الْمَالُ، حَتَّى لَا يَقْبَلَهُ أَحَدٌ». [متفق عليه]

755- عَنْ أَبِي هُرَيْرَةَ رَضِيَ اللَّهُ عَنْهُ، قَالَ: قَالَ رَسُولُ اللَّهِ صَلَّى اللَّهُ عَلَيْهِ وَسَلَّمَ: «كَيْفَ أَنْتُمْ إِذَا نَزَلَ ابْنُ مَرْيَمَ فِيكُمْ وَإِمَامُكُمْ مِنْكُمْ؟». [متفق عليه]

756- عَنْ عَبْدِ اللَّهِ بْنِ عُمَرَ بْنِ الْخَطَّابِ، قَالَ: قَالَ رَسُولُ اللَّهِ صَلَّى اللَّهُ عَلَيْهِ وَسَلَّمَ: «تُقَاتِلُونَ الْيَهُودَ، حَتَّى يَخْتَبِئَ أَحَدُهُمْ وَرَاءَ الْحَجَرِ، فَيَقُولُ: يَا عَبْدَ اللَّهِ، هَذَا يَهُودِيٌّ وَرَائِي، فَاقْتُلْهُ». [متفق عليه]

757- عَنِ النَّوَّاسِ بْنِ سَمْعَانَ رَضِيَ اللَّهُ عَنْهُ، قَالَ: قَالَ رَسُولُ اللَّهِ صَلَّى اللَّهُ عَلَيْهِ وَسَلَّمَ: «يَبْعَثُ اللَّهُ يَأْجُوجَ وَمَأْجُوجَ وَهُمْ مِنْ كُلِّ حَدَبٍ يَنْسِلُونَ، فَيَمُرُّ أَوَائِلُهُمْ عَلَى بُحَيْرَةِ طَبَرِيَّةَ فَيَشْرَبُونَ مَا فِيهَا، وَيَمُرُّ آخِرُهُمْ فَيَقُولُونَ: لَقَدْ كَانَ بِهَذِهِ مَرَّةً مَاءٌ». [رواه مسلم]

758- عَنْ أَبِي سَعِيدٍ الْخُدْرِيِّ رَضِيَ اللَّهُ عَنْهُ، قَالَ: قَالَ رَسُولُ اللَّهِ صَلَّى اللَّهُ عَلَيْهِ وَسَلَّمَ: «لَيُحَجَّنَّ الْبَيْتُ وَلَيُعْتَمَرَنَّ بَعْدَ خُرُوجِ يَأْجُوجَ وَمَأْجُوجَ». [رواه البخاري]

759- عَنْ أَبِي هُرَيْرَةَ رَضِيَ اللَّهُ عَنْهُ، قَالَ: قَالَ رَسُولُ اللَّهِ صَلَّى اللَّهُ عَلَيْهِ وَسَلَّمَ: «إِنَّ اللَّهَ يَبْعَثُ رِيحًا مِنَ الْيَمَنِ أَلْيَنَ مِنَ الْحَرِيرِ، فَلَا تَدَعُ أَحَدًا فِي قَلْبِهِ مِثْقَالُ ذَرَّةٍ مِنْ إِيمَانٍ إِلَّا قَبَضَتْهُ». [رواه مسلم]

760- عَنْ عَبْدِ اللَّهِ بْنِ مَسْعُودٍ رَضِيَ اللَّهُ عَنْهُ، قَالَ: قَالَ رَسُولُ اللَّهِ صَلَّى اللَّهُ عَلَيْهِ وَسَلَّمَ: «لَا تَقُومُ السَّاعَةُ، إِلَّا عَلَى شِرَارِ النَّاسِ». [متفق عليه]

761- عَنْ أَبِي هُرَيْرَةَ رَضِيَ اللَّهُ عَنْهُ، قَالَ: قَالَ رَسُولُ اللَّهِ صَلَّى اللَّهُ عَلَيْهِ وَسَلَّمَ: «لَا تَقُومُ السَّاعَةُ حَتَّى تَخْرُجَ نَارٌ مِنْ أَرْضِ الْحِجَازِ تُضِيءُ أَعْنَاقَ الْإِبِلِ بِبُصْرَى». [متفق عليه]

762- عَنْ أَبِي هُرَيْرَةَ رَضِيَ اللَّهُ عَنْهُ، قَالَ: قَالَ رَسُولُ اللَّهِ صَلَّى اللَّهُ عَلَيْهِ وَسَلَّمَ: «يُخَرِّبُ الْكَعْبَةَ ذُو السُّوَيْقَتَيْنِ مِنْ

الْحَبَشَةِ». [متفق عليه]

763- عَنْ أَبِي هُرَيْرَةَ رَضِيَ اللَّهُ عَنْهُ، قَالَ: قَالَ رَسُولُ اللَّهِ صَلَّى اللَّهُ عَلَيْهِ وَسَلَّمَ: «لَا تَقُومُ السَّاعَةُ إِلَّا فِي يَوْمِ الْجُمْعَةِ». [رواه مسلم]

*****

(باب ذكر الموت، وفتنة القبر)

764- عَنْ جَابِرِ بْنِ عَبْدِ اللَّهِ رَضِيَ اللَّهُ عَنْهُمَا، قَالَ: قَالَ رَسُولُ اللَّهِ صَلَّى اللَّهُ عَلَيْهِ وَسَلَّمَ: «يُبْعَثُ كُلُّ عَبْدٍ عَلَى مَا مَاتَ عَلَيْهِ». [رواه مسلم]

765- عَنْ عَبْدِ اللَّهِ بْنِ عَبَّاسٍ رَضِيَ اللَّهُ عَنْهُمَا، قَالَ: قَالَ رَسُولُ اللَّهِ صَلَّى اللَّهُ عَلَيْهِ وَسَلَّمَ: «أَعُوذُ بِعِزَّتِكَ، الَّذِي لَا إِلَهَ إِلَّا أَنْتَ الَّذِي لَا يَمُوتُ، وَالْجِنُّ وَالْإِنْسُ يَمُوتُونَ». [متفق عليه]

766- عَنْ أَبِي قَتَادَةَ رَضِيَ اللَّهُ عَنْهُ، أَنَّ رَسُولَ اللَّهِ صَلَّى اللَّهُ عَلَيْهِ وَسَلَّمَ مُرَّ عَلَيْهِ بِجِنَازَةٍ، فَقَالَ: «مُسْتَرِيحٌ وَمُسْتَرَاحٌ مِنْهُ» قَالُوا: يَا رَسُولَ اللَّهِ، مَا الْمُسْتَرِيحُ وَالْمُسْتَرَاحُ مِنْهُ؟ قَالَ: «الْعَبْدُ الْمُؤْمِنُ يَسْتَرِيحُ مِنْ نَصَبِ الدُّنْيَا وَأَذَاهَا إِلَى رَحْمَةِ اللَّهِ، وَالْعَبْدُ الْفَاجِرُ يَسْتَرِيحُ مِنْهُ الْعِبَادُ وَالْبِلَادُ، وَالشَّجَرُ وَالدَّوَابُّ». [متفق عليه]

767- عَنْ أَبِي سَعِيدٍ الْخُدْرِيِّ رَضِيَ اللَّهُ عَنْهُ، قَالَ: قَالَ رَسُولُ اللَّهِ صَلَّى اللَّهُ عَلَيْهِ وَسَلَّمَ: «عُودُوا الْمَرِيضَ، وَامْشُوا مَعَ الْجَنَائِزِ تُذَكِّرْكُمُ الْآخِرَةَ». [رواه أحمد]

768- عَنْ أَبِي عَزَّةَ [يَسَارِ بْنِ عَبْدٍ الْهُذَلِيِّ الْبَصْرِيِّ] قَالَ: قَالَ رَسُولُ اللَّهِ صَلَّى اللَّهُ عَلَيْهِ وَسَلَّمَ: «إِذَا قَضَى اللَّهُ لِعَبْدٍ أَنْ يَمُوتَ بِأَرْضٍ جَعَلَ لَهُ إِلَيْهَا حَاجَةً». [رواه الترمذي]

769- عَنْ أَبِي هُرَيْرَةَ رَضِيَ اللَّهُ عَنْهُ، قَالَ: قَالَ رَسُولُ اللَّهِ صَلَّى اللَّهُ عَلَيْهِ وَسَلَّمَ: «أَعْمَارُ أُمَّتِي مَا بَيْنَ السِّتِّينَ، إِلَى السَّبْعِينَ، وَأَقَلُّهُمْ مَنْ يَجُوزُ ذَلِكَ». [رواه الترمذي]

770- عَنْ أَبِي عِنَبَةَ [عَبْدِ اللَّهِ بْنِ عِنَبَةَ الْخَوْلَانِيِّ] رَضِيَ اللَّهُ عَنْهُ، قَالَ: قَالَ رَسُولُ اللَّهِ صَلَّى اللَّهُ عَلَيْهِ وَسَلَّمَ: «إِذَا أَرَادَ اللَّهُ بِعَبْدٍ خَيْرًا، عَسَلَهُ»، قِيلَ: وَمَا عَسَلُهُ؟ قَالَ: «يَفْتَحُ اللَّهُ لَهُ عَمَلًا

صَالِحًا قَبْلَ مَوْتِهِ، ثُمَّ يَقْبِضُهُ عَلَيْهِ». [رواه أحمد]

771- عَنْ جَابِرِ بْنِ عَبْدِ اللهِ رَضِيَ اللهُ عَنْهُما، قَالَ: مَرَّتْ جِنَازَةٌ، فَقَامَ لَهَا رَسُولُ اللهِ صَلَّى اللهُ عَلَيْهِ وَسَلَّمَ، وَقُمْنَا مَعَهُ فَقُلْنَا: يَا رَسُولَ اللهِ، إِنَّهَا يَهُودِيَّةٌ، فَقَالَ: «إِنَّ الْمَوْتَ فَزَعٌ، فَإِذَا رَأَيْتُمُ الْجِنَازَةَ فَقُومُوا». [متفق عليه]

772- عَنْ أُمِّ الْمُؤْمِنِينَ عَائِشَةَ رَضِيَ اللهُ عَنْهَا، أَنَّ النَّبِيَّ صَلَّى اللهُ عَلَيْهِ وَسَلَّمَ كَانَ يَقُولُ فِي مَرَضِهِ الَّذِي مَاتَ فِيهِ: «لَا إِلَهَ إِلَّا اللهُ، إِنَّ لِلْمَوْتِ سَكَرَاتٍ». [رواه البخاري]

773- عَنْ أَنَسِ بْنِ مَالِكٍ رَضِيَ اللهُ عَنْهُ، قَالَ: لَوْلَا أَنِّي سَمِعْتُ النَّبِيَّ صَلَّى اللهُ عَلَيْهِ وَسَلَّمَ يَقُولُ: «لَا تَتَمَنَّوُا الْمَوْتَ» لَتَمَنَّيْتُ. [متفق عليه]

774- عَنْ أُمِّ الْمُؤْمِنِينَ عَائِشَةَ رَضِيَ اللهُ عَنْهَا، قَالَتْ: قَالَ رَسُولُ اللهِ صَلَّى اللهُ عَلَيْهِ وَسَلَّمَ: «إِنَّهُ لَمْ يُقْبَضْ نَبِيٌّ قَطُّ حَتَّى يَرَى مَقْعَدَهُ مِنَ الْجَنَّةِ، ثُمَّ يُخَيَّرُ». [متفق عليه]

775- عَنْ أَبِي هُرَيْرَةَ رَضِيَ اللهُ عَنْهُ، قَالَ: قَالَ رَسُولُ اللهِ صَلَّى اللهُ عَلَيْهِ وَسَلَّمَ: «أَلَمْ تَرَوُا الْإِنْسَانَ إِذَا مَاتَ شَخَصَ بَصَرُهُ؟» قَالُوا: بَلَى، قَالَ: «فَذَلِكَ حِينَ يَتْبَعُ بَصَرُهُ نَفْسَهُ». [رواه مسلم]

776- عَنْ أَبِي هُرَيْرَةَ رَضِيَ اللهُ عَنْهُ، قَالَ: قَالَ رَسُولُ اللهِ صَلَّى اللهُ عَلَيْهِ وَسَلَّمَ: «كُلُّ ابْنِ آدَمَ يَأْكُلُهُ التُّرَابُ، إِلَّا عَجْبَ الذَّنَبِ، مِنْهُ خُلِقَ وَفِيهِ يُرَكَّبُ». [متفق عليه]

777- عَنْ أَبِي هُرَيْرَةَ رَضِيَ اللهُ عَنْهُ، قَالَ: قَالَ رَسُولُ اللهِ صَلَّى اللهُ عَلَيْهِ وَسَلَّمَ: «أَسْرِعُوا بِالْجِنَازَةِ، فَإِنْ كَانَتْ صَالِحَةً قَرَّبْتُمُوهَا إِلَى الْخَيْرِ، وَإِنْ كَانَتْ غَيْرَ ذَلِكَ كَأَنْ شَرًّا تَضَعُونَهُ عَنْ رِقَابِكُمْ». [متفق عليه]

778- عَنْ أُمِّ الْمُؤْمِنِينَ عَائِشَةَ رَضِيَ اللهُ عَنْهَا، قَالَتْ: قَالَ رَسُولُ اللهِ صَلَّى اللهُ عَلَيْهِ وَسَلَّمَ: «إِنِّي قَدْ رَأَيْتُكُمْ تُفْتَنُونَ فِي الْقُبُورِ كَفِتْنَةِ الدَّجَّالِ». [رواه مسلم]

779- عَنْ أُمِّ الْمُؤْمِنِينَ عَائِشَةَ رَضِيَ اللهُ عَنْهَا، قَالَتْ: يَا رَسُولَ اللهِ إِنَّ عَجُوزَيْنِ مِنْ عَجُزِ يَهُودِ الْمَدِينَةِ دَخَلَتَا عَلَيَّ،

فَزَعَمَتَا أَنَّ أَهْلَ الْقُبُورِ يُعَذَّبُونَ فِي قُبُورِهِمْ، فَقَالَ: «صَدَقَتَا، إِنَّهُمْ يُعَذَّبُونَ عَذَابًا تَسْمَعُهُ الْبَهَائِمُ» قَالَتْ: «فَمَا رَأَيْتُهُ، بَعْدُ فِي صَلَاةٍ إِلَّا يَتَعَوَّذُ مِنْ عَذَابِ الْقَبْرِ». [متفق عليه]

780- عَنْ أَبِي هُرَيْرَةَ رَضِيَ اللَّهُ عَنْهُ، قَالَ: كَانَ رَسُولُ اللَّهِ صَلَّى اللَّهُ عَلَيْهِ وَسَلَّمَ يَدْعُو وَيَقُولُ: «اللَّهُمَّ إِنِّي أَعُوذُ بِكَ مِنْ عَذَابِ الْقَبْرِ، وَمِنْ عَذَابِ النَّارِ، وَمِنْ فِتْنَةِ الْمَحْيَا وَالْمَمَاتِ، وَمِنْ فِتْنَةِ الْمَسِيحِ الدَّجَّالِ». [متفق عليه]

781- عَنْ عُثْمَانَ بْنِ عَفَّانَ رَضِيَ اللَّهُ عَنْهُ، قَالَ: قَالَ رَسُولُ اللَّهِ صَلَّى اللَّهُ عَلَيْهِ وَسَلَّمَ: «إِنَّ الْقَبْرَ أَوَّلُ مَنَازِلِ الْآخِرَةِ، فَإِنْ نَجَا مِنْهُ، فَمَا بَعْدَهُ أَيْسَرُ مِنْهُ، وَإِنْ لَمْ يَنْجُ مِنْهُ، فَمَا بَعْدَهُ أَشَدُّ مِنْهُ». [رواه ابن ماجة]

782- عَنْ عَبْدِ اللَّهِ بْنِ عُمَرَ رَضِيَ اللَّهُ عَنْهُمَا، قَالَ: قَالَ رَسُولُ اللَّهِ صَلَّى اللَّهُ عَلَيْهِ وَسَلَّمَ: «إِذَا مَاتَ أَحَدُكُمْ، فَإِنَّهُ يُعْرَضُ عَلَيْهِ مَقْعَدُهُ بِالْغَدَاةِ وَالْعَشِيِّ، فَإِنْ كَانَ مِنْ أَهْلِ الْجَنَّةِ فَمِنْ أَهْلِ الْجَنَّةِ، وَإِنْ كَانَ مِنْ أَهْلِ النَّارِ فَمِنْ أَهْلِ النَّارِ». [متفق عليه]

783- عَنْ أَنَسِ بْنِ مَالِكٍ رَضِيَ اللَّهُ عَنْهُ، قَالَ: قَالَ رَسُولُ اللَّهِ صَلَّى اللَّهُ عَلَيْهِ وَسَلَّمَ: «لَوْلَا أَنْ لَا تَدَافَنُوا لَدَعَوْتُ اللَّهَ أَنْ يُسْمِعَكُمْ مِنْ عَذَابِ الْقَبْرِ». [رواه مسلم]

784- عَنْ أَنَسِ بْنِ مَالِكٍ رَضِيَ اللَّهُ عَنْهُ، قَالَ: قَالَ رَسُولُ اللَّهِ صَلَّى اللَّهُ عَلَيْهِ وَسَلَّمَ: «إِنَّ الْعَبْدَ إِذَا وُضِعَ فِي قَبْرِهِ وَتَوَلَّى عَنْهُ أَصْحَابُهُ، إِنَّهُ لَيَسْمَعُ قَرْعَ نِعَالِهِمْ». [متفق عليه]

785- عَنْ أَمِيرِ الْمُؤْمِنِينَ عُمَرَ بْنِ الْخَطَّابِ رَضِيَ اللَّهُ عَنْهُ، قَالَ: قَالَ رَسُولُ اللَّهِ صَلَّى اللَّهُ عَلَيْهِ وَسَلَّمَ: «الْمَيِّتُ يُعَذَّبُ فِي قَبْرِهِ بِمَا نِيحَ عَلَيْهِ». [متفق عليه]

786- عَنِ الْبَرَاءِ بْنِ عَازِبٍ رَضِيَ اللَّهُ عَنْهُ، قَالَ: قَالَ رَسُولُ اللَّهِ صَلَّى اللَّهُ عَلَيْهِ وَسَلَّمَ: «الْمُسْلِمُ إِذَا سُئِلَ فِي الْقَبْرِ يَشْهَدُ أَنْ لَا إِلَهَ إِلَّا اللَّهُ وَأَنَّ مُحَمَّدًا رَسُولُ اللَّهِ»، فَذَلِكَ قَوْلُهُ:

﴿ الرَّحْمَٰنِ الرَّحِيمِ صَدَقَ اللَّهُ الْعَظِيمَ أَعُوذُ بِاللَّهِ مِنَ الشَّيْطَانِ الرَّجِيمِ أَعُوذُ بِاللَّهِ ﴾ [إبراهيم: 27]. [متفق عليه]

787- عَنْ عَبْدِ اللهِ بْنِ عَبَّاسٍ رَضِيَ اللهُ عَنْهُمَا، قَالَ: مَرَّ النَّبِيُّ صَلَّى اللهُ عَلَيْهِ وَسَلَّمَ بِقَبْرَيْنِ، فَقَالَ: «إِنَّهُمَا لَيُعَذَّبَانِ، وَمَا يُعَذَّبَانِ فِي كَبِيرٍ، أَمَّا أَحَدُهُمَا فَكَانَ لَا يَسْتَتِرُ مِنَ الْبَوْلِ، وَأَمَّا الْآخَرُ فَكَانَ يَمْشِي بِالنَّمِيمَةِ». [متفق عليه]

*****

(بَابُ الشَّفَاعَةِ)

788- عَنْ جَابِرِ بْنِ عَبْدِ اللهِ رَضِيَ اللهُ عَنْهُمَا، قَالَ: قَالَ رَسُولُ اللهِ صَلَّى اللهُ عَلَيْهِ وَسَلَّمَ: «مَنْ قَالَ حِينَ يَسْمَعُ النِّدَاءَ: اللَّهُمَّ رَبَّ هَذِهِ الدَّعْوَةِ التَّامَّةِ، وَالصَّلَاةِ الْقَائِمَةِ، آتِ مُحَمَّدًا الْوَسِيلَةَ وَالْفَضِيلَةَ، وَابْعَثْهُ مَقَامًا مَحْمُودًا الَّذِي وَعَدْتَهُ، حَلَّتْ لَهُ شَفَاعَتِي يَوْمَ الْقِيَامَةِ». [رواه البخاري]

789- عَنْ أَنَسِ بْنِ مَالِكٍ رَضِيَ اللهُ عَنْهُ، قَالَ: قَالَ رَسُولُ اللهِ صَلَّى اللهُ عَلَيْهِ وَسَلَّمَ: «أَنَا أَوَّلُ النَّاسِ يَشْفَعُ فِي الْجَنَّةِ وَأَنَا أَكْثَرُ الْأَنْبِيَاءِ تَبَعًا». [رواه مسلم]

790- عَنْ أَبِي هُرَيْرَةَ رَضِيَ اللهُ عَنْهُ، قَالَ: قَالَ رَسُولُ اللهِ صَلَّى اللهُ عَلَيْهِ وَسَلَّمَ: «لِكُلِّ نَبِيٍّ دَعْوَةٌ مُسْتَجَابَةٌ يَدْعُو بِهَا، وَأُرِيدُ أَنْ أَخْتَبِئَ دَعْوَتِي شَفَاعَةً لِأُمَّتِي فِي الْآخِرَةِ». [متفق عليه]

791- عَنْ عِمْرَانَ بْنِ حُصَيْنٍ رَضِيَ اللهُ عَنْهُمَا، قَالَ: قَالَ رَسُولُ اللهِ صَلَّى اللهُ عَلَيْهِ وَسَلَّمَ: «يَخْرُجُ قَوْمٌ مِنَ النَّارِ بِشَفَاعَةِ مُحَمَّدٍ صَلَّى اللهُ عَلَيْهِ وَسَلَّمَ فَيَدْخُلُونَ الْجَنَّةَ، يُسَمَّوْنَ الْجَهَنَّمِيِّينَ». [رواه البخاري]

792- عَنْ أَنَسِ بْنِ مَالِكٍ رَضِيَ اللهُ عَنْهُ، قَالَ: قَالَ رَسُولُ اللهِ صَلَّى اللهُ عَلَيْهِ وَسَلَّمَ: «شَفَاعَتِي لِأَهْلِ الْكَبَائِرِ مِنْ أُمَّتِي». [رواه أبو داود]

793- عَنْ أَبِي هُرَيْرَةَ رَضِيَ اللهُ عَنْهُ، أَنَّهُ قَالَ: قُلْتُ: يَا رَسُولَ اللهِ، مَنْ أَسْعَدُ النَّاسِ بِشَفَاعَتِكَ يَوْمَ الْقِيَامَةِ؟ فَقَالَ: «لَقَدْ ظَنَنْتُ، يَا أَبَا هُرَيْرَةَ، أَنْ لَا يَسْأَلَنِي عَنْ هَذَا الْحَدِيثِ أَحَدٌ أَوَّلُ مِنْكَ، لِمَا رَأَيْتُ مِنْ حِرْصِكَ عَلَى الْحَدِيثِ، أَسْعَدُ النَّاسِ بِشَفَاعَتِي يَوْمَ الْقِيَامَةِ مَنْ قَالَ: لَا إِلَهَ إِلَّا اللهُ، خَالِصًا مِنْ قِبَلِ نَفْسِهِ». [رواه البخاري]

794- عَنْ جَابِرِ بْنِ عَبْدِ اللهِ رَضِيَ اللهُ عَنْهُمَا، قَالَ: قَالَ رَسُولُ اللهِ صَلَّى اللهُ عَلَيْهِ وَسَلَّمَ: «إِنَّ اللهَ يُخْرِجُ قَوْمًا مِنَ النَّارِ بِالشَّفَاعَةِ». [متفق عليه]

795- عَنْ عَبْدِ اللهِ بْنِ عُمَرَ رَضِيَ اللهُ عَنْهُمَا، قَالَ: قَالَ رَسُولُ اللهِ صَلَّى اللهُ عَلَيْهِ وَسَلَّمَ: «مَنِ اسْتَطَاعَ أَنْ يَمُوتَ بِالْمَدِينَةِ فَلْيَمُتْ بِهَا، فَإِنِّي أَشْفَعُ لِمَنْ يَمُوتُ بِهَا». [رواه الترمذي]

796- عَنْ أَبِي سَعِيدٍ الْخُدْرِيِّ، أَنَّ رَسُولَ اللهِ صَلَّى اللهُ عَلَيْهِ وَسَلَّمَ ذُكِرَ عِنْدَهُ عَمُّهُ أَبُو طَالِبٍ فَقَالَ: «لَعَلَّهُ تَنْفَعُهُ شَفَاعَتِي يَوْمَ الْقِيَامَةِ، فَيُجْعَلُ فِي ضَحْضَاحٍ مِنْ نَارٍ يَبْلُغُ كَعْبَيْهِ، يَغْلِي مِنْهُ دِمَاغُهُ». [متفق عليه]

797- عَنْ أَبِي سَعِيدٍ الْخُدْرِيِّ رَضِيَ اللهُ عَنْهُ، قَالَ: قَالَ رَسُولُ اللهِ صَلَّى اللهُ عَلَيْهِ وَسَلَّمَ: «يَدْخُلُ أَهْلُ الْجَنَّةِ الْجَنَّةَ، وَأَهْلُ النَّارِ النَّارَ»، ثُمَّ يَقُولُ اللهُ تَعَالَى: «أَخْرِجُوا مِنَ النَّارِ مَنْ كَانَ فِي قَلْبِهِ مِثْقَالُ حَبَّةٍ مِنْ خَرْدَلٍ مِنْ إِيمَانٍ. فَيُخْرَجُونَ مِنْهَا قَدِ اسْوَدُّوا، فَيُلْقَوْنَ فِي نَهَرِ الْحَيَاةِ فَيَنْبُتُونَ كَمَا تَنْبُتُ الْحَبَّةُ فِي جَانِبِ السَّيْلِ، أَلَمْ تَرَ أَنَّهَا تَخْرُجُ صَفْرَاءَ مُلْتَوِيَةً». [متفق عليه]

798- عَنْ أَبِي الدَّرْدَاءِ رَضِيَ اللهُ عَنْهُ، قَالَ: قَالَ رَسُولُ اللهِ صَلَّى اللهُ عَلَيْهِ وَسَلَّمَ: «يَشْفَعُ الشَّهِيدُ فِي سَبْعِينَ مِنْ أَهْلِ بَيْتِهِ». [رواه أبو داود]

799- عَنْ عَبْدِ اللهِ بْنِ عَبَّاسٍ رَضِيَ اللهُ عَنْهُمَا، قَالَ: قَالَ رَسُولُ اللهِ صَلَّى اللهُ عَلَيْهِ وَسَلَّمَ: «مَا مِنْ رَجُلٍ مُسْلِمٍ يَمُوتُ، فَيَقُومُ عَلَى جَنَازَتِهِ أَرْبَعُونَ رَجُلًا، لَا يُشْرِكُونَ بِاللهِ شَيْئًا، إِلَّا شَفَّعَهُمُ اللهُ فِيهِ». [رواه مسلم]

800- عَنْ أَمِيرِ الْمُؤْمِنِينَ عُمَرَ بْنِ الْخَطَّابِ رَضِيَ اللهُ عَنْهُ، قَالَ: قَالَ رَسُولُ اللهِ صَلَّى اللهُ عَلَيْهِ وَسَلَّمَ: «وَأَيُّمَا مُسْلِمٍ شَهِدَ لَهُ أَرْبَعَةٌ بِخَيْرٍ أَدْخَلَهُ اللهُ الْجَنَّةَ»، قُلْنَا: وَثَلَاثَةٌ، قَالَ: «وَثَلَاثَةٌ»، قُلْتُ: وَاثْنَانِ، قَالَ: «وَاثْنَانِ»، ثُمَّ لَمْ نَسْأَلْهُ عَنِ الْوَاحِدِ. [رواه البخاري]

*****

(باب صفة القيامة)

801- عَنْ سَهْلِ بْنِ سَعْدٍ السَّاعِدِيِّ رَضِيَ اللهُ عَنْهُ، قَالَ: قَالَ

رَسُولُ اللهِ صَلَّى اللهُ عَلَيْهِ وَسَلَّمَ: «يُحْشَرُ النَّاسُ يَوْمَ الْقِيَامَةِ عَلَى أَرْضٍ بَيْضَاءَ عَفْرَاءَ، كَقُرْصَةِ النَّقِيِّ، لَيْسَ فِيهَا عَلَمٌ لِأَحَدٍ». [متفق عليه]

802- عَنْ أُمِّ الْمُؤْمِنِينَ عَائِشَةَ رَضِيَ اللَّهُ عَنْهَا، قَالَتْ: قَالَ رَسُولُ اللهِ صَلَّى اللهُ عَلَيْهِ وَسَلَّمَ: «يُحْشَرُ النَّاسُ يَوْمَ الْقِيَامَةِ حُفَاةً عُرَاةً غُرْلًا» قُلْتُ: يَا رَسُولَ اللهِ النِّسَاءُ وَالرِّجَالُ جَمِيعًا يَنْظُرُ بَعْضُهُمْ إِلَى بَعْضٍ، قَالَ صَلَّى اللهُ عَلَيْهِ وَسَلَّمَ: «يَا عَائِشَةُ الْأَمْرُ أَشَدُّ مِنْ أَنْ يَنْظُرَ بَعْضُهُمْ إِلَى بَعْضٍ». [متفق عليه]

803- عَنْ أَبِي هُرَيْرَةَ رَضِيَ اللَّهُ عَنْهُ، قَالَ: قَالَ رَسُولُ اللهِ صَلَّى اللهُ عَلَيْهِ وَسَلَّمَ: «يَقْبِضُ اللهُ الْأَرْضَ يَوْمَ الْقِيَامَةِ، وَيَطْوِي السَّمَاءَ بِيَمِينِهِ، ثُمَّ يَقُولُ: أَنَا الْمَلِكُ أَيْنَ مُلُوكُ الْأَرْضِ». [متفق عليه]

804- عَنْ عَبْدِ اللهِ بْنِ مَسْعُودٍ رَضِيَ اللَّهُ عَنْهُ، أَنَّ يَهُودِيًّا جَاءَ إِلَى النَّبِيِّ صَلَّى اللهُ عَلَيْهِ وَسَلَّمَ، فَقَالَ: يَا مُحَمَّدُ، إِنَّ اللهَ يُمْسِكُ السَّمَوَاتِ عَلَى إِصْبَعٍ، وَالْأَرَضِينَ عَلَى إِصْبَعٍ، وَالْجِبَالَ عَلَى إِصْبَعٍ، وَالشَّجَرَ عَلَى إِصْبَعٍ، وَالْخَلَائِقَ عَلَى إِصْبَعٍ، ثُمَّ يَقُولُ: أَنَا الْمَلِكُ. «فَضَحِكَ رَسُولُ اللهِ صَلَّى اللهُ عَلَيْهِ وَسَلَّمَ حَتَّى بَدَتْ نَوَاجِذُهُ»، ثُمَّ قَرَأَ: ﴿ بِسْمِ اللّٰهِ الرَّحْمٰنِ الرَّحِيمِ بِسْمِ اللّٰهِ الرَّحْمٰنِ الرَّحِيمِ ﴾ [الأنعام: 91]. [متفق عليه]

805- عَنْ أَبِي هُرَيْرَةَ رَضِيَ اللَّهُ عَنْهُ، قَالَ: قَالَ أُنَاسٌ: يَا رَسُولَ اللهِ، هَلْ نَرَى رَبَّنَا يَوْمَ الْقِيَامَةِ؟ فَقَالَ: «هَلْ تُضَارُّونَ فِي الشَّمْسِ لَيْسَ دُونَهَا سَحَابٌ» قَالُوا: لَا يَا رَسُولَ اللهِ، قَالَ: «هَلْ تُضَارُّونَ فِي الْقَمَرِ لَيْلَةَ الْبَدْرِ لَيْسَ دُونَهُ سَحَابٌ» قَالُوا: لَا يَا رَسُولَ اللهِ، قَالَ: " فَإِنَّكُمْ تَرَوْنَهُ يَوْمَ الْقِيَامَةِ كَذَلِكَ». [متفق عليه]

806- عَنْ عَدِيِّ بْنِ حَاتِمٍ رَضِيَ اللَّهُ عَنْهُ، قَالَ: قَالَ رَسُولُ اللهِ صَلَّى اللهُ عَلَيْهِ وَسَلَّمَ: «وَلَيَلْقَيَنَّ اللهَ أَحَدُكُمْ يَوْمَ يَلْقَاهُ، وَلَيْسَ بَيْنَهُ وَبَيْنَهُ تُرْجُمَانٌ يُتَرْجِمُ لَهُ، فَلَيَقُولَنَّ لَهُ: أَلَمْ أَبْعَثْ إِلَيْكَ رَسُولًا فَيُبَلِّغَكَ؟ فَيَقُولُ: بَلَى، فَيَقُولُ: أَلَمْ أُعْطِكَ مَالًا وَأُفْضِلْ عَلَيْكَ؟ فَيَقُولُ: بَلَى، فَيَنْظُرُ عَنْ يَمِينِهِ فَلَا يَرَى إِلَّا جَهَنَّمَ، وَيَنْظُرُ عَنْ يَسَارِهِ فَلَا يَرَى إِلَّا جَهَنَّمَ». [رواه البخاري]

٨٠٧- عَنْ أَبِي هُرَيْرَةَ رَضِيَ اللهُ عَنْهُ، قَالَ: قَالَ رَسُولُ اللهِ صَلَّى اللهُ عَلَيْهِ وَسَلَّمَ: «يَعْرَقُ النَّاسُ يَوْمَ القِيَامَةِ حَتَّى يَذْهَبَ عَرَقُهُمْ فِي الأَرْضِ سَبْعِينَ ذِرَاعًا، وَيُلْجِمُهُمْ حَتَّى يَبْلُغَ آذَانَهُمْ». [متفق عليه]

٨٠٨- عَنْ عَبْدِ اللهِ بْنِ عُمَرَ رَضِيَ اللهُ عَنْهُمَا، قَالَ: قَالَ رَسُولُ اللهِ صَلَّى اللهُ عَلَيْهِ وَسَلَّمَ: ﴿بِسْمِ اللهِ الرَّحْمَنِ الرَّحِيمِ﴾ قَالَ تَعَالَى: ﴿ ۞ ﴾ [المطففين: ٦] «حَتَّى يَغِيبَ أَحَدُهُمْ فِي رَشْحِهِ إِلَى أَنْصَافِ أُذُنَيْهِ». [متفق عليه]

٨٠٩- عَنْ أَبِي بَرْزَةَ [نَضْلَةَ بْنِ عُبَيْدٍ الأَسْلَمِيِّ] رَضِيَ اللهُ عَنْهُ، قَالَ: قَالَ رَسُولُ اللهِ صَلَّى اللهُ عَلَيْهِ وَسَلَّمَ: «لَا تَزُولُ قَدَمَا عَبْدٍ يَوْمَ القِيَامَةِ حَتَّى يُسْأَلَ عَنْ عُمُرِهِ فِيمَا أَفْنَاهُ، وَعَنْ عِلْمِهِ فِيمَ فَعَلَ، وَعَنْ مَالِهِ مِنْ أَيْنَ اكْتَسَبَهُ وَفِيمَ أَنْفَقَهُ، وَعَنْ جِسْمِهِ فِيمَ أَبْلَاهُ». [رواه الترمذي]

(باب صفة الجنة)

٨١٠- عَنْ عَبْدِ اللهِ بْنِ عُمَرَ رَضِيَ اللهُ عَنْهُمَا، قَالَ: قَالَ رَسُولُ اللهِ صَلَّى اللهُ عَلَيْهِ وَسَلَّمَ: «يُدْخِلُ اللهُ أَهْلَ الجَنَّةِ الجَنَّةَ، وَيُدْخِلُ أَهْلَ النَّارِ النَّارَ، ثُمَّ يَقُومُ مُؤَذِّنٌ بَيْنَهُمْ فَيَقُولُ: يَا أَهْلَ الجَنَّةِ لَا مَوْتَ، وَيَا أَهْلَ النَّارِ لَا مَوْتَ، كُلٌّ خَالِدٌ فِيمَا هُوَ فِيهِ». [متفق عليه]

٨١١- عَنْ أَبِي هُرَيْرَةَ رَضِيَ اللهُ عَنْهُ، قَالَ: قَالَ رَسُولُ اللهِ صَلَّى اللهُ عَلَيْهِ وَسَلَّمَ: «مَنْ يَدْخُلِ الجَنَّةَ يَنْعَمْ لَا يَبْأَسُ، لَا تَبْلَى ثِيَابُهُ وَلَا يَفْنَى شَبَابُهُ». [رواه مسلم]

٨١٢- عَنْ أَبِي هُرَيْرَةَ رَضِيَ اللهُ عَنْهُ، قَالَ: قَالَ رَسُولُ اللهِ صَلَّى اللهُ عَلَيْهِ وَسَلَّمَ: «قَالَ اللهُ تَبَارَكَ وَتَعَالَى: أَعْدَدْتُ لِعِبَادِي الصَّالِحِينَ، مَا لَا عَيْنٌ رَأَتْ، وَلَا أُذُنٌ سَمِعَتْ، وَلَا خَطَرَ عَلَى قَلْبِ بَشَرٍ». قَالَ أَبُو هُرَيْرَةَ: اقْرَءُوا إِنْ شِئْتُمْ: ﴿ الأنبياء الحج المؤمنون النور الفرقان الشعراء النمل القصص ﴾ [السجدة: ١٧]. [متفق عليه]

813- عَنْ جَابِرِ بْنِ عَبْدِ اللهِ رَضِيَ اللهُ عَنْهُمَا، قَالَ: قَالَ رَسُولُ اللهِ صَلَّى اللهُ عَلَيْهِ وَسَلَّمَ: «إِنَّ أَهْلَ الْجَنَّةِ يَأْكُلُونَ فِيهَا وَيَشْرَبُونَ، وَلَا يَتْفُلُونَ، وَلَا يَبُولُونَ وَلَا يَتَغَوَّطُونَ وَلَا يَمْتَخِطُونَ» قَالُوا: فَمَا بَالُ الطَّعَامِ؟ قَالَ: «جُشَاءٌ وَرَشْحٌ كَرَشْحِ الْمِسْكِ، يُلْهَمُونَ التَّسْبِيحَ وَالتَّحْمِيدَ، كَمَا تُلْهَمُونَ النَّفَسَ». [رواه مسلم]

814- عَنْ أَبِي هُرَيْرَةَ رَضِيَ اللهُ عَنْهُ، قَالَ: قَالَ رَسُولُ اللهِ صَلَّى اللهُ عَلَيْهِ وَسَلَّمَ: «بِنَاءُ الْجَنَّةِ لَبِنَةٌ مِنْ ذَهَبٍ، وَلَبِنَةٌ مِنْ فِضَّةٍ». [رواه أحمد]

815- عَنْ أَبِي هُرَيْرَةَ رَضِيَ اللهُ عَنْهُ، قَالَ: قَالَ رَسُولُ اللهِ صَلَّى اللهُ عَلَيْهِ وَسَلَّمَ: «إِنَّ فِي الْجَنَّةِ مِائَةَ دَرَجَةٍ، أَعَدَّهَا اللهُ لِلْمُجَاهِدِينَ فِي سَبِيلِهِ، كُلُّ دَرَجَتَيْنِ مَا بَيْنَهُمَا كَمَا بَيْنَ السَّمَاءِ وَالْأَرْضِ، فَإِذَا سَأَلْتُمُ اللهَ فَسَلُوهُ الْفِرْدَوْسَ، فَإِنَّهُ أَوْسَطُ الْجَنَّةِ، وَأَعْلَى الْجَنَّةِ، وَفَوْقَهُ عَرْشُ الرَّحْمَنِ، وَمِنْهُ تَفَجَّرُ أَنْهَارُ الْجَنَّةِ». [رواه البخاري]

816- عَنْ سَهْلِ بْنِ سَعْدٍ السَّاعِدِيِّ رَضِيَ اللهُ عَنْهُ، قَالَ: قَالَ رَسُولُ اللهِ صَلَّى اللهُ عَلَيْهِ وَسَلَّمَ: «مَوْضِعُ سَوْطٍ فِي الْجَنَّةِ خَيْرٌ مِنَ الدُّنْيَا وَمَا فِيهَا». [رواه البخاري]

817- عَنْ سَهْلِ بْنِ سَعْدٍ السَّاعِدِيِّ رَضِيَ اللهُ عَنْهُ، قَالَ: قَالَ رَسُولُ اللهِ صَلَّى اللهُ عَلَيْهِ وَسَلَّمَ: «إِنَّ فِي الْجَنَّةِ لَشَجَرَةً يَسِيرُ الرَّاكِبُ فِي ظِلِّهَا مِائَةَ عَامٍ لَا يَقْطَعُهَا». [متفق عليه]

818- عَنْ سَهْلِ بْنِ سَعْدٍ السَّاعِدِيِّ رَضِيَ اللهُ عَنْهُ، قَالَ: قَالَ رَسُولُ اللهِ صَلَّى اللهُ عَلَيْهِ وَسَلَّمَ: «لَيَدْخُلَنَّ مِنْ أُمَّتِي سَبْعُونَ أَلْفًا، أَوْ سَبْعُ مِائَةِ أَلْفٍ، لَا يَدْخُلُ أَوَّلُهُمْ حَتَّى يَدْخُلَ آخِرُهُمْ، وُجُوهُهُمْ عَلَى صُورَةِ الْقَمَرِ لَيْلَةَ الْبَدْرِ». [متفق عليه]

819- عَنْ سَهْلِ بْنِ سَعْدٍ السَّاعِدِيِّ رَضِيَ اللهُ عَنْهُ، قَالَ: قَالَ رَسُولُ اللهِ صَلَّى اللهُ عَلَيْهِ وَسَلَّمَ: «إِنَّ أَهْلَ الْجَنَّةِ لَيَتَرَاءَوْنَ الْغُرَفَ فِي الْجَنَّةِ، كَمَا تَتَرَاءَوْنَ الْكَوْكَبَ فِي السَّمَاءِ». [متفق عليه]

820- عَنْ أَنَسِ بْنِ مَالِكٍ رَضِيَ اللهُ عَنْهُ، قَالَ: قَالَ رَسُولُ اللهِ صَلَّى اللهُ عَلَيْهِ وَسَلَّمَ: «لَوْ أَنَّ امْرَأَةً مِنْ أَهْلِ الْجَنَّةِ اطَّلَعَتْ إِلَى أَهْلِ الْأَرْضِ لَأَضَاءَتْ مَا بَيْنَهُمَا، وَلَمَلَأَتْهُ رِيحًا، وَلَنَصِيفُهَا

عَلَى رَأْسِهَا خَيْرٌ مِنَ الدُّنْيَا وَمَا فِيهَا». [رواه البخاري]

٨٢١- عَنْ أَبِي هُرَيْرَةَ رَضِيَ اللهُ عَنْهُ، قَالَ: قَالَ رَسُولُ اللهِ صَلَّى اللهُ عَلَيْهِ وَسَلَّمَ: «سَيْحَانُ وَجَيْحَانُ، وَالْفُرَاتُ وَالنِّيلُ كُلٌّ مِنْ أَنْهَارِ الْجَنَّةِ». [رواه مسلم]

٨٢٢- عَنْ أَبِي مُوسَى الْأَشْعَرِيِّ رَضِيَ اللهُ عَنْهُ، قَالَ: قَالَ رَسُولُ اللهِ صَلَّى اللهُ عَلَيْهِ وَسَلَّمَ: «الْخَيْمَةُ دُرَّةٌ مُجَوَّفَةٌ، طُولُهَا فِي السَّمَاءِ ثَلَاثُونَ مِيلًا، فِي كُلِّ زَاوِيَةٍ مِنْهَا لِلْمُؤْمِنِ أَهْلٌ لَا يَرَاهُمُ الْآخَرُونَ». [متفق عليه]

٨٢٣- عَنْ أَبِي مُوسَى الْأَشْعَرِيِّ رَضِيَ اللهُ عَنْهُ، قَالَ: قَالَ رَسُولُ اللهِ صَلَّى اللهُ عَلَيْهِ وَسَلَّمَ: «جَنَّتَانِ مِنْ فِضَّةٍ، آنِيَتُهُمَا وَمَا فِيهِمَا، وَجَنَّتَانِ مِنْ ذَهَبٍ، آنِيَتُهُمَا وَمَا فِيهِمَا، وَمَا بَيْنَ الْقَوْمِ وَبَيْنَ أَنْ يَنْظُرُوا إِلَى رَبِّهِمْ إِلَّا رِدَاءُ الْكِبْرِ عَلَى وَجْهِهِ فِي جَنَّةِ عَدْنٍ». [متفق عليه]

٨٢٤- عَنْ أَنَسٍ رَضِيَ اللهُ عَنْهُ، قَالَ: لَمَّا عُرِجَ بِالنَّبِيِّ صَلَّى اللهُ عَلَيْهِ وَسَلَّمَ إِلَى السَّمَاءِ، قَالَ: «أَتَيْتُ عَلَى نَهْرٍ، حَافَتَاهُ قِبَابُ اللُّؤْلُؤِ مُجَوَّفًا، فَقُلْتُ: مَا هَذَا يَا جِبْرِيلُ؟ قَالَ: هَذَا الْكَوْثَرُ». [متفق عليه]

٨٢٥- عَنْ أَبِي سَعِيدٍ الْخُدْرِيِّ رَضِيَ اللهُ عَنْهُ، قَالَ: قَالَ رَسُولُ اللهِ صَلَّى اللهُ عَلَيْهِ وَسَلَّمَ لِابْنِ صَائِدٍ: «مَا تُرْبَةُ الْجَنَّةِ؟» قَالَ: دَرْمَكَةٌ بَيْضَاءُ، مِسْكٌ يَا أَبَا الْقَاسِمِ قَالَ: «صَدَقْتَ». [رواه مسلم]

*****

(باب صفة النار)

٨٢٦- عَنْ أَبِي هُرَيْرَةَ رَضِيَ اللهُ عَنْهُ، قَالَ: قَالَ رَسُولُ اللهِ صَلَّى اللهُ عَلَيْهِ وَسَلَّمَ: «نَارُكُمْ جُزْءٌ مِنْ سَبْعِينَ جُزْءًا مِنْ نَارِ جَهَنَّمَ»، قِيلَ يَا رَسُولَ اللهِ إِنْ كَانَتْ لَكَافِيَةً قَالَ: «فُضِّلَتْ عَلَيْهِنَّ بِتِسْعَةٍ وَسِتِّينَ جُزْءًا كُلُّهُنَّ مِثْلُ حَرِّهَا». [متفق عليه]

٨٢٧- عَنْ أَنَسِ بْنِ مَالِكٍ، قَالَ: قَالَ رَسُولُ اللهِ صَلَّى اللهُ عَلَيْهِ وَسَلَّمَ: «لَا تَزَالُ جَهَنَّمُ تَقُولُ: هَلْ مِنْ مَزِيدٍ، حَتَّى يَضَعَ رَبُّ الْعِزَّةِ فِيهَا قَدَمَهُ، فَتَقُولُ: قَطْ قَطْ وَعِزَّتِكَ، وَيُزْوَى بَعْضُهَا

إِلَى بَعْضٍ». [متفق عليه]

828- عَنْ عَبْدِ اللهِ بْنِ مَسْعُودٍ رَضِيَ اللهُ عَنْهُ، قَالَ: قَالَ رَسُولُ اللهِ صَلَّى اللهُ عَلَيْهِ وَسَلَّمَ: «يُؤْتَى بِجَهَنَّمَ يَوْمَئِذٍ لَهَا سَبْعُونَ أَلْفَ زِمَامٍ، مَعَ كُلِّ زِمَامٍ سَبْعُونَ أَلْفَ مَلَكٍ يَجُرُّونَهَا». [رواه مسلم]

829- عَنْ أَبِي هُرَيْرَةَ رَضِيَ اللهُ عَنْهُ، قَالَ: قَالَ رَسُولُ اللهِ صَلَّى اللهُ عَلَيْهِ وَسَلَّمَ: «اشْتَكَتِ النَّارُ إِلَى رَبِّهَا، فَقَالَتْ: يَا رَبِّ أَكَلَ بَعْضِي بَعْضاً، فَأَذِنَ لَهَا بِنَفَسَيْنِ، نَفَسٌ فِي الشِّتَاءِ، وَنَفَسٌ فِي الصَّيْفِ، فَهُوَ أَشَدُّ مَا تَجِدُونَ مِنَ الْحَرِّ، وَأَشَدُّ مَا تَجِدُونَ مِنَ الزَّمْهَرِيرِ». [متفق عليه]

830- عَنْ أَبِي هُرَيْرَةَ رَضِيَ اللهُ عَنْهُ، قَالَ: كُنَّا مَعَ رَسُولِ اللهِ صَلَّى اللهُ عَلَيْهِ وَسَلَّمَ، إِذْ سَمِعَ وَجْبَةً، فَقَالَ النَّبِيُّ صَلَّى اللهُ عَلَيْهِ وَسَلَّمَ: «تَدْرُونَ مَا هَذَا؟» قَالَ: قُلْنَا: اللهُ وَرَسُولُهُ أَعْلَمُ، قَالَ: «هَذَا حَجَرٌ رُمِيَ بِهِ فِي النَّارِ مُنْذُ سَبْعِينَ خَرِيفاً، فَهُوَ يَهْوِي فِي النَّارِ الآنَ، حَتَّى انْتَهَى إِلَى قَعْرِهَا». [رواه مسلم]

831- عَنْ أَبِي هُرَيْرَةَ رَضِيَ اللهُ عَنْهُ، قَالَ: قَالَ رَسُولُ اللهِ صَلَّى اللهُ عَلَيْهِ وَسَلَّمَ: «مَا بَيْنَ مَنْكِبَيِ الْكَافِرِ مَسِيرَةُ ثَلَاثَةِ أَيَّامٍ لِلرَّاكِبِ الْمُسْرِعِ». [متفق عليه]

832- عَنْ أَبِي سَعِيدٍ الْخُدْرِيِّ رَضِيَ اللهُ عَنْهُ، قَالَ: قَالَ رَسُولُ اللهِ صَلَّى اللهُ عَلَيْهِ وَسَلَّمَ: «إِنَّ أَدْنَى أَهْلِ النَّارِ عَذَاباً يَنْتَعِلُ بِنَعْلَيْنِ مِنْ نَارٍ، يَغْلِي دِمَاغُهُ مِنْ حَرَارَةِ نَعْلَيْهِ». [رواه مسلم]

*****

تم بحمد الله الانتهاء من كتاب (بداية الطالبين لحفظ حديث سيد المرسلين)، ونسأل الله تعالى أن يجعل هذا العمل خالصاً لوجهه، وأن يرزقنا التوفيق والسداد، والهداية والرشاد، وأن يجعلنا من النافعين للعباد، آمين.

جمع وترتيب الفقير إلى عفو ربه
علي بن سعيد الغمري.

الفهرس